JN439049

유리병 속의 시간

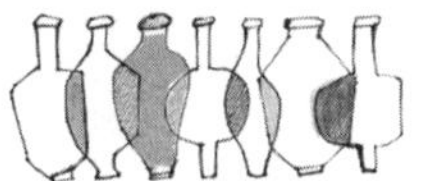

유리병 속의 시간

류동림 에세이

선우미디어

서문

김태길

유동림 씨가 출판하고자 하는 수필집에 '서문'이라는 것을 써 주기로 약속을 한 지는 1년이 훨씬 넘을 것이다. 그런데 최근에 나온 수필집에는 저자 아닌 다른 사람의 서문 또는 발문이 붙어있는 것은 거의 보이지 않는다. 그런 것을 앞이나 또는 뒤에 붙이는 것이

있는 것은 예술의 세계나 스포츠의 세계에 있어서 일반적인 현상이다.

현재의 상태만으로도 유동림씨를 '좋은 수필가'라고 말한다 해도 별로 망발이 되지는 않을 것이다. 그러나 나는 그가 오늘에 만족하기보다는 내일을 위하여 더욱 정진하는 자세로 나갈 것을 희망한다.

서문

(故)김 태 길

(서울대 명예교수, 성숙한사회 대표, 학술원 회장)

류동림 씨가 출판하고자 하는 수필집에 '서문' 이라는 것을 써 주기로 약속을 한 지는 1년이 훨씬 넘을 것이다. 그런데 최근에 나온 수필집에는 저자 아닌 다른 사람의 서문 또는 발문이 붙어있는 것은 거의 보이지 않는다. 그런 것을 앞이나 또는 뒤에 붙이는 것이 별로 의미가 없다고 생각되는 가장 큰 이유는, 그런 종류의 서문이 대체로 주례사를 연상시키는 찬양의 언사로 채워지기 때문이 아닐까 한다. 그렇다면 헛된 찬사를 늘어놓지 말고 냉정하게 쓰면 좀 낫지 않을까 하는 생각이 든다. 다행스러운 것은 내가 아는 류동림 씨는 무책임한 찬사로 도배를 한 듯한 '서문'을 바라지는 않을 것임에 틀림이 없다. 이에 나는 말을 말이라 하고 사슴을 사슴이라고 말할 것을 나 자신에게 약속하며 이 글을 쓰고자 한다.

수필이 있는 곳에는 우선 글이 전면에 있고, 그것을 쓴 사람이 배후에 있다. 흔히들 "글은 사람이다." 라고 말하지만 글과 사람이 일치할 경우는 많지 않다. 대체로 말하면, 글이 앞서고 그 뒤를 사람이 멀리서 따라가는 것이 일반적 현실이다. 때로는 글로는 완전히 마음을 비운 듯한 말을 늘어놓지만, 사실 그 주인공은 욕심꾸러기 속물에 불과한 사례도 있다. '수필가' 로서 어느 정도 이름이 알려져 있는 경우라면 사람이 글보다 앞서는 사례는 그리 많지 않다는 것이 내가 받은 인상이다.

류동림 씨는 글보다 사람이 앞서는 흔치 않는 사례의 하나가 아닐까 한다. 내가 보기에는 류동림 씨의 진면목을 가장 여실히 나타내는 것은 그의 글보다도 그 사람이라는 인상이 강하다. 그러나 묘한 것은 내가 그러한 인상을 받게 된 것은 류동림 씨를 직접 만나볼 기회가 많아서였기 때문이 아니라 주로 그의 글을 통해서였다는 사실이다. 수필 속에는 그 필자를 교묘하게 미화하는 솜씨가 숨어있을 경우가 많으나 류동림의 수필에서는 그러한 기교나 재기를 감지하기 어렵다.

류동림 씨의 「냉수 한 사발」은 그의 두 아들이 초등학교 다닐 때 여름방학 숙제로 쓴 일기장을 들추어 본 이야기로 시작된다. "요즘 엄마가 좋은 일을 하신다. 더위에 길가에서 장사하는 분들에게 시원한 물을 날라다 대접하신다."는 내용의 일기다. 벌써 7년 전에 집 근처 노상에서 생선 또는 야채를 팔던 아낙네들의 시원한 냉수 한 사발 갖다 달라는 부탁을 받고, 처음에는 집이 가깝지 않다는 이유로 거절을 했던 류동림씨가 집에 와서 다시 생각하고 결명자 끓인 물을 식혀서 주전자에 가득 채워 그들에게로 달려간 이야기, 물론 이글도 필자가 자신의 선행을 선전하고자 하는 뜻으로 썼다고 볼 수도 있을 것이다.

그러나 7년의 세월이 흐른 다음에 이 글을 썼다는 것과, 처음에는 거절했다가 집에 와서 찬물을 몸에 끼얹고 냉수를 한바탕 마신 뒤에 다시 생각하고 장사하는 할머니들을 찾아 갔다는 사연 등으로 미루어, 거기에는 아무런 위선도 없다는 믿음이 간다. 그때 단 한번 그렇게 했을 뿐 아니라, 그 뒤에도 7년 동안 계속해서 한여름에는 장사하는 아낙네들에게 냉수를 날랐다 하니, 그 정도면 자기자랑 좀 해도 애교로 볼 수 있지 않을까 한다.

류동림 씨는 매우 열심히 살고 있다. 자기 집 근처에 있는 빈 땅을 일구어 채소를 가꾸기도 하고, 「아, 고구려 전」이나 이 중섭 화백의 작품전과 같은 비중 있는 전시회를 관람하기도 한다. 그저 습관을 따라서 농사를 짓는 것이 아니라, 씨앗을 뿌려서 그것이 싹을 틔우고 자라는 과정을 면밀하게 관찰하면서 참고 기다리는 삶의 지혜를 음미한다. 전시회도 건성 돌아보는 데 그치지 않고, 그것들이 갖는 역사적인 의미 또는 삶의 문제에 던지는 암시나 의미 등을 열심히 돌아보며 많은 생각을 한다. 주일에는 교회에 나가고, 때로는 장애인들을 돌보는 '사랑의 집'을 찾아가기도 한다. 푼돈을 아끼는 절제된 생활을 하면서도 멀리 해외여행을 떠나기도 한다. 흔히 기행문에는 그 나라의 명물을 자세히 소개하는 것이 대부분인데 류동림 씨의 기행문에는 사람 사는 이야기가 담겨 있고 생각이 들어있어 남다르다 하겠다. 또 버스 정류장 근처에 나무의자를 설치해 달라는 민원을 구청에 제출하여 뜻을 이루는 극성을 부린 적도 있다.

류동림 씨가 이런 일 또는 저런 일에 닥치는 대로 손을 내미는 것으로는 생각지 않는다. 그의 「내가 그린 그림」이라는 글이 말해주듯이, 그는 자기가 그린 여러 장의 그림들이 남의 흉내를 낸 것이 아니라 그만의 특색이 뚜렷한 작품으로서의 생애가 되도록 진지한 자세로 그날그날을 살고 있다. 그리고 그가 실천하는 각각의 활동이 한 장의 연결된 작품이 되도록 묶어주는 구실을 하는 것이 그의 수필 쓰기가 아닐까 한다.

류동림 씨의 수필을 읽고 나는 청자연적이나 청초하고 몸맵시 날렵한 여인을 연상한 적이 없다. 그의 수필을 읽으면서 나는 농촌의 순박한 여인을 연상한다. 기승전결을 고심한 구상의 흔적이 뚜렷하게 나타나 있지 않으며, 조각가처럼 자르고 갈고 다듬은 자리도 눈에 뜨이지 않는다. 그의 수필을 읽을 때 나는 깔끔하게 다듬어진 일본 사찰의 정원보다도 지난여름에 올랐던 뒷산의 자연림을 연상한다.

류동림 씨가 글을 쓰기 시작한 것은 어릴 때부터였다고 들었다. 전통적으로 가문을 자랑하는 문화 류씨 집안에 태어난 그는 글을 읽고 글을 쓰는 가정 문화 속에서 유년기를 보냈다. 그런 연유로 일찍부터 글을 쓰게 되었고, 젊었을 때 전국 백일장에 참석하여 장원을 하기도 하였다. 이를테면 자기 나름으로 자기류의 글을 쓰게 된 것이요, 요즘 흔히 있는 문화센터나 수필 강좌에서 체계적 이론 공부를 많이 한 적은 없었던 것으로 안다. 이러한 류동림 씨의 경력은 타인의 모방이 아닌 자신의 고유한 수필 세계를 구축하고자 원하는 그를 위해서 유리한 조건이 될 가능성이 높다. 그러나 널리 알려진 기본기를 도외시하고 독자의 길만을 고집할 때 부딪칠 수 있는 한계도 생각할 필요가 있을 법하다. 천부의 재능이 탁월한 사람에게도 좋은 지도자의 도움을 받을 필요가 있는 것은 예술의 세계나 스포츠의 세계에 있어서 일반적인 현상이다.

현재의 상태만으로 류동림 씨를 '좋은 수필가'라고 말한다 해도 별로 망발이 되지는 않을 것이다. 그러나 나는 그가 오늘에 만족하기보다는 내일을 위하여 더욱 정진하는 자세로 나갈 것을 희망한다.

작가의 말

내 인생은 지각의 연속이다. 뭐 하나 지각 아닌 것이 없다. 아이 출산에서 결혼까지, 하지만 그중에 제일 늦은 건 책 출판일 것이다.

70년도에 <여원>에서 창간 15주년 기념으로 의·식·주라는 제목의 글을 공모했다. 그 광고를 신문에서 읽고 써낸 것이 뽑혀서 시와 산문 30여 편이 단행본으로 묶여 부록으로 나왔었다. 그 때의 기쁨은 어디 가고 지금은 첫 작품집을 내는 데도 설렘보다 담담할 뿐이다. 책이 흔한 오늘날이니 기껏 낸 내 책이 버려지는 일은 없을까 염려도 된다.

둘째아들애 혼사를 앞두고 내 첫 작품집 내어 하객들에게 한 권씩 드리려고 결심한 뒤, 과거에 발표한 글들을 찾아보았다. 더러 없어지기도 했지만 세 권의 분량은 되었다. 묵은내가 풀풀 나는 글도 있었다.

막상 책을 내려니 서문을 써 주신 故 김태길 선생님 생존시에 내지 못한 것이 죄송스럽기 짝이 없다. 고인이 되신 다른 선생님들 생각도 간절하다. 제2 수필집에 낼 서문을 써 주신 차주환 선생님,

볼품없는 내 글을 공공연히 칭찬을 해 주신 서정범 선생님, 여러모로 챙겨 주시던 박연구 선생님, 목우회로 인해 가깝게 자주 뵐 수 있었던 윤모촌 선생님, 이정림 선생 덕에 알게 된 참으로 비단결 같은 마음에 비단 같은 글을 쓰신 박규환 선생님 등.

미루다가 그 선생님들께 진작 상재하지 못한 점이 안타깝다. 하지만 지금도 여러 가르침과 도움을 주시고 지켜봐 주시는 선생님들이 건재하시니 든든할 뿐이다.

미숙한 점이 많은 글들을 이렇게 한꺼번에 내놓으니 부끄럽다.

다정하고 친절한 목우회원님들은 지각생의 책을 반겨하실 것이다. 여러 차례 급하게 찾아서 보낸 글들을 성실히 묶어준 선우 사장 자매님에게도 고마움을 전하고 싶다.

2009년 가을

저자 류동림

차례

1. 만형자(蔓荊子) 베개

2. 곡선의 문화

3. 봄의 소리

4. 生命

5. 자유인

6. 빛의 세계

7. 5천 원의 빚

1.

만형자(蔓荊子) 베개

샛별을 보는 아이

새벽에 마주치는 사람이 있다. 내가 새벽 기도회에 갔다가 집에 오는 다섯 시 반쯤에, 마을 골목길에서 마주치는 이는 바로 신문을 돌리는 젊은 엄마와 어린 딸이다. 작은 손수레 위 신문 곁에 아이는 쪼그리고 앉아서 달이나 별을 보고 엄마에게 조잘댄다. 동쪽 하늘에서 반짝이는 금성을 보고는 샛별 떴다고 반가워한다. 진짜 별은 동그란데 그림의 별은 왜 뾰족뾰족하게 생겼느냐고 묻고, 그믐달을 볼 때는 '달이 가늘다. 어제보다 더 가늘어졌네. 달은 어째서 모양이 달라지지?' 하는가 하면, '달은 저쪽에서 이쪽으로 걸어오는데 별은 왜 그 자리에 있는 거야. 나처럼 집 보는가.' 나는 아이 모녀가 도란거리는 말에 귀 기울이고 한 마디씩 참견도 하면서 지나친다.

아이는 어둠이 깔린 새벽에 다른 사물은 보이지 않으니까 자연히 확 트인 하늘에 초롱초롱한 별을 볼 수밖에 없었으리라. 그것을 무심히 보아 넘기지 않는 관찰력이 만만치 않으며 표현도 시적이다.

아버지가 감옥에 있는 한 소년이 길 모퉁이에서 구두를 닦으며 밤하늘의 별을 보고 노래를 부른다. 어떤 이가 이 소년에게 구두를 닦는 것이 즐겁냐고 물었다. 그는 희망을 닦는다고 했다. 그 소년이 바로 올리버 트위스트 등을 쓴 위대한 소설가 찰스 디킨스다. 나는 디킨스를 생각하며 어린이에게 너는 시인이 될 거라고 했더니 자기 엄마에게 시인이 뭐냐고 또 묻는다. 어릴 적에 엄마를 따라다니며 본 샛별은 시심의 바탕이 되기에 충분하다고 생각한다.

그 시간에 별을 보는 아이가 저 아이 말고 또 있을까. 다른 아이들이 잠에 빠져 있을 시간에 샛별을, 새벽달을 보는 아이는 평범한 사람은 아니 될 것 같다. 그렇게 하늘을 보면서 키워온 꿈이 미래에 그 아이를 천문학자로 만들거나 문필가로 만들지 않을까.

인적이 없는 적막한 길, 어둡고 춥고 외롭던 새벽길에서 새벽이 열리는 것을 보고 느끼며, 골목을 누비는 엄마를 따라다녔던 어릴 적 경험이 때로는 아름다운 추억으로, 어느 때는 아픈 기억으로 새겨질 것이고 그렇게 특별한 체험에서 얻어진 잠재력은 헛되지 않을 것이다.

"별도 나처럼 집 보는가 봐." 하고 말하는 걸 보면 엄마가 낮에도 일터에 나가느라 집에 없다는 것을 어렵지 않게 짐작할 수 있다. 또한 새벽에 엄마를 따라 나온 것을 보면 집에 다른 식구가 없음을 추측하게 한다.

아무도 없는 새벽에 아이가 잠이 깨었을 때 무서울까 봐 데리고 다니는지, 아니면 애가 혼자 있기 싫어서 막무가내로 엄마를 따라 나왔는지… 엄마한테는 아이와의 동행이 심심치 않은 상대가 될 때도, 신문 배달에 방해가 될 때도 있겠지. 하지만 모녀관계만은 더욱 애틋해질 것 같다.

아이 아빠는 지방이나 해외로 돈 벌러 갔나보다. 그 사이에 놀지 않고 노력해서 빨리 기반 잡으려고 그토록 열심이겠지. 그 외에 달리 생각한다는 것은 젊은 엄마에게나 어린 딸에게 너무 가혹하지 않은가.

길에 손수레를 놓고 애 엄마가 골목집에 신문을 가지고 간 사이 아이는 신문 두 부를 얼른 빼어들고 통 통 통 발소리를 내며 뛰어가 길가에 있는 두 상점에 밀어 넣는다. 신문 넣는 집을 거의 다 아는 듯싶다. 엄마에게 두 집은 자기가 넣었다고 자랑을 하자, 넘어지면 어쩔려고, 나무라면서도 대견스러운가 보다.

나는 걸음을 멈추고 이들을 지켜보다가 애한테 몇 살이냐고 물었다. 다섯 살이라고 한다. 앞으로 훌륭한 사람이 될 것이라고 칭찬을 해 주었다.

지금의 일들이 훗날 아이 가슴에 어떤 색채와 무늬로 새겨질까. 행여 얼룩으로 남아 상처가 되지 않기를 기도한다.

<월간 에세이> 1994년 11월

만형자(蔓荊子) 베개

고향의 바닷가 해송 밭에 만형자(蔓荊子) 향기가 코를 찌르면 어느새 가을은 성큼 다가선다. 이렇듯 내 고향의 가을은 만형자와 함께 여물어 간다.

만형자는 순비기나무의 열매다. 잣씨 모양의 자잘한 이파리에 자잘한 연보라색 꽃을 피우고 녹색 열매 맺어 검정색으로 익는다. 이 순비기나무가 고향 해변의 솔밭 가에 분포되어 있다. 이 열매를 한방에서는 경련이나 편두통에 달여 먹고 이 만형자를 베개 속에 넣어 만든 베개를 베면 잠이 잘 올뿐더러 머리도 맑아지고 비듬도 없어진다고 한다.

옛 선비들은 만형자 베개를 귀한 선물로 여기며 주고받았다는 것이다. 내 조부님께선 연재 송병선의 문하생이었다. 연재는 구한말의 문신이며 충신이고 대사헌을 지낸 분인데 한일합방에 울분을 품고 자결했다고 한다. 조부님이 존경하는 스승께 만형자 베개를 드리면 연재께서는 아주 좋아하셨다고 들었다.

베개처럼 날마다 요긴하게 쓰이는 물건도 드물 것이다. 이불은 철

따라 얇거나 두꺼운 것으로 바꾸는데 베개는 대개 하나 가지고 몇 년씩 사용한다. 만형자 베개의 가치는 약효적인 요소도 중요하지만 그 향기를 더 높이 사고 싶다. 도시 어느 백화점에서 맡을 수 없는 쌉싸레한 향기가 특이하기에 그렇다.

향기 중에 으뜸인 것은 가남향(伽南香)이라는데 너무 귀해서 만나기 어렵고 가장 자연스런 향기는 침향목이 풍기는 가훈청향(佳薰淸香)이라고 들었다. 이에 비교하기는 어렵더라도 만형자만이 갖는 독특함은 다른 향기와 구별이 된다. 그 야생의 향기를 집안 어른들이 더 좋아하셨다.

우리 집에도 만형자 베개가 있다. 내 혼수로 해온 것이다. 선물용 베개나 혼수용 베개 속에 넣으려고 해마다 따는데 그 양이 한정되어 있어 아쉬움이 따른다.

내가 시집올 때 두 개의 베개 속을 채우려고 여러 날 동안 만형자를 찾아 해송 밭을 뒤졌지만 모자라서 국화꽃을 보태었다. 국화는 곧 부스러지고 향기도 오래 가지 못한 점이 흠이었다. 만형자도 그 향기가 영구적인 것은 아니어서 오래 쓰다보면 속을 바꾸어 넣어야 좋다. 그러나 그 일이 쉽지 않다.

한가위 지나 보름쯤 후에 만형자를 따야 알맞다. 너무 이르면 덜 여물어 향내가 적고 때를 놓치면 익은 열매가 땅에 떨어진다. 적당한 시기에 맞추어 어렵게 틈을 내어 가 보면 누가 한 발 앞서 따가고 없어 허탕만 친 적도 있다. 그러다 보면 여러 해를 새 열매로 바꾸지 못해 엷어진 향기를 안타까워했다. 작년 가을에는 벼르기만 했던 고향에 가게 되었고 운 좋게 만형자를 따 왔다.

도시의 공해와, 복잡한 교통에 시달려 지쳐 있는 심신을 만형자 베개 위에 눕힌다. 그러면 만형자 향기가 손길을 내밀어 고향의 바닷가로 데려다 준다. 그곳의 아름다운 색채와 소리들, 갖가지 열매와 풀꽃의 냄새까지 가을의 표정을 모조리 담고 있다. 그것들은 도시생활에 지친 나를 두 팔을 벌려 맞아준다. 생각은 그 전경에 빠져 있고, 몸은 베개 속에 스민 은은한 향기에 젖게 된다. 그러면 어느새 정서의 건조함도 몸의 피곤도 풀린다.

어느 가정학과 교수가 베갯속은 메밀껍질이 온도가 알맞고 건강에 제일이라고 발표한 일이 있다. 이 메밀껍질과 비슷한 것이 만형자이지 싶다. 그러면서도 더 많은 장점을 갖고 있다. 만형자는 아무리 오래 되어도 향기만 약해질 뿐 메밀껍질처럼 부서지지 않는다. 또한 녹두알만한 열매가 오돌톨해서 머리에 가벼운 지압효과까지 주어 기분이 상쾌해지며 두뇌 건강에도 좋다고 한다. 거기에다 솔솔 풍기는 향기라니―.

처음에는 붙임성 없어도 맡을수록 은은하여 질리지 않는 향기, 산뜻하게 매혹하는 향과는 사뭇 다른 동양의 냄새다. 어떻게 이런 향기가 생겼을까. 바람결에 향기 한 번 채우고 해가 바다에 몸을 풀 때마다 조금씩 향기 채우며, 침묵의 시간 지난 뒤 스스로 겨워 더디게 스며든 향이기에 달콤함 대신 씁쓸한 냄새가 오래 가나 보다.

여름 베개로는 만형자 베개가 죽침만큼 시원하지 않지만 삼베나 모시에 풀기 빳빳이 해서 올이 쭉 서게 다림이질 한 베갯잇을 입힌다. 그 만형자 베개를 베면 머릿속까지 시원하게 트이는 듯해서 여름 베개로 손색이 없다. 봄가을 베개로는 더할 나위 없이 알맞고 겨울 베개치고는 털 베개같이 푹신하지 않아도, "발은 따뜻하게 머리는 차게"라는 건강지침도 있고 보면 사철 다 적당한 것이 만형자 베개가 아닌가 싶다.

만형자 베개는 목돈 주고 산 물건이 아니어서 선물로 주는 이나 받는 편에서 부담스럽지 않을 것이고, 매일 쓸 때마다 그 향기가 준 사람을 생각나게 하지 않을까. 자잘한 열매를 하나하나 따 모았기에 정성이 들어 있으며 약효까지 지녔으니, 만형자 베개가 의미로나 용도로나 찬사를 받을만한 선물이라고 생각한다.

나는 서울에 있는 아파트에서 산다. 딱딱한 시멘트, 날카로운 쇠창살, 차가운 유리에 둘러 싸여 움츠리며 지낸다. 이렇게 삭막한 환경임에도 만형자 베개를 베고 있으면 만형자 딸 때의 분위기가 고스란히 전해 와 위로가 된다.

만형자 딸 때는 항상 해질녘이었다. 바닷가 솔밭에 들어서면 가을의 숲은 정적을 감싸 안은 채 나를 받아주었다. 일어서면 송진 냄새가, 앉으면 만형자 향이 거기 머물러 있다가 쏴하고 청정한 솔바람이 불어오면 솔 내음과 함께 만형자 향이 뒤섞여 실려 왔다. 가을 갯바람이 옷 속에 숨어들어도 마지막 햇살이 구부리고 만형자 따는 내 등에 업혀와 따사로웠다.

어둡기 전에 하나라도 더 따려고 손놀림을 서두르는데, 중학생인 조카 녀석이 저녁밥 먹으라고 나를 찾아왔다. "고모 만형자는 뭐하려고 따세요?" "베개 속에 넣으려고 많이 따면 선물도 하고 싶은데 여기 있는 것 다 따도 베개 하나 감도 안되겠구나." 내 대답이 어이없다는 듯이 나를 빤히 쳐다보더니 "고모도 참, 선물용품은 백화점에 별거 다 있잖아요. 상품권으로 할 수도 있고요." 그렇다. 지금은 선물의 의미가 많이 변질되어서 그 값으로 성의를 가늠하는 경향이 짙다. 이런 시대에 살면서 옛 선비들의 선물에 대한 뜻을 되새겨 본다.

내가 존경하는 선생님, 또 신세를 지거나 도움을 받은 분, 그리고 친절한 선배님, 다정한 벗들에게 만형자 선물을 하고 싶다. 그 분들은 어떤 생각으로 받아들일까. 혹시 아는가. 시중에서 쉽게 산 물건이 아니어서 값을 계산할 수 없음으로 하여 더욱 소중한 선물이라고 인정해 줄지. 그렇다면 기회 있을 적마다 선물용 베갯속을 마련하련다.

만형자 향기와 함께 내 마음의 정도 베개 속에 가득 채우리라.

<세계일보> 1994년 1월

씨앗 1

지난 초봄에 얼었다 풀려 들떠 있는 땅에 도라지씨를 묻었다. 그렇게 자잘한 씨를 심을 때는 무릎을 꿇고 허리를 깊게 굽혀 겸허한 자세가 된다. 씨를 심는 손은 경건한 손, 기도하는 마음으로 내 꿈도 함께 심는다.

도라지씨를 심어보라고 주기에 손바닥에 놓고 한참 들여다봤다. 처음 보는 씨앗이었다. 도라지를 심어 가꾸는 것은 생소한 일이어서 선뜻 엄두가 나지 않았다. 하지만 기대감에 설렘과 조심스러운 마음이 겹쳤었다.

이 사람 저 사람에게 씨앗을 나누어 주는 농부에 의해 이 농장에는 여기저기 도라지꽃이 피게 될 것이다. 이 잔 씨 속에 유전자 정보를 품고 있다가 하얀색 보라색을 길어 올리겠지. 도라지꽃은 언제쯤 필까. 오동나무 씨를 심고 거문고 소리를 듣는다더니 나는 도라지씨를 심자마자 꽃이 피기를 기다리고 있다. 산에 가고 올 때마다 도라지 밭에 들르지만 고요할 뿐이다. 너무 깊이 심어 깊은 잠에 빠졌을까. 달포가 지나도록 아무런 기미가 보이지 않는다. 도라지 밭을 서성이다 돌아올 땐 쓸쓸해진다. 아들애가 어렸을 때 복숭아씨를 뜰에 심었다. 호기심 많고 성미 급한 아이는 싹트기를 기다리다 못해 몇 번이나 파보고 다시 심는 등 발싸심을 했는데 지금 내가 바로 예전 그 아이의 마음과 같다.

씨앗을 준 아저씨는 그런 낌새를 읽은 듯 "기다려야 합니다. 무엇보다 농사는 느긋하게 때를 기다리고 비를 기다리고 햇빛도 기다리고 참고 기다리는 게 상책입니다."라고 한다. 그래서 농촌에는 젊은이가 없는 것일까. 정보통신의 혜택을 누리며 몇 분 안에 결과를 봐야 직성이 풀리는 속도 경쟁에 익숙한 젊은이에게 참고 기다려야 하는 농사는 아무래도 맞지 않는가 보다. 물론 경제성이 없는 것이 더 큰 문제이겠지만.

기다림의 지혜를 깨우쳐 준 아저씨는 미립에서 뽑아낸 것을 서툰 농부인 우리에게 알려주기도 하는데, 그럴 때는 항상 땅을 살리는 데 초점을 맞추는 사람이다.

내 조바심과는 상관없이 때가 되어 싹이 돋았는지 아니면 말발굽 소리에 놀라 깨어났는지 싹이 나기 시작했다. 어느 날 밭에서 흙을 고르는데 말발굽 소리가 났다. 지금 서부영화를 보고 있는 것도 아닌데 웬 말발굽 소리일까 하고 일어서서 두리번거리자 바로 울타리 옆으로 난 길, 산길로 통하는 황톳길로 카우보이모자를 쓴 청년 몇이 말을 타고 지나가고 있었다. 나는 그들이 보이지 않을 때까지 일손을 놓고 지켜보았다. 그 길이 승마 연습 코스로도 쓰이는가 보았다. 그 후에도 가끔 그런 모습을 대하며 쉽게 볼 수 없는 광경을 밭 언저리에서 만나 새로운 감회에 젖곤 했다. 아무튼 말발굽 소리가 난 뒤 긴 침묵을 깨고 도라지가 돋아났다. 도라지 밭이라야 울타리 밑 구석진 곳에다 일군 돗자리만한 넓이에 지나지 않는다. 하지만 도라지로 인해 후미진 곳이 꽃으로 환해질 것 아닌가.

지금 나는 밭 귀퉁이에서 도라지 밭을 매고 있고, 씨앗을 나누어 준 농부는 밭 가운데서 토마토 기둥을 세워 묶는 일에 골몰해 있다. 비닐 끈으로 하면 쉬울 텐데 칡넝쿨을 잘라 묶으려니 시간이 걸린다고 한다. 일이 더디어도 땅에서 썩어 거름이 되는 칡넝쿨을 고집한다. 그는 지주를 세우는 일이 끝나자 이번엔 울 밖 길가에 무성하게 자란 풀을 베어다 두엄을 쌓는다. 그 두엄에는 보리타작을 끝낸 보릿대며 콩깍지며 파 다듬은 찌꺼기까지 보태어질 것이다. 그나저나 해가 기우는데 저렇게 일만 할까 하고 나는 노파심에 신경이 쓰였다. 그 댁 외아들 장가드는 날이 바로 내일이 아닌가. 그러나 이 아저씨는 조금의 동요도 없이 자연인 그대로에 자기 식대로다. "퇴비를 써서 기른 야채는 쉽게 상하지 않고 감칠맛이 있는데 김장거리도 퇴비를 주어 기르면 달고 고소하지요." 새 며느리에게 맛있는 김장거리가 되도록 준비하는 일이, 얼굴을 다듬고 광내는 일보다 중요하고 실속 있는 일이라고 여기는가 보다.

작년 가을에는 이 밭에서 진풍경이 벌어졌다. 어느 날 그린 빌라 137세대의 관리실 마이크에서 "오늘부터 C-31호 댁에서 가꾼 알타리무를 뽑습니다. 각 세대마다 필요한 만큼 뽑아가기 바랍니다." 주인은 누가 얼마를 가져가든 개의치 않고 마을 사람들에게 밭 째 맡겼다. 밭에 무가 다 없어지기까지 사흘이 걸렸다. 모자라지도 남지도 않는 아름다운 나눔의 잔치였다.

나는 도라지꽃이 좋다. 요란하지 않은 조촐한 모양도 좋고 보라색과 흰색으로 피는 색깔도 정절을 지키는 여인처럼 깔끔해서 좋다. 크고 예쁜 꽃은 대부분 열매가 없다. 겉모습 가꾸기에 영양분을 다 소모해서라고 한다. 어떤 꽃은 크지도 곱지도 않다. 가을에 맺을 열매를 위해 자양분을 아껴둔 까닭에 열매로 아름다움을 과시할 수 있는 것이다.

도라지꽃은 벌과 나비를 유혹할 만큼 화려하지도 못하고 자랑할 만한 열매도 없다. 다만 모든 양분과 향기를 뿌리에 채운다. 사람에게 유익한 성분도 눈에 띄지 않게 흙속에서 이루어 낸다. 그런 도라지의 미덕을 생각하면서 가꾸리라. 도라지는 벌레가 꾀지 않고 병이 없고 비료를 주지 않아도 되는 완전무공해 식물이다. 그래서 그 아저씨는 그렇게 열심히 우리에게 씨를 나누어 주었나 보다.

<에세이 21> 2004년 가을, 창간호

가족의 끈

이중섭 화백의 작품전을 보았던 날은 함박눈이 포근히 내리고 있었다.

99년 1월의 문화인물로 선정된 이중섭 기념전시회가 갤러리현대에서 열렸다. 문우 몇 사람과 관람을 마치고 찻집에 들렀다. 찻잔을 앞에 놓은 채 창밖의 눈발을 보며 한동안 말이 없었다. 불우했던 화백의 생애를 더듬느라 숙연해진 것이다. 일행은 분위기를 바꾸어 그의 삶과 미술세계, 가족 얘기를 나누었다. 화백이 그토록 사랑했던 가족 한 사람도 전시장에 보이지 않아 섭섭했다.

오래 전에 이 화백의 전시회를 보고 기억에 남는 것은 여러 형태의 소였다. 이번에는 가족이라는 제목의 그림들이 인상적이었다. 지난 일 년 동안 IMF 경제 위기를 겪으면서 수많은 가족이 풍비박산되는 것을 보고 충격이 컸다. 그런 터여서 가족애가 유별난 화백의 단란한 가족 그림에 대해 관심이 쏠린 것은 당연하리라.

그의 가족 그림에는 개인이 따로 있지 않고 팔이나 다리로 서로 연결되어 있다. 또한 가족 관계에 방해가 되기보다 더불어 풍요로워지는 새, 꽃, 나뭇잎, 물고기, 게, 과일 이런 것이 매개가 되어 가족 사이를 이어주는 그림도 있다. 특히 눈에 띄는 그림은 가족을 연결시키는 끈이다. 질긴 띠로 엮은 가족의 연대감, 쉽게 끊을 수 없는 공동 운명체임을 표현하려고 끈을 등장시켰을까.

'닭과 가족'이라는 그림을 보자 내가 어려서 본 닭 가족이 생각났다. 수탉은 모이를 보면 암탉을 먼저 불러서 먹게 하고, 암탉은 수많은 병아리를 다 품어서 위험으로부터 보호하며 추위도 막아준다. 닭은 부부애도 좋고 모성애도 있어 가족 그림에 닭을 넣었나 보다.

'가족과 비둘기' 역시 먹이를 놓고 다툼 없이 평화롭게 사는 비둘기를 곁들인 것 같다. 하나님이 보기에 가장 아름다운 것은 단란한 가정이 아닐까. '가족'이라는 말엔 '어머니'나 '고향'처럼 다정함과 따스함이 스며있다. 피붙이, 살붙이, 정붙이로 구성된 가족, 그 가족이란 무엇인가. 떨어져 있어도 관심은 따라 다니고, 좋은 일이나 나쁜 일이나 공유하고 싶고 서로의 마음속에 늘 자리 잡고 있는 그런 사이가 아닐지.

오래 전 처음 해외여행을 할 때 식구들이 떠밀다시피 부추겨서 떠났다. 하지만 중고생 두 아들과 직장에 있는 남편을 둔 주부가 2주 이상 집을 비우고 다니자니 마음에 걸리는 게 많았다. 그것을 눈치 챈 일행이 "태평양 건너 이 먼 곳까지 가족들 걱정을 거느리고 왔어요?"라고 물어서 나는 중추신경 하나를 가족 곁에 두고 왔노라고 대답했다.

지난여름 우리를 울렸던 남북 이산가족 상봉 장면을 보며 가족에 대해 다시 생각하게 되었다. 긴 세월 이념의 벽 양쪽으로 헤어져, 체

제가 다르고 환경이 다르고 살아온 과정 또한 달라도 만나는 순간 한 덩어리가 되는 힘을 보았다. 그것은 가족이라는 튼튼한 끈의 힘이었다.

상봉자의 어떤 어머니는 아들이 집을 나간 뒤부터 밤이면 호롱불을 밝히고 문 밖 인기척에 귀 기울이기를 50년, 어떤 부인은 유복자를 기르며 남편의 밥주발에 끼니마다 밥을 담아놓고 기다렸고, 한 할아버지는 아들이 찾아올까 하여 이사를 못했다고 한다.

이중섭 화백의 가족은 6·25 피난살이 때 굶주림을 견디다 못해 아내와 두 아들은 일본 처가로 갔다. 그 당시 한·일 두 나라의 경제는 참담했고, 가족이 함께 살 만한 조건은 쉽게 오지 않았다. 그는 부인에게 위안과 용기를 주는 절실한 애정의 편지를 끊임없이 전함으로써 가족 관계를 유지했고, 외로움과 그리움은 가족그림을 그리는 것으로 승화시켰다고 한다.

그림이 밥이 되지 못하는 시대에 가족의 생계를 감당할 수 없는 무기력한 가장이 된 데다가 혼자 이렇게 있다가는 가족으로부터 소외되지 않을까 초조했던 모양이다. 사랑하는 가족과 따로 살아야 하는 애틋함을 편지와 그림으로 달래며 가족의 결속감을 호소하는 방법밖에 달리 도리가 없었나 보다.

어려서 헤어진 아들에게 보낼 편지에 네 식구가 둥그렇게 어깨를 걸고 있는 '가족' 그림과 '그리운 제주도 풍경'을 그려 넣는다. 지금은 같이 살지 못하지만 가족의 일체감을 보여 주고, 제주도 풍경에서 식구가 함께 했던 추억을 상기시켜 자신도 한 가족임을 확인하고 싶었던 것이리라.

부인에게는 '대작 또는 걸작을 그릴 테니 걱정마라. 어떻게 하면당신을 행복하게 해줄까 그 생각으로 꽉 차 있다. '역사상에 나타난 애정의 전부를 합쳐도 우리가 서로 사랑하는 것에는 비교가 안 될 것이다.'는 대목에서 애정 고백의 절정을 이룬다. 이만한 애정과 신념이 있다면 여건상 생활, 경제적 도움을 주지 못해도 정신적인 기둥으로서 가장의 자격이 있다고 여겨졌다. 그런 편지에 부인의 반응이 어땠는지 궁금했었다.

마침 어느 분의 '이중섭씨와의 하루'라는 글에 화백의 생활 터전에서 본 구체적인 면면이 생생하게 그려져 있어 반가웠다. 그분이 그의 거처에서 읽게 된 부인의 답장은 담담하고 실질적이었다고 한다. 대체로 여자가 더 현실적인데다 두 아들을 거느린 생활인이었으니 이해가 갔다. 화백이 그처럼 사랑하며 같이 살고 싶어 했던 가족과 끝내 함께 있지 못하고 생을 마친 것이 가슴 아프다.

사람이 살면서 가족이 가장 필요하고 외로울 때는 명절 때와 아플 때, 그리고 죽을 때일 것이다. 그는 여러 번 홀로 명절을 지냈고, 가족의 위로와 따뜻한 손길이 가장 요구되는 병석에서 혼자 병마와 싸웠으며, 곁에 아무도 없이 죽음을 맞이해야 했다. 종교도 없는 그가 얼마나 두렵고 고통스러웠을까. 화백은 육체를 벗고서야 어떤 제약도 없는 자유로운 영혼이 되어, 가족을 묶어주던 끈만을 품고 사랑하는 가족 곁으로 갔을 것이라고 믿고 싶다.

2000년 겨울

신문의 중독성

나의 하루는 현관밖에 와 있는 신문을 들여놓는 것으로 시작된다. 새벽에 배달되는 신문을 펼치노라면 잠시나마 신선함이 스친다. 신문을 받았을 때는 이미 새 소식이 아니다. 요즘처럼 속도 경쟁 속에서는 더욱 그렇다. 하지만 나는 신문을 받을 때마다 새롭다는 착각에 사로잡힌다.

좋은 일보다 밥맛 떨어지는 일이 더 많고, 이러한 물건이 나왔으니 사라고 들쑤시는 등 몰라도 되는 정보까지 넘쳐난다. 지면이 많아진 만큼 오만 가지 잡동사니를 담아 놓았기에 판단력이 흐린 나에게는, 쓸모없는 양분을 과잉 섭취한 것처럼 거북스럽다. 신문사에서는 여러 계층의 독자들, 다양한 취향을 모두 충족시키려는 배려인지도 모른다. 그러나 경쟁이나 하듯 지면을 늘려 많은 것을 넣다보니 허섭스레기 같은 것을 실어놓은 인상을 주기도 한다. 신문마다 각각 다르게 어떤 신문은 어느 면에 치중하고, 어느 면은 생략하는 등 분야별로 특성을 살린다면 독자가 취향에 따라 선택할 것이다. 따라서 지면도 줄고 개성 있는 신문이 되지 않을지.

30년 전 내가 고향에서 마음을 앓을 때 독서로 앙금을 풀었다. 활자화된 것이라면 가리지 않고 읽었다. 신문도 한 부분을 차지했다. 그 당시 시골에는 하루 걸러 오는 우편으로 신문이 배달되었고, 신문이 단 한 장이어서 이틀 분 두 장을 어느 구석도 빼지 않고 다 읽었다. 그 습관성과 탐닉성으로 인해 지금도 자세히 읽는 편이다. 내 곁에는 좋은 책이 퍽 많은데도 신문 때문에 책 읽는 시간을 빼앗기고 있다.

우리 집에는 신문을 몇 가지나 받는다. 다 읽자면 시간이 오래 걸려 짜증이 난다. 또 신문에는 중독성이 있어서 아무리 바빠도 빼놓지 못한다. 나도 그 중독자 중의 한 사람이다. 그 날의 신문을 읽지 않으면 다른 일이 손에 잡히지 않는다. 원고마감에 쫓기면서도 신문부터 볼 정도이다. 읽어 보았자 기쁜 소식도 속 시원한 소식도 없고 뾰족한 수도 없다. 오히려 끔찍한 사건이나 허탈감을 주는 내용이 태반이다. 더구나 건망증이 있어 몇 시간을 읽었으나 무엇을 읽었는지 모른다. 다만 읽으면서 느낀 분노·실망·불쾌감만 남고, 눈을 혹사시켜 시력은 점점 나빠질 뿐이다. 대신 아까운 시간이 신문지 갈피 속으로 사라진다. 『빠빠라기』라는 책으로 유명해진 사모아 섬의 추장 '투아비아'는 말했다. "문명국 사람들은 아침에 눈을 뜨자마자 신문이라고 하는 넓은 종이에 빽빽하게 적힌 글을 읽고는, 거기에 있는 시답잖은 일까지 다 머릿속에 집어넣어 골머리를 앓는다. 그 기사들은 모든 사람의 머리를 하나로 통일시키고자 하며 지나치게 많은 일에 간섭하게 한다. 그리고 어떤 사건과 행위에 대해 어떻게 하라고 지시를 한다."고 간파했다. 그 책을 읽고 추장의 예리한 의식과 명석한 비판이 놀라웠다.

그렇다고 신문이 부정적인 측면만 있는 것은 아니다. 제 역할을 올바르게 할 때 사회의 공기(公器)로서 국민의 길잡이가 될 것이다. 그런 신문이 많아지길 바란다. 그의 말이 아니라도 신문이 갖는 위력은 압도적일 만큼 대단하다. 기사 한 줄에 기업을 살리고 죽이는가 하면, 하루아침에 영웅으로 만들기도 하고 인기인으로 등장시키기도 한다. 뿐만 아니라 건너짚고 생사람 잡는 폭력성도 없지 않으니까.

요전에 신문을 보고 있는데 옆집 아주머니가 와서 이 댁에는 웬 신문을 그렇게 여러 가지 보느냐고 한다. 자기네는 신문을 끊은 지 몇 달이 되었다는 것이다. 처음에는 궁금하고 허전하더니 지금은 오히려 정신이 가지런해지는 것 같다고 했다. 신문 지면이 많아졌으니 대금이 올랐다고 해서 끊었다는 것이다. "우리가 언제 지면 늘려 달랬어요. 보세요, 여기는 전면 광고 이쪽은 반면 광고 또 전면 광고…" 그가 흥분하며 지적하는 광고면을 보고야 광고면이 그렇게 많이 차지한다는 것을 알게 되었다.

우리도 신문을 두 가지쯤 줄이고 대신 매달 책을 몇 권씩 더 사는 것이 좋겠다고 생각하면서도 오랫동안 보던 신문을 끊기가 쉽지 않다. 입에 맛들인 음식처럼 눈에 익숙한 신문을 떼기에는 여간 결단성이 필요한 게 아니다. 식구들 또한 신문 중독자에 가까워서 그대로 보지 않을 수 없다. 피치 못할 사정으로 읽지 못한 신문이 밀리면 상자에 가득 찬다. 지난 신문도 안보면 큰일이라도 생기는 양 다 끄집어내며 - 이 지겨운 신문 언제 다 읽어 치우나 - 한숨부터 나온다.

읽어 낼 부담감이 의무로 다가와 짐처럼 무겁다. 그러한 나를 보고 남편은 구문을 챙겨 읽느라고 스트레스를 받는 어리석은 사람이라고 핀잔을 준다. 월터즈멘이라는 사람은 "신문은 다음날 시장에서 물건 싸는데 외에는 쓸모가 없다"고 했다는데, 지금은 시장에서 물건 싸는데도 소용되지 않는다. 그런 구문에 얽매어 쩔쩔매는 자신이 한심하기 짝이 없다.

오랜만에 해외에 나갔을 때는 보름씩 신문 없이 산다. 얼마나 홀가분한지 머릿속을 맑은 물로 씻은 듯했다. 여행이 계속된다면 신문 없이도 괜찮을 것 같았다. 신문 읽는 시간에 성경을 읽고 남을 위해 기도를 하고 봉사를 하고 책 읽고 글 쓰며 또 예술 세계에 자주 접촉한다면, 내 인생이 좀 더 풍요롭고 성숙되어질 것이며 아름다운 삶이 되어질 게 아닌가.

자기에게 주어진 시간을 어떻게 활용하느냐에 따라 성공적인 생이 될 수도 그 반대일 수도 있다고 한다. 한정된 시간에 중요한 것과 그렇지 않은 것을 선별해서 사용해야 함을 안다. 어디서 사올 수도 빌릴 수도 없는 시간이기에 하찮은 일에 낭비해선 안 된다는 것도 안다. 내 생의 황혼녘에 돌아보면 나쁜 습관으로 허비한 시간이 아깝고 억울하고 부끄러울 것이다. 이제부터라도 시간을 알차게 보내어 조금은 보람되고 가치 있게 보내야지 하고 마음을 굳게 먹지만 그 다짐은 잠시고 석간을 기다리는 내 귀는 어느새 현관문을 향해 열려 있다. 이쯤 되면 마약이 따로 없다.

<시대문학> 1995년 가을

빈곤속의 아코디언 소리

모스크바의 7월은 밤이 너무나 밝다. 백야(白夜) 현상이 남아서 그렇다고 한다.

저녁을 먹고 훤한 바깥이 아까워 산책을 나왔다. 호기심에 경계심까지 데리고 여기저기 기웃거렸다. 이곳에는 조형물 두 가지가 두드러지게 눈에 띄었다. 뾰족한 로켓 탑과 지구본처럼 둥그런 우주선 탑이 그것이다. 이 나라가 한때 인공위성 개발에 박차를 가해 경쟁국이던 미국을 제치고 그 위세를 떨치지 않았던가. 그리고 뽐내듯 솟아있는 로켓 탑이 무기 보유국으로 세계 최강국임을 말해주고 있다.

지하도 입구에서부터 가까운 거리에 어설픈 장터가 이루어져 있다. 길 양쪽으로 줄지어 서서 하찮은 것들을 팔고 있는데 한 사람도 많이 가지고 온 물건이 없고 또 각각 다르다. 언뜻 보면 시골 장터를 연상시키지만 그처럼 부산스런 활기도 없고 시끌벅적 호객을 하는 것도 아니었다.

자유시장의 첫걸음이라 그처럼 서툰 것일까. 자기 집에 있는 것을 한두 가지씩 가지고 나온 모양이다. 어떤 이는 술 한 병을 들고 무표정하게 서 있고, 중년 남자는 담배 두 갑만 달랑 들고 있는가 하면 자기 집에서 쓰던 접시 몇 개를 상자 위에 얹어놓고 오가는 사람 눈치를 살피는, 귀족 티 나는 노인도 있다. 꽤 고급스런 그릇이다. 어떤 이는 비닐봉지만 몇 장 들고 있기도 한다. 여기서는 비닐봉지가 귀해서 따로 사야 한다. 한 청년은 집에 있는 나무에서 따왔는지 자잘한 살구를 됫박만한 그릇에 담아 놓았고, 또 한 소녀는 뽕나무 열매인 오디와 산딸기를 컵에 담아 놓고 사 갈 사람을 기다리고 있다. 그 소녀는 애당초 오디와 딸기를 한 컵씩만 가지고 왔는지 더 팔 것도 없고, 컵에 담긴 오디와 딸기에는 이미 먼지가 끼어있는데 바람이 이 열매들을 더 쪼그라들게 하여 그 소녀를 초조하게 만든다.

이것들을 판 돈이 도대체 얼마나 될까. 그 정도 액수로 무엇을 할 것인지 감이 잡히지 않는다. 빵 한 덩어리를 가지고 나온 이는 그래도 걱정이 적을 것이다. 팔리지 않으면 가지고 가서 먹을 수 있으니까.

벌겋게 쩐 말린 물고기 두 마리가 나를 슬프게 한다. 우리나라에서는 아무리 가난하게 사는 사람도 거들떠보지 않을 쩔어빠진 물고기 두 마리에 파리는 꼬이고 선뜻 팔리지 않아 애를 태우고…. 또 있다. 자꾸만 시들어 가는 꽃 세 송이를 들고 먼 산을 바라보고 있는 예쁜 아가씨의 수심에 찬 표정을 나는 잊지 못한다. 그녀 외에도 한 움큼씩 묶은 꽃다발을 하나씩 들고 서 있는 여자들이 여럿인 것은 어쩐 일인가! 곧 시들 꽃을 관광객이 사갈 리 없고 그렇다고 먹을 것도 필수품도 모자라는 이곳 사람들이 꽃을 사갈지 의문이다.

이 장터를 처음 볼 때는 꼭 애들 소꿉놀이 같아서 재미있는 볼거리였다. 그러나 이것은 엄연한 그들의 삶터 중에 일부분임을 생각할 때 숙연해지지 않을 수 없었다.

애수에 젖은 아코디언 소리가 이 시장 끄트머리에서 났다. 중년 여인이 아코디언을 켜고, 그 둘레에는 몇 사람이 둘러서서 구경도 하고 음률에 따라 우쭐거리는 이들로 하여 제법 판이 구성졌다. 슬라브적인 그 가락이 조금도 귀 설지가 않고 친근감이 들었다. 우리의 정서감정과 통하는 데가 있어 발걸음을 이곳으로 끌어왔나 보다. 그 음악은 러시아 민요에 속하는데 우리로 치면 타령 같은 것이라고 한다.

우리 일행 중에 남자 문인 몇이서 그 여인 앞에 있는 돈 넣는 함에 돈도 넣고 그들과 한 덩어리로 어울려 박수치고 춤추고 그러자 구경꾼은 더 모여들었다. 퇴근하던 이들도 그냥 지나치지 않고 구경하거나 주머니를 뒤져 상자에 돈을 넣는가 하면 아코디언 소리에 맞추어 춤추고 노래 부르고 판은 더 커진 것이다.

그 곁에서 장사하는 사람도 얇은 밑천을 상자에 털어 넣고 돌아가는 이가 있는가 하면, 지친 모습으로 귀가 중이던 남자가 꽃 몇 송이를 사는 것을 보고 너무 뜻밖의 광경이 놀라웠다.

그런 모습을 보며, 이들이 물질은 부족해도 마음의 여유가 있어 보였다. 이들은 오랫동안 지배해온 이념이나 제도마저도, 문화와 예술을 아끼고 좋아하는 그 혼만은 완전히 앗아갈 수 없나보다. 그래서 정서의 가닥이 이들에게 흐르고 있었으리라.

우리가 묵은 호텔은 '코스모스'라는 이름을 가진 모스크바에서도 큰 축에 든다. 그런데도 엘리베이터가 털털거리는 소리를 내서 떨어질 것만 같았다. 허나 그 정도 불안이나, 질 나쁜 화장지와 타월쯤은 문제가 아니었다. 일곱 끼니를 한 집에서만(호텔 식당) 먹어 거의 변화 없는 식단에 넌더리가 났다. 끼니마다 마른 빵을 먹어야 한다는 것은 즐거워야 할 여행을 짜증나게 했다. 우유나 과일은 한 번도 나오지 않고, 야채는 눈에 넣어도 시원찮을 만큼 쬐끔만 보였다. 거친 음식을 좋아하는 나는 씹히는 것이 먹고 싶어 안달이 날 지경이었다. 하지만 가난의 전시장 같은 장터를 본 뒤에는 목 메이는 마른 빵도 감사하게 먹었다.

다음 날도 해가 설핏할 무렵에 그 시장에 찾아갔다. 시장을 둘러보고는, 한이 배인 듯한 가락에 취해서 어느새 나는 슬라브 여인의 아코디언 소리가 나는 곳에 다다랐다. 구경꾼들 틈에 서있는데 그 여인이 내게 다가와 손을 이끈다. 어제 오랜 동안 구경은 했지만 그 때 입은 옷을 바꾸어 입었는데 용하게 알아본다. 그녀의 손에 잡혀 많은 사람들이 보는 앞에서 아코디언의 음악에 따라 지지리도 못 추는 춤을 겅중겅중 추고 말았다. 차마 거절할 수 없었다.

내 사진첩에는 그 여인의 모습이 담겨 있다. 사진 속에서 슬라브의 선율이 흘러나올 것만 같다. 어쩌다 석양이 고운 날에는 그 시장이 생각난다. 지금도 석양이 비치는 그 시장을 로켓 탑과 우주선 탑의 어두운 그림자가 내려다보고 있을까. 그 초라한 시장과 두 개의 탑이 무관하지 않다는 듯이.

<隨筆公苑> 1992년 가을

초록빛 꿈

그 나무가 언제부터 그 자리에 있었는지 모른다. 다만 내가 그 나무를 의식한 지는 2년 전부터이다. 손톱만큼의 치장도 없이 알몸으로 서 있는 그 나무는 살아있는 것 같지 않다. 만져보면 살아있음을 느낄 수 있다.

그 나무는 사람의 일생으로 보면 20대의 반짝거리는 나이일 것같다. 그 좋은 시절을 먼지를 뒤집어쓴 채, 소음 속에서 친구도 없이 시달림을 당하는 게 안쓰럽다.

내가 다니고 있는 개봉교회에 갔다 올 때마다 버스를 타려고 나오면 토큰 판매대 곁에 있는 그 나무를 대하게 된다. 버스를 기다리고 있던 나는 무심결에 손을 내밀어 그 나무 등걸을 짚고 있었다. 내 손이 닿는 부분이 반들반들 윤이 나 있었다. 자세히 보니 손바닥 넓이로 껍질이 벗겨져 속살이 드러난 채 흉터로 남아 있고, 흉터는 나무껍질과 한 살이 되어 손때로 절어 있는 걸 보면, 다른 사람들도 나처럼 그 나무 등걸에 손을 대는 이가 많은가 보다. 그것을 확인하고 싶어 몇 걸음 물러나서 지켜보았다. 어떤 노인은 아예 몸을 나무에 기대고 있다가 차에 오르자, 옆에 있던 남자가 한 손을 뻗어 내가 짚었던 자리를 짚고 있지 않은가. 다음에는 대 여섯 살쯤 되어 보이는 아이가 나무를 휘감고 있다. 그러니까 그 나무가 매개가 되어 많은 사람들이 자기도 모르게 손 맞춤을 하는 셈이다.

나는 그동안 수없이 그 나무에 손을 짚거나 몸을 기댔으면서도 나무와 접촉하고 있다는 것도 그게 무슨 나무인가도 모를 만큼 마음의 여유가 없었나 보다. 이제야 그 나무가 공해에 부대끼고 사람들 손을 많이 타고 있는 은행나무임을 알게 되었다. 그 나무가 거기 있어 많은 사람들에게 도움을 주고 있어 소중할 뿐이다.

그 나무가 있는 몇 발 사이에 전봇대가 있다. 그것이 가로수보다 훨씬 튼튼한데도 그 곁에 서 있는 사람 중에 누구 한 사람도 전봇대에 몸을 기대거나 만지는 이가 없다. 나는 일부러 손을 짚었다가 섬뜩함에 얼른 손을 떼고 말았다. 콘크리트의 딱딱함과 차가움에 대한 거부감 때문인가 보다. 다시 가로수를 짚었다. 그때가 초겨울이어서 나무는 죽은 듯 앙상했다. 그래도 한참 있으니까 나무속에 흐르는 수맥이 있어 그것이 피부로 전해 와 은연중에 생명체의 친근감을 느낄 수 있었다.

사람들은 자연과 점점 멀어진 삶 속에서 정서의 갈증을 이 나무를 통하여 해소시키고 있음을 엿보게 된 것이다.

새가 새끼를 치면 둥지 속에 푸른 나뭇잎 하나를 물어다 놓는다고 한다. 학자들 연구에 따르면 나무와 나뭇잎 속에는 '피톤치드'라는 천연 살균제와 '텐트팬'이라는 생명을 소생시키는 건강 원소가 들어 있다는 것이다.

그 나무 위치에서 보면 한심하기 짝이 없다. 그 많은 산과 공원, 정원, 좋은 환경도 얼마나 많은가. 하필이면 척박한 땅에 심어졌고 주위는 온통 보도블럭으로 덮여 있어 물을 마음대로 빨아들일 수도, 자기 몸에서 떨어진 낙엽 하나 거름으로 받아들일 수도 없는 열악한 조건이 아닌가. 그래도 살아남기 위해 굳센 뿌리를 더욱 깊게 뻗어 내려 물기를 올려서 잎도 피우고 열매도 맺어 자기 몫을 다하기에 기특하게 보인다.

봄은 초록빛으로 일어선다. 겨우내 흙 속에 씨앗을 묻어 두고 곤충도 알을 품고 소망을 움켜쥔 채 침묵으로 기다렸을 것이다. 이 봄에는 이것들이 땅 속에서 대혁명을 일으키며 아우성을 치는지 모른다. 하지만 연한 싹으로 시멘트 바닥을 뚫을 수 없어 공허한 함성으로 끝나고 이제 외치다 지쳐서 절망하고 있겠지.

인간은 생명 있는 것을 지향하고, 자연을 동경하면서도 인간 스스로가 편한 것 너무 쫓다가 흙냄새 맡기 어려운 환경으로 만들어 가는 셈이다. 재작년에 수해를 많이 입은 것도 물이 스며들 흙이 없었기 때문이라고 한다. 자연과 인공이 적절하게 조화된 쾌적한 환경이 그립다 .

콘크리트와 비닐류, 각종 산업쓰레기가 온통 흙을 덮어 생태계는 섬처럼 고립되어 파멸되지나 않을지 걱정된다.

내가 사는 곳 버스 정류장에 있는 가로수에 손을 대 본다. 겨울에 만졌을 때는 건조하던 나무결이 초봄인 지금은 많이 다르다. 생명 속의 부드러움, 부드러움 속의 힘 같은 것이 전해 왔다. 물오름의 엷은 박동을 어렴풋이 감지할 수 있었다.

겨울에는 나무에 퍼진 수액을 뿌리로 빨아들였다가 봄이 되자 다시 거꾸로 뿜어 주는 이 봄, 물오름이 손에 잡힐 듯 싱그럽다. 생명 있는 것이 주는 새로운 변화가 사람으로 하여금 그것을 동경하게 하는가 보다.

모름지기 흙은 모든 생명을 감싸 묻어 주는가 하면 내뿜기도 하고 숨겼다가 보여주는 등 살맛나게 하지 않는가. 그 흙을 쉽게 만날 수 없어 인간은 권태롭다. 그리고 천기와 지기가 통하지 못해서 호흡이 막혀 앓고 있다.

지금은 봄, 초록빛 꿈을 펴고파 북을 치며 봄의 교향악을 부르며 솟아날래요. 뻗어날래요. 풀포기를 토하고 싶은 대지의 외침이 들리는 듯하다. '숨 좀 쉽시다.' 하는 함성으로…….

<현대수필> 창간호

되돌아 본 삶터

이 글을 쓰고 있는 시간에 대학생인 두 아들은 '은하철도 999'라는 TV만화를 보고 있다. 이 만화는 아들 형제가 초등학교 때 보았던 것이다. 어려서 좋아했던 것을 다시 만났을 때 반가움은 누구나 마찬가지인가 보다. '엄마가 어렸을 적에'라는 인형전이 대성황을 이룬 것을 봐서도 알 수 있다.

지난 해 연말에 문단 선배님 몇 분과 그 인형전을 보러 갔다가 줄이 길어서 포기했고, 전시회가 끝나는 마지막 날에 남편과 같이 보러 갔었다. 그 때가 오후인데 전시관 앞길에는 입장을 기다리는 줄이 지하철역 입구까지 이어졌다. 우리는 꽁무니에 섰다. 두어 시간 서있으니 발은 저려 오는데 앞줄은 아직도 길다. 그 때 모 방송국 PD와 사진기자가 나타났다. 그들은 몇 해 전에 전통놀이의 하나인 쌍륙놀이라는 것을 취재하려고 우리 집에 왔었고 민속박물관에도 나와 같이 간 적이 있던 팀이다. 뜻밖에 그들의 출현은 구세주처럼 반가웠다. 그들이 나를 발견하고는 같이 들어가자고 했다. 새치기의 수치심보다 '기회가 왔을 때 잡아라.'는 말이 더 강하게 떠올랐다. 남편은 굳세게 자기 자리를 지키고 나는 그들을 따라서 들어갔다.

전시장에는 가슴으로 싸놓았던 고향의 푸른 숨소리가 펼쳐 있었다. 자녀들과 동행한 부모들이 애들에게 전시물과 장면들을 설명해 주느라 열심이다. 그것은 자기 속에 감추어 두었던 추억의 보따리를 펴 보이는 듯 했다.

동료 사이로 보이는 내 또래 두 여인은 무엇을 가리키며 "저 봐. 정말 그랬어. 그래 맞아." 하며 공감과 반가움에 호들갑을 떤다. 방구석에 놓인 콩나물시루를 보던 내 앞의 여인은 자기 아들에게 "저기 봐라. 엄마 어렸을 적엔 콩나물을 저렇게 길러서 먹었단다. 농약 같은 건 안 주고 맛도 좋았지." 아이가 "그런데 지금은 왜 집에서 길러서 먹지 않아요." 묻자 잔소리 말고 잘 보기나 하라고 윽박지른다. 평상에 둘러앉아 양재기 하나씩을 앞에 놓고 수박을 자르는 엄마의 손을 바라보는 아이들의 눈빛, 엄마 손은 저울 손. 나눠 주는 것이 똑같다는 신뢰의 눈빛이며 빨리 자르기를 재촉하는 눈빛이다. 수박 자르는 도마가 톱밥 한 보시기는 나갔을 만큼 가운데가 패였다. 그 주부는 음식 만들기에 열심이었던가 보다.

어떤 이는 자기 아들에게 "아빠 어렸을 땐 방이 따로 없어서 저렇게 여럿이 함께 사용했다."고 하자 참 재미 있었겠다는 아들의 대꾸다. 그 방에 펴 놓은 이불 속에 자매들이 발을 뻗고 둘러앉아 도란도란 다정해 보인다. 발을 뻗은 이불 속에 묻어 놓은 밥사발이 엎어진 채 이불 밖으로 밀려나서 밥이 삐죽이 보인다. 앞에 말한 부자는 그 해학적인 모양을 보지 못하고 지나친다. 나도 먼저 본 문단 선배님의 도움말이 있었기에 놓치지 않고 볼 수 있었다.

고등어 한 마리를 새끼줄에 매달고 귀가하는 가장, 그 가족들은 고등어 한 마리밖에 사올 수 없는 남편과 아버지를 얕잡아보지 않을 것이고, 그 가장 또한 그 정도뿐인 능력에 기죽지 않았을 것이다. 고등어가 다음 날 조반상에 올랐을 때 서로 살점을 양보하는 화목한 가족을 생각하며 집에 가고 있을까.

새참 광주리를 이고 가는 아낙의 뒤에 주전자 든 소녀, 어린 날의 나의 모습이 거기 있었다. "저 주모 좀 봐. 머리 올린 폼이며 화장한 것이나 꽃무늬 옷이 영락없네." 큰 목소리에 뒤돌아 봤다. 두 노인이 주막 앞에서 주름을 접히며 웃고 있다. 화로에 얹어진 뚝배기를 보자 갑자기 시장기가 든다.

메주가 시렁에 주렁주렁 달려서 냄새 나는 방이지만 오순도순 대화가 있어 화목한 가족의 안식처였을 것이다. 커다란 헌 무쇠 솥을 엿장수에게 끌고 가는 개구쟁이에게서 구김살 없는 건강함이 넘쳤다.

학교 난로 위에 포개어 있는 양은 도시락, 김치 국물이 밴 밥도 꿀맛이었지. 수십 년간 잊고 있었던 맛이 향수(鄕愁)의 갈피 속에서 되살아난다. 할머니와 손녀가 마주 앉아 실을 감는 장면 앞에서도 내 발걸음은 멈추었다. 손녀는 두 손목에 실타래를 걸고 할머니는 실을 감고 어린 손녀는 팔이 아파도 할머니가 들려주는 옛날얘기가 재미있어서 참는다. 할머니의 입에서는 실타래의 실이 풀리듯 이야기가 풀려나오고 손녀의 귀에는 실패에 실 감기듯 이야기가 감기고 있으리라.

어느 전시회보다 장내는 활기차다. 호기심 어린 젊은이들, 추억과 마주침에 기뻐하는 노인들, 얼굴마다 웃음이 피어났다. 전시물이 우리들 삶의 흔적이어서 지난날을 데려다 놓는다.

마루 밑의 농기구며 말아 논 멍석, 초가 처마에 달린 고드름, 개구리참외, 나무필통, 쇠필통, 싸리비 등등 대충 열거하기도 힘든 갖가지 소품을 만드는데 얼마나 많은 시간과 공력을 들였을까. 그 소품의 세밀함과 인형의 소박함이 잘 어울린다. 인형은 이승은씨가, 소품은 그의 부군이 만들었다고 한다. 그렇게 심혈을 기울인 작품을 무료로 공개해서 수많은 사람에게 잊혀진 정서를 되살려 준 작가 부부는 어떤 사람일까 어림해 보았다.

전시장을 두 바퀴 도는 사이에 나는 마치 타임머신을 타고 몇 십 년 전으로 되돌아가서 머물다 돌아온 느낌을 안고 밖으로 나왔다. 대열에 서 있는 남편을 찾았다. 해는 기우는데 남편 앞뒤로 줄은 아직도 아스라하다. 다리가 뻣뻣하게 굳었다는 남편에게 내가 본 것을 얘기해 주기로 하고 돌아오면서 생각했다. 그곳에 무엇이 있어 보는 사람마다 즐거운 표정일까. 물질이 지배하는 생활이 아니고 사람이 중심이 된 삶이어서 그럴까.

어쩌면 지난 일은 애환이나 가난의 아픔까지도 다 녹아서 새로운 아름다움으로 되살아나는가 보다. 그리고 현재 가진 것이 너무 많아서 관리하기도 복잡하고 짐스러울 때도 있을 것이다. 그래서 산업화되기 전의 그 시절, 최소한의 물건만 지닌 단순한 삶이 그리워지는가도 모르겠다. 아니면 우리가 이만큼 이루었다는 자기만족에 아름다운 추억으로 되살아나는 것이 아닐까. 지금도 그 때처럼 살라면 고개를 설레설레 흔들지 누가 아는가. 북한 동포들이 우리와 같은 시각으로 볼 수 있을지 의문이다.

아버지의 발자취

중국 상해에 내리는 순간 눅눅한 바람이 훅 끼쳐 왔다. 내가 상해에 왔다는 사실이 새삼스러워 끈끈한 습도마저도 불쾌하지 않았다.

고향의 도청 소재지인 전주나 우리나라 수도인 서울이라는 도시 이름 못지않게 '상해'라는 곳의 이름을 자주 들었다. 그래서 우리 동네 건너 마을쯤으로 알았던 어린 시절이었다. 하지만 그곳은 적대국에 있는 도시라는 것을 안 뒤에야 아득하게 먼 곳으로 떼어 놓았었다.

그런데 나는 지금 상해에 발을 딛고 있다니 어리벙벙할 수밖에. 아버지께서 계시다면 이곳에 얽힌 숱한 이야기를 자세히 들을 수 있을 텐데, 친정아버지 생각이 간절할 뿐이다.

아버지께서는 1920년대 초에 중국 천진과 남경에서 수년 간 공부를 했고 그 후 몇 년간은 상해에 있는 독립운동본부에서 일을 하셨으니 얘깃거리가 많을 것이다.

이곳에서 가장 관심이 쏠리는 곳은 우리나라 임시정부가 있었던 장소였다. 주택가에 있는 임시정부 사무실은 좁은 공간에 빈약한 자료 몇 가지가 있을 뿐 초라했다. 그나마 관리자가 중국 사람이어서 통역을 통해서 대충 설명을 들었는데 어색했다. 우리 동포가 관리를 한다면 더 좋았을 것을. 그래도 馬當路306弄4號 參觀接待室'이라는 문패와 '原韓國臨時流政府舊地'라고 쓴 팻말이 있어, 정녕 여기가 독립의 꿈을 태동시킨 곳이라는 인식이 들었다.

사무실 입구에 모금함이 있는데 몇 분들이 돈을 넣었고 꽤 큰돈을 넣는 분도 있었다.

거기에 있는 자료 중에는 그 당시 독립활동을 담은 사진첩과 신문기사 약간, 명단이 적힌 인명록이 있었다. 방문객이 한꺼번에 물려들어 자료를 찾아 볼 겨를도 없었다. 그 명단 중에 柳仁旭을 확인하지 못해 아쉬웠다. 이분은 나의 종조부(從祖父)님이시다. 선친께서는 1920년대 말에 자금 조달차 귀국하였다가 발이 묶였고 그 후로 일인들 눈을 피해 봉천(심양)과 만주만 수차 내왕하며 측면 지원만 하였을 뿐 마지막까지 임시정부에 남아있지 않아 명단에서 빠졌을지 모르지만, 종조부님이신 세관 할아버지께서는 일본인의 고문으로 청력을 잃었고 옥고를 치르는 등 평생을 항일운동에 바쳤으니 명단에 빠질 리 없지 않은가. 또 세관 할머니(종조모님)께서도 명단에 있을 것이다. 그분은 평양 출신으로 중국으로 유학 가서 전문학교를 다닌 신여성이었고 상해에서 종조부님을 만나 결혼을 했다. 애국정신이 남달랐던 종조모님이 종조부님을 배필로 택한 것은 애국심에 반했다 한다. 종조모님 성씨가 최씨라고만 알 뿐 함자를 몰라서 찾을 엄두도 내지 못했던 것이다.

임시정부 건물 옆 골목길에서 작은 돌멩이 하나를 가져왔다. 볼품

없는 돌이지만 아버지 구두 끝에 채였을지도 모른다고 생각하며 어떤 의미를 건지고 싶어서였다. 이 골목길을 세관 할아버님 내외분과 아버지께서 수없이 지났으리라 생각하니 감회가 새로웠다.

안내자가 큰길 저만큼 거리에 있는 석조건물을 가리키며 백 년 전부터 은행 건물이었다고 한다. 그렇다면 임시정부에서 한동안 경리를 맡아 일하셨다는 선친께서 저 은행 문턱을 수없이 넘었을 텐데 단체 여행만 아니라면 들어가 보고 싶었다.

북경에 갔으면서도 거기서 멀지 않은 천진(天津)에 있는 신학대서원(新學大書院)에도 가보지 못해 서운했다. 아버지께서 젊은 시절 푸른 이상을 갖고 학문을 닦은 전당이 아닌가.

나는 한가할 때면 '임시정부 골목길'이라고 쓴 돌멩이를 오래오래 바라본다. 그러노라면 상해에서 보았던 것, 느낀 것들이 차례로 스쳐간다. 그리고 의문점이나 궁금한 것들을 돌멩이에게 묻는다. "그동안 북한에서 이 건물을 인수받아 작게라도 기념관으로 가꾸고 관리를 했어야지 이렇게 방치해 놓다니." 나의 이런 푸념이 딱하다는 듯 입을 꼭 다물고 내 상상에 맡긴단다.

"하지만 앞으로 한국과 국교 정상화가 되면 달라질 거예요. 지금 이만큼 손질해 놓고 간판이라도 걸어놓은 지가 몇 년 되지 않았어요. 전에는 흔적도 없었다고요. 요 근래 한국과 관계가 개선되면서 중국에 오는 한국 사람들이 이곳을 찾자, 부랴부랴 서둘러 다른 용도로 쓰이던 걸 치우고 간판도 달고 수소문하여 자료도 몇 가지 챙겨 놓은 것이지요. 그 대가로 모금함을 설치해서 달러를 벌고 있지요." 돌의 이야기는 끝이 없다. 또 시작이다. "보세요. 간판을, 예전 같으면

原韓國臨時流政府舊地라고 써서 북조선 비위를 거스르게 하겠어요? 한국이라는 국호를 쓴 것만도 큰 결단이지요." 돌의 말을 듣고야 고개를 주억거렸다.

돌은 망설이다가 다른 얘기를 꺼낸다. "당신 아버지는 어떻게 된 거예요? 자금 구하러 귀국한 뒤 간 사람은 안 오고 돈은 바닥나고 얼마나 애탄 줄 아세요." 이 말끝에 문득 아버지의 한숨소리가 뒤따라온다. 그 때 우리 집 사정은 이랬다. 백부님께서는 도교에 심취해서 깊은 산속에 들어가 도를 닦느라 몇 달에 한 번씩 집에 다녀가실 정도로 가정에는 관심이 없었다. 그래서 아버지의 둘째 형님이신 仲父님께서 큰댁 경제를 모두 맡으셨단다. 중부님께선 이재에 밝고 성실한 살림꾼이었다. 또한 욕심도 많은 분이라 독립운동 자금으로 목돈 주어 보내는 것을 극구 반대하였다 한다. 명분이야 있었다. 아버지께서 귀국하시자 일본 순사들이 여러 번 와서 아버지 소지품을 구석구석 뒤지고 데리고 가서 조사하는 등 감시의 눈을 번득이는데, 나가다가 걸리는 날이면 본인이 위험은 물론 온 집안이 박살난다는 것이다. 그리고 어머니가 시집 온 지 수년이 되도록 큰댁에서 살았는데 이제 아버지가 왔으니 딴 살림을 내놓겠다는 것이었다.

아버지는 이렇게 붙잡혀서 계획은 엉망이 되고, 동지들한테 면목 없게 되어 몇 해 동안 두문불출하고 울화병을 앓았다고 들었다. 동지 중에는 죽임을 당하거나 옥고를 치른 이가 많은데 당신은 그런 고초를 면한 셈이니 이 또한 떳떳하지 못한데다가, 광복의 기쁨을 누릴 겨를도 없이 남북으로 분단이 되었다. 그 뿐인가. 철통같이 믿었던 김구 선생까지 암살을 당했으니 가슴앓이가 더 깊어져 한숨과

술로 세월을 보내신 것이다.

건국 초기에 함께 나라의 기반을 닦자고 이승만 대통령이 손을 내밀었다. 문중회의에서는 의견이 분분했고, 중부님께서는 자라나는 집안 아이들 앞길을 터주기 위해서라도 눈 딱 감고 손을 잡으라고 권했지만, 아버지는 친일파가 판을 치니 싫다고 끝내 거절했다. 부통령이던 이시영 선생님도 "자네 생각이 옳네. 지금은 나설 때가 아니네. 나도 곧 야인으로 돌아가려네." 이렇게 격려해 주셨단다.

중부님의 아드님인 사촌오빠가 "숙부님께선 공부한다고 돈만 많이 들었지 하나도 써먹지 못했다"고 원망하는 말을 내 귀로도 들었다. 나도 어린 마음에 아버지는 왜 그렇게 욕심도 없고 소극적일까 차려준 밥상도 못 거두는 아버지가 무능하고 한심한 어른이라는 불만이 있었다.

지금 생각하면 아버지의 선택과 판단이 옳았다고 여겨진다. 생존해 계신다면 이해하여 드리며 많은 대화를 나눌 수 있을 텐데. 외로웠을 아버지의 영상이 그 돌 위에 겹쳐진다.

<수필문학> 92년 11월호

숨결

이른 아침에 나는 눈뜨기 바쁘게 현관문을 나서면 앞집에 사는 '서희' 엄마는 맑은 목소리로 아침 인사를 하며 나와서 교회에 가려고 차에 시동을 걸고 있다. 그와 나는 둘 다 기독교 신자지만 그는 교회로 나는 밭으로 향하고 있다. 그는 영을 살찌우기 위해 새벽기도회에 가고 나는 육의 양식을 찾아 나서는 것같이 보이지만 실은 꼭 그렇지만은 않다고 생각한다. 그는 친정으로 5대째 믿음의 가정이어서 신앙 위에 굳건히 서 있는 반면 나는 세 살에 숙모님 등에 업혀서 숙모님이 세운 교회에 다녔고, 좀 커서는 그 숙모님 손을 잡고 놀이 삼아 주일학교에 다니다가 성년이 되어서는 쉬다가 다니다가 오늘에 이른 것이다.

신앙인이라는 같은 명찰을 달고 한 사람은 하루의 첫 시간을 교회 가서 기도로 시작하고 또 한 사람은 밭으로 가면서 처음에는 부끄럽기도 했다. 그는 차려 입고 교회 가서 하나님을 만나는데 나는 허드레옷을 입고 흙 묻은 손인데도 주님은 그런 나를 밭에서 만나 주시는 참 좋은 분임을 알게 되었다.

뿐만 아니라 밭에서 만날 때 가장 마음이 편하고 가까이 느낄 수 있으며 소통이 잘 되는 것 같다. 예배당에서 정례화된 예배를 통해서 인간의 생각으로 해석한 것을 가르치고, 우리는 하나님의 위대함을 예수님의 사랑을 배우기도 한다. 그러나 밭에서 만나 주시는 그 분께선 분칠을 하지 않은 맨살의 모습으로 다가 오신다. 그래서 더 친근감을 갖게 되는지도 모른다.

여린 싹이 움터 나오다 돌덩이를 만나 옆으로 뻗어 흙 밖으로 나와서 새 생명을 이어가는 경이로움과, 부러진 고춧대를 덧대어 묶어 주었더니 시름시름 앓다가 새 살이 돋아나 열매 맺는 역할을 다 해내는 모습을 보며 '상한 갈대도 꺾지 않는다'는 주님의 사랑을, 섭리 가운데 이루시는 자연의 질서에 감탄이 절로 나온다. 주님은 보이지 않는 손길로 뭇 생명을 주관하시는 가운데 점찍어 놓은 것은 끝까지 포기하지 않는 분임을 느낀다.

남편은 나한테 목소리 크다고 성화를 한다. 나도 그 점을 인정하면서도 고치기가 쉽지 않다. 부모님이 나를 가졌을 때 아들을 바라는 태교 때문이라고, 태교에 탓을 돌린다. 목소리가 이처럼 큰데도 청력이 약한 분과 통화를 할 때 내 말이 잘 들리지 않는다고 한다. 오히려 큰 소리보다 작은 소리가 잘 들리는 건 왜 그럴까. 큰 목소리는 거부감을 주기에 귀 문을 닫고 마음 문까지 닫아서 그럴까. 작은 소리는 듣기 위해 귀를 크게 열고 마음도 열게 되나보다.

하나님과의 만남은 느낌으로 온다. 외침보다 소곤거리는 소리가 귀에 쏙 들어오고 아니 침묵일 때 더 가까이 더 깊게 교감한다. 주님을 강조하는 큰 목소리보다도, 깨달음으로 오실 때가 더욱 신념이

확고해짐을 감지한다.

유럽 여행길에 나라마다 유명하다는 성당이나 교회를 두루 돌아 보게 되었다. 장엄한 규모나 화려함이 눈부시어 감히 들어서기도 거북했다. 금은보화로 장식된 건물에서 예술품 같은 성화를 보면, 질릴 뿐이고 이런 곳에 계시는 거룩한 분이 나를 아는 체나 하시겠는가. 너무나 멀고먼 당신이어서 나와 상관없는 이질감으로 다가왔다.

어느 날 밭에서 호미로 땅을 파다가 땅에서 뜨거운 김이 훅 끼얹어 왔다. 쭈그리고 앉았던 나는 뒤로 덜커덩 주저앉고 말았다. 땅에서는 아무 것도 안 보이는데 그 기운은 무엇일까. 혹시 주님의 입김이 아닐까 그 생각을 하자 가슴이 두근댄다. 일손을 멈추고 떨리는 마음을 누르며 '주님 오셨네요, 그 따뜻한 기운이 바로 주님의 숨결이셨나요. 그렇게 소리 없이 발뒤꿈치 들고 조용히 오시어 하잘 것 없는 저와 독대를 해 주시다니요 제 가슴에는 기쁨의 물결이 차올라 찰랑거립니다.'

아침에 밭에 가다 서희 엄마를 만날 때 마음이 찔리기도 했다. 하지만 어디나 예수님과 동행한다고 자기 합리화를 시키고 밭에서는 더 자주 만나주시는 하나님이라고 자위를 해 본다.

<좋은 수필> 2009년 겨울

2.

곡선의 문화

시 같은 그림, 그림 같은 시

짙푸르던 녹음이 가을 속으로 스며들 준비에 바쁜 10월 어느 날, '95광주비엔날레'를 보려고 가는 길이었다. 전시장과 그 작품들을 이 모양 저 모양으로 상상하며 녹음보다 내 마음이 한 발 앞서 가을 속으로 스며들어 갔다.

우리나라에서 처음 있는 비엔날레라는 이름의 국제 전람회가 빛고을(光州)에서 열린 것이다. 선전이 거창해서인지 생소한 이름 때문인지 흥미를 불러일으키기에 충분했다. 가보지 않으면 문화인에서 제외되는 듯하고 호기심도 일어, 나도 끼게 된 셈이다.

전시장에는 설치미술이 대부분이었다. 설치예술은 아름다움으로 쉽게 다가오지 않는다는 것을 전에 몇 번 대하면서 알고는 있었다. 하지만 이번엔 그 도가 지나쳐 충격이었다. 이런 것도 예술이라는 이름을 달고 등장하여 사람을 농락(?)하는 것은 아닐까, 내가 너무 문외한이어서 이해가 부족한 것일까, 아무튼 너무나 엉뚱해서 공감은커녕 작가와 관람객과의 거리가 너무 멀어 어떤 배신감마저 들 정도였다. 이 많은 구경꾼 중에 이해하는 이가 얼마나 될지 궁금증도 일었다. 작품 구성이나 소재가 상상을 초월하여 파격적일수록 가치를 평가받는 것일까. 기상천외한 발상에 정신이 번쩍 들기도 하였다. 오죽했으면 청소하는 사람이 늘어놓은 돌멩이며 막대기며 유리조각을 쓸어내고 나면 다음날 또 어질러 있어 치우고, 작품이 없어졌다고 작가는 다시 설치하는 등 작가와 청소부와의 씨름이 며칠이나 계속되었다니 쓴웃음이 나왔다.

관람자 중에는 촌로(村老)들과 어린애들이 참 많았다. 텔레비전이며 신문에서 연일 떠들어대니 외국에서 온 서커스나 마술 같은 것으로 알았나 보다.

이런 것이 포스트모던이라는 것인가 하고 나는 짐작했다. 이런 작품을 통하여 사회모순이나 환경파괴 문명비판을 상징적으로 보여주며 어떠한 미래를 암시하는 것이겠지. 그리고 보이는 현상 그 자체보다 그 너머 또는 그 속에 담긴 의미를 읽어야지. 이렇게 이해하는 척 받아들였던 것이다.

전시관 마지막 칸에는 지금까지 보았던 분위기와 너무나 달라 살펴보니 거기는 북한관이었다. 벽에 걸린 전시물은 붓글씨와 사진처럼 보이는 그림인데 그림이 아주 사실적이어서 예술성이 없어 보였다.

대충 둘러보는 중에 눈에 많이 익은 그림 한 장이 나를 사로잡았다. 그 방에 있는 다른 그림들과 확연히 차별이 되었다. 붓으로 그린 단순한 그림, 흰 고깔을 쓰고 버선을 신은 젊은 여인의 모습이 참으로 아름다웠다. 흰 바탕에 먹물로 칠한 춤사위가 한 동작에 멈추지 않고 몇 장면으로 연결된 듯했다. 치맛자락을 살짝 걷어 올리고 잔

걸음치며 버선코를 보이기도 하고 긴 소매를 하늘을 향해 휘젓기도 하다가 빙그르 한 바퀴 돌아 고개를 쳐들 때 흰 이마며 서늘한 눈매가 그림 위에 펼쳐지는 것이었다.

그 작가는 김용준, 그 이름이 참 반가웠다. 그분의 그림을 처음 본 것이다. 화가로서가 아닌 수필가로서 나는 이미 그분의 팬이었다.

그러나 이제야 화가로서의 재능이 문필가의 재능 못지않다는 진면목을 본 것이다.

그분이 월북 작가라는 이유로 그전의 작품, 미술이나 문학까지 금기시되어 왔다. 그분의 작품이 해금되어 「근원수필」을 자유롭게 읽을 수 있었던 것이 오래 전의 일이 아니다. 그의 수필집을 만나게 된 것은 매원 선생의 공로가 아니었으면 쉽지 않았으리라. 초판이 1948년에 나온 책인데, 지금 읽어도 좋은 글이어서 그분의 팬이 된 것이다. 명작은 시대를 초월한다는 말이 맞는가 보다. 그런데 뜻밖의 광주비엔날레 전시장에서 그분의 그림 진품을 볼 수 있었던 것은 큰 수확이 아닐 수 없다. 김용준이 최승희의 승무를 보고 그린 담채화 앞에서 내 발은 멈추어 뜰 줄을 몰랐다. 처음 보는 그림인데도 눈에 익은 것은 조지훈의 시 「승무」로 인함일 것이다. 그 시는 내가 승무를 직접 보는 듯 착각하게 하였다.

시는 형태 없는 그림이요, 그림은 운율 없는 시라고 하던가.

조지훈의 시 「승무」에는 최승희의 춤사위가 눈앞에 펼쳐지고 근원의 그림에는 시 「승무」가 녹아 있었다.

그때 근원의 그림을 보았던 반가움과 설치미술 앞에서의 어떨떨했던 일을 생각하며 조지훈의 승무를 외어본다.

얇은 사 하이얀 고깔은/ 고이 접은 나빌레라/ 파르라니 깎은 머리/ 박사 고깔에 감추오고….

우리의 언어 중에서 아름다운 말만 뽑아서 교직해 놓은 시가 「승무」라고 들었다. 이 세 사람을 만날 수 없음이 안타깝고 근원의 그림이나 수필이, 조지훈의 시가 더 이상 나올 수 없음이 아쉬울 따름이다. 최승희의 춤을 되살릴 수 없음은 더욱 애석하여 생명의 유한성이 특별한 예술인들에게서 비껴 있었으면 하는 엉뚱한 생각도 해본다.

근원이 자유민주주의 사회에서 계속 있었다면 미술로 문학으로 그 재능을 맘껏 펴 큰 업적을 남길 수 있었을 것 아닌가. 시 같은 그림을 보고 그에게 기울어진 마음이 이리도 깊을 줄이야.

<수필공원> 1998년 가을

여왕 섬의 돌

여행지에서 가져온 돌이 아슴푸레하게 잊혀져가는 그곳의 일들을 되살려 준다.

스웨덴의 여왕 섬에 있는 공원에서 여러 시간 무료하게 보낼 때, 앉아 있는 풀밭자리에서 고이는 게 있어 치우려고 보니 메추리알만 한 돌이었다. 그 돌은 스웨덴에서 느낀 상쾌함과 불쾌함을 함께 담고 있다가 돌을 볼 때마다 일깨워준다.

스톡홀름에서 배를 타고 여왕 섬에 갔다. 그 섬에는 국왕이 어쩌다 찾는 별궁이 있었다. 왕궁의 깃대에 국기가 달려 있으면 왕이 궁에 있다는 표시란다. 우리가 갔을 땐 국기가 보이지 않았다.

별궁 가까이 초원이 끝없이 펼쳐진 공원이 있는데, 가이드가 배를 다시 탈 때까지 여러 시간 여유가 있으니 사진을 실컷 찍고 푹 쉬라고 한다. 마치 방목을 하듯 우리 일행 수십 명을 그 풀밭에 풀어놨다.

별다른 특색도 없는 초원은 어디서 보나 마찬가지가 아닌가. 큰맘 먹고 목돈 들여 이렇게 먼 곳까지 왔는데 풀밭에서 몇 시간을 보내려니 시간이 아까웠다. 아무런 변화도 없는 곳에서 한 시간을 기다리기도 진력이 났다. 문우 한 사람과 나는 주변을 서성이다가 별궁 쪽으로 갔다. 아직도 배를 탈 시간은 멀었다. 여행객으로 보이는 사람들이 안내인의 설명을 들으며 무리지어 궁 안으로 들어가는 것이 아닌가. 어떤 사람들만 들어갈 수 있나 하고 눈치를 보며 머뭇거렸다. 못 들어가게 하면 그만이지 싶어 용기를 내어 들어갔다.

정문 앞에 길쭉한 모자를 쓴 체격 좋은 근위병들은 우리를 막지 않았다. 사람들이 가는 방향으로 따라 가는데, 실내로 들어가는 문 앞에서 입장권을 파는 젊은 여인이 화사한 웃음으로 맞아준다. 값은 싼 편이다. 우리가 달러를 주니깐 고개를 젓는다. 거스름돈 내줄 달러가 없다는 것이다. 안에 들어가지 못해 아쉬워하면서 돌아 서려니깐 인상도 좋고 인심도 좋은 매표원이 활짝 웃으며 그냥 들어가라고 한다. 우리가 딴 복도로 들어가려 하자 쫓아 나와서 상냥하게 가르쳐 준다. 우리의 일반 상식으로는 뜻밖의 일이다. 안된다고 하면 그만일 텐데 외국 여행객의 마음을 헤아리고 친절하게 대해준 것이며 그녀의 밝고 따뜻한 표정은 어디서 비롯된 것일까.

내가 스웨덴에서 상대한 사람은 두 여자다. 또 한 사람은 기념품 가게에 있는 앳된 아가씨다. 그는 앞치마 같은 고유의상을 입고 연방 생글거리며 자잘한 토산품을 팔고 있었다. 기념품 중에서 눈에 띄는 것은 '목각 말'이었다. 어느 지방에서 나는 말이 유명해서 그것을 상징하는 것으로, 손에 갖기에 알맞은 크기로 목마로 깎아 만들었다. 이것이 스웨덴 기념품을 대표하는 마스코트가 된 모양인지 가게마다 목마 일색이다. 일행들은 이 목마를 서로 만져보기만 했지 사는 사람은 아무도 없고, 그 해맑은 아가씨와 같이 사진 찍겠다는 사람이 많았다. 물건은 못 팔고 사진 모델 노릇에 분주한데도 한결같이 다정함을 잃지 않았다. 장사를 하면서 어떻게 저런 모습을 지닐 수 있을까. 많은 사람을 상대하자면 피곤해서 짜증어린 표정이 되기 쉽고 좀더 많이 팔고 이익을 많이 남기려는 억척스런 기질로 변할 텐데 전혀 그런 기색은 찾아볼 수 없다. 그것은 잘사는 나라의 생존경쟁이 치열하지 않은 데서 오는 여유인지도 모른다. 평화를 지향하는 국민답게 180년 이상 전쟁 없이 산 국민성에서 기인된 것이기도 하겠으나 환경의 영향을 더 받았을 것 같다.

많은 사람이 북적거리기보다 끝없는 평원 곳곳마다 초원과 호수 맑은 물이 출렁이는 삼면의 바다, 사람과 부대끼기보다는 자연과 접할 기회가 많기 때문에 그럴까. 그리고 사회보장제도가 완벽해서 의식주 걱정 자녀교육이나 노후 걱정이 없으므로 그토록 밝은 표정에 여유로움이 배었나 보다. 살벌함은 손톱만큼도 찾아낼 수 없고 오히려 잔잔한 평화가 활력이 없어 김빠진 느낌이 들 정도였다.

여왕 섬의 별궁 중에 한 칸은 전시실로 이용하고 있었다. 명화며 공예품, 왕의 소장품이 진열되어 박물관 구실을 했다.

전시관을 보고 나오니 한결 기분이 상쾌해졌다. 그것은 볼거리가 있어 지루한 시간을 메우었다거나 공짜로 구경을 해서만은 아니고 매표하는 여자의 환한 웃음과 여행객을 배려하는 아량이 나그네의 피곤함을 어루만져 주어서일 것이다. 우리가 별궁을 다녀온 얘길 듣고 다른 문우들도 가서 사정을 말하자 그들도 그냥 들여보내 주더란다.

다른 여행객들과 달리 우리 조의 가이드는 전시관에 인솔하지 않는지 이상했다. 뿐만 아니라 스톡홀름에는 유럽 最古의 국립박물관이 있으나 가이드는 우리를 그곳에 안내하지 않았고, 지구 안에서 가장 권위 있고 선망하는 노벨상의 제정자 노벨의 기념관이나 한림원 같은 데도 들여다보지 않았으니 허전할 수밖에….

물론 제대로 여행 맛을 알려면 민박을 하면서 그들과 함께 먹고 자야 그들의 삶과 의식구조를 엿볼 수 있고, 백화점이 아닌 시장을 가봤어야 생활의 냄새를 실감 있게 느낄 것이다. 시간에 얽매인 단체 여행을 하며 호텔에서 숙식을 하고 알려진 몇 군데를 대충 둘러보는 주마간산격인 여행에서 목적하는 바 효과를 거두기란 쉬운 일이 아니다. 그렇더라도 가이드의 재량에 따라 어느 정도 극복하리라고 본다.

유럽에서는 시청 건물 안에도 전시관이 있어 여행객들이 줄을 잇는데도 우리 측 가이드는 시청건물을 가로질러 가서 물가로 인도하며, 여기가 전망이 좋은 장소니까 사진 부지런히 찍으라고 했다. 그는 설마 문인들 여행 목적이 경치 좋은 데서 사진을 찍기 위함인 줄 알았을까. 시청 뒤 벤치에 앉아 여기가 내 고향 바다인가 스웨덴인가 망각한 채 바다를 하염없이 바라보았다.

우리 일행 중에 무엇인가를 가이드에게 묻자 퉁명스럽게 그런 것은 알 필요가 없다고 하는가 하면, 박물관에 왜 안 가느냐고 물으니깐 볼 것도 없고, 그렇게 꼬치꼬치 따지고 귀찮게 하며 가버리겠다고 화를 벌컥 내기도 했다. 모르는 것을 물으니 성이 난 모양이다. 자기는 가이드가 아닌데 여행사의 부탁받고 왔으니 지금이라도 가버리면 그만이라고 했다. 그 남자는 30대 초반으로 보이는 교포다.

무역회사 직원으로 왔다가 눌러앉은 지 몇 년 되었다는 것이다. 현재 무엇에 종사하는지 밝히지 않았다. 문인들의 길잡이로 어울리지 않았다.

그가 설명한 것은 스웨덴 인구·왕 이름·땅 넓이·국민소득지수 정도였다. 국립박물관도 별궁 전시관도 시청 전시관도 피한 까닭을 비로소 알았다. 역사, 문화, 예술에 대한 배경지식이 없는 사람을 가이드 대타로 보낸, 교포가 한다는 현지 여행사에서 배려 없음이 섭섭했다.

스웨덴에서 주워온 메추리알만한 돌에는 공원에서의 무위한 시간이 스며있고, 그곳 두 여자가 보여준 아름다움의 유쾌함이 가이드한테서 받은 불쾌함이 함께 숨어 있다가 동시에 튀어나와 나를 미소 짓게도 찡그리게도 한다. 그러니까 스웨덴의 돌은 스웨덴의 明과 暗이 대비되어 비추어 주는 거울인 셈이기도 하다.

<창작수필> 1994년 여름

곡선의 문화 직선의 문명

1. 곡선

반닫이장 바닥에 있는 보퉁이를 꺼내어 그 속에 든 옷을 매만지다가 창밖으로 눈길을 돌린다. 비 개인 가을 하늘이 다가온다. 서울에서 잠시나마 저런 하늘을 볼 수 있다는 것은 가을이 주는 선물인가 보다. 모처럼 하늘 본래의 모습을 본 것이다.

맹렬한 더위의 지루한 여름과 모진 추위의 긴 겨울 틈새에 가을이라는 건널목이 감질나게 짧게 놓여 있어 한숨 돌릴 겨를도 없이 건너고 만다. 이러한 가을이면 어머니는 다듬이질을 하였다. 청아한 다듬이 소리는 가을의 정서를 담고 젖어들며 겨울을 재촉했다.

보퉁이 속에는 내 혼수로 가져온 옥양목 적삼과 누비저고리와 광목 버선이 변색한 채 들어 있다. 그래도 어머니의 손길이 밴 곡선만은 아름다움을 잃지 않고 그대로이다.

어머니는 나를 마흔 다섯에 낳으셨다. 애물단지였다. 당신 눈이 어둡기 전에 유행을 타지 않는 혼수는 미리 해 놓겠다고 내가 열 살도 되기 전에 마련하신 것이 지금까지 간직하고 있다.

한복처럼 곡선이 많은 옷이 또 있을까. 보통이 속의 옷과 버선에서 다양한 곡선을 만난다. 저고리 배래의 느슨한 선과 물 찬 제비같이 날렵한 섶, 둥긋하게 감돌아든 깃의 곡선 위에 동정은 직선으로 마무리를 해서 조화를 이룬다. 큰시누님이 혼수를 보고—바느질 솜씨 곱기도 해라. 따먹게 생겼네—하셨다.

곡선에는 다정함과 융통성과 유연성에 무궁성이 있다면 직선에는 냉정함과 경직성에 규격성 그리고 능률성이 있을 것이다. 곡선은 여유가 있으나 답답하고 직선은 속도감이 주는 쾌감은 있어도 긴박감으로 불안하다. 그래서 자연의 곡선과 인위의 직선이 서로 보완한다면 마음은 푸근하고 생활은 윤택할 텐데 현실은 너무 직선으로만 치우치고 있다.

정적인 곡선을 동적인 직선으로 바꾸어 생긴 예를 들어보자. 강을 직선으로 바꾸는 공사를 했다. 효용성을 앞세운 처사였다. 그로 인해 수질은 나빠지고 홍수도 감당할 수 없게 되었다. 구불구불한 강은 큰물이 왔을 때 흐르는 속도를 늦추어 홍수를 예방해주고 여울을 지나는 동안 산소공급을 받아 자정력(自淨力)이 배가되는데, 직선으로 만들어 그렇게 된 것은 자연의 질서를 어긴 결과였다.

우리나라 문화는 곡선의 문화요, 전통미 또한 곡선에서 비롯되었다고 해도 무방하리라. 옷과 버선과 고무신, 지붕과 국기와 무덤에 이르기까지 곡선과 더불어 살아온 것이다.

기와지붕의 네 귀가 완만한 곡선으로 치켜 올라간 추녀는 조금 과시가 엿보이나 시원스럽고 초가지붕은 양 귀가 다소곳이 숙여서 겸손과 따뜻함이 스민 듯하다. 한국 사람은 곡선을 자연스럽게 살릴 줄 아는 미의식이 남다른 것 같다. 같은 동양권인데도 중국의 누각(樓閣)이나 정자(亭子)는 처마의 귀가 송곳처럼 뾰족하게 치솟아 하늘을 찌를 듯 시퍼런 기세가 섬뜩했다. 사뭇 공격적으로 보여서 곡선 같지 않고 거부감을 주었다. 국력이 번창할 때 지은 것일수록 날카롭다고 하였다.

태극기는 어떤가. 그 의미는 접어두고, 태극의 그 영원성에 괘의 단절성이 네 구석을 받쳐주어 모양의 균형미와 색의 조화가 극치를 이룬다. 어느 나라 국기도 태극기만큼 독창성이 뛰어나고 눈에 확 띄는 국기는 없지 않을까.

맑은 사람은 곡선을 만들고 영특한 사람은 직선을 만든다는데 옛 여인 중엔 나의 어머니를 비롯하여 곡선의 명수(名手)가 많았다. 지금은 옷본이 있어 저고리 깃이나 섶의 곡선을 만들기가 쉽다. 대신 모양이 판에 박은 듯 똑같다. 어머니께서 저고리 곡선을 만들 때는 옷감을 펴놓고 적당히 달군 인두를 옆으로 세워 도련에서 섶으로 한 번에 달리다가 인두를 떼면 배어난 곡선이 나타났다. 도련에서는 부드럽게, 섶에서는 가파른 곡선으로 산뜻하게 끝낸다. 순전히 감각만으로 그런 곡선을 만들다니 어린 내 눈에는 곡선의 마술사 같았다.

버선의 곡선 또한 곱기가 둘째 가라면 서럽고, 버선을 만드는 과정도 번거롭다. 누런 광목을 양잿물에 삶아 빨아서 잡티를 빼고, 해가 긴 봄날 햇볕에 바래 밤에는 물에 담그기를 보름쯤 반복하면 백옥 같이 희여진다. 빨fot줄에 긴 천이 널려있는 모양이 흰 깃발의 행렬 같았다. 그것을 뭉뚱그려 두었다가 가을에는 풀 먹여 다듬이하고 다시 홍두깨 입혀서 반질반질 윤이 날 때까지 다듬이를 하셨다. 어머니 마음에 찼을 때는 베 바닥을 손으로 쓸며, '이만하면 파리가 낙상 하겠다'고 하며 흡족한 기색이었다. 그렇게 만든 버선인데 한 번도 신지 않은 것이 몇 켤레나 된다. 신을 기회도 많지 않았지만 외씨 같이 예쁜 버선 속에 발을 넣어 밟고 다니기에는 조심스러워 아낀 것이다. 특히 수눅의 느긋한 곡선에다 뒤축에는 반달모양, 버선코 부분에는 직각으로 볼을 댄 것은 곡선과 직선이 연합해서 한층 더 섬세하게 아름다웠다.

2. 직선

언젠가 '2001년 우주여행'이라는 SF 영화를 보았다. 그 영화에는 우주선을 탄 승무원들이 어느 별에 갔을 때 그곳에 직사각형의 비석 모양이 있음을 보고 의아해한다. 그것은 문명의 흔적을 상징적으로 보여준 것이다. 우주선에서 컴퓨터와 인간이 벌이는 싸움은 치열했다. 인공지능 기술의 산물인 컴퓨터 'HAL'은 복잡한 우주선의 조종과 관리를 위해 만들었으나 이것이 정도를 넘어 인간을 지배하려고 하며 반역한다. HAL의 조작으로 승무원이 죽었고 주인공도 죽이려는 것이다. 결국 고장 난 우주선에서 주인공은 늙어 죽을 때까지 우주를 떠돌며 비석모양만을 생각한다.

이 영화의 첫 장면에는 원시의 지구에 직사각형의 비석 모양이 있는데 그것이 원시인들의 호기심을 자극한다. 그들은 처음엔 주춤거리다 용기를 내어 비석에 손을 대본다. 순수한 자연뿐인 곳에 직선의 물건이 이상했던 것이다.

사람이 과학을 발전시켜 문명을 누리다가 어떤 계기로 멸망해서 다시 원시로 되돌아갔음을 암시하는 영화다. 어떤 해설도 대화도 생략된 이 영화는 많은 상상력을 불러일으킨다. 인간의 과욕이 과학을 이용하여 하나님의 영역을 침범하면 파멸을 가져온다는 메시지가 아닌가 하고 나는 이해를 하였다.

갈수록 경제성의 직선에 밀려 곡선은 발붙일 곳이 없다. 직선에 지치고 곡선에 주려서 마음이 메마를 때는, 곡선으로 채워진 반다지장 속의 보따리를 풀어놓고 어머니의 곡선을 대하면서 위로를 삼으려 한다.

이 글을 쓰면서, 달과 별과 무지개의 모양이 직선으로 변하지 않음이, 그리고 인간의 힘으로 바꿀 수 없음이 참 다행이라는 생각을 새삼스럽게 하였다.

무릇 생명은 곡선 속에 있다. 모든 씨앗이 그렇고 알(卵)이 그렇고 열매가 그렇다.

하나님은 곡선을 만들고 사람은 직선을 만든다던가.

<철학과 현실> 1997년 겨울

냉수 한 사발

아이들 학년이 바뀌면 쓰던 책이며 노트를 정리하느라 내놓은 폐품이 많다. 혹 쓰일 것을 버리지나 않았나 점검하고 쓰다 남은 노트장을 따로 떼어서 묶어 연습장으로 이용하기 위해서다. 노트 더미 속에 일기장도 들어있었다. 두 아들이 초등학교 여름방학 숙제로 쓴 일기였다. 벌써 7년 전 것이다. 대충 읽다가 눈에 띄는 대목을 찾았다. 바로 이 어미 얘기가 나왔기 때문이다. - 요즘 엄마가 좋은 일을 하신다. 더위에 길가에서 장사하는 분들에게 시원한 물을 날라다 대접 하신다. 나도 엄마처럼 착한 일을 해서 기쁨을 나누고 싶다. -

두 아들이 비슷한 내용으로 썼다.

내가 살고 있는 아파트 후문 골목에는 날마다 장이 선다. 생선을 파는 아주머니들과 몇몇 할머니들이 변두리 땅에서 가꾼 야채를 내다 파는가 하면 과일을 손수레에 싣고 와서 파는 이들로 길 가장자리가 메워질 정도다.

싸게 파는 시장이 가까운 곳에 없어 이 골목 시장이 잘 되는지 한여름 무더위에도 장사는 줄지 않았다.

더위가 기승을 부리던 팔월 초 어느 한낮, 나들이를 갔다가 그 골목 시장을 지나오게 되었다. 그곳을 막 벗어나려는 내 발걸음을 불러세우는 목소리가 있었다. "아짐메, 집이 가깝거든 시원한 냉수 한 사발 주구려." 뙤약볕에서 애호박과 가지 그리고 오이며 호박잎을 파는 노인네였다. 땀을 얼마나 많이 흘렸는지 눈두덩이 부어올라 눈을 뜰 수가 없다고 하였다. "어떻게 하죠. 저희 집이 저쪽 아파트여서 한참 가야 되는데요." 그러자 "집이 바로 옆이라면 모르지만 이 더위에 어떻게 거기까지 갔다 오겠소." 하며 체념한 듯 고개를 돌리는 거였다. 난처해진 나는 햇볕에 못 견디어 고개를 축 늘어뜨린 채 시들고 있는 호박잎 한 단을 사가지고 돌아섰다.

해 덩어리가 지글지글 제 몸을 태우듯 불볕이 쨍 소리를 내며 내려쪼이는데 아파트까지 오는 동안 숨이 턱턱 막힐 지경이었다. 찬물을 몸에 끼얹고 시원한 물을 한바탕 마신 뒤, 선풍기 앞에 앉아있으니 그제야 정신이 난다. 그때 냉수 한 사발을 애원하듯 청하던 노인 생각이 났다. 이렇게 그늘에 가만히 앉아 있어도 등골에 땀이 줄줄 흐르는데 그 노인은 오죽하랴. 자꾸만 그 할머니가 마음에 걸렸다. 그러면서도 땡볕에 나갈 일이 무서워 망설이다가 이래선 안 되지 싶은 생각에 결명자 끓여 식힌 물을 가득 채우고 가는 동안 뜨뜻해질까봐 얼음 조각을 넣은 물병을 들고 골목 시장을 가는 내 마음은 바빠진다. - 어서 이 시원한 물을 그 할머니에게 드려야지 - 하는 마음이 조급해지자 더위도 잊고 말았다.

그 할머니는 거푸 세 컵을 마시더니 그제야 큰 숨을 돌리며 "어유, 이제 살겠소." 주위에서 그걸 본 장사꾼들이 우르르 몰려와 물은 금

세 동이 났고 그들은 모두 한 마디씩 하는 거였다. “뭐니 뭐니 해도 목마를 때 물 주는 공이 제일 크다오!” “아주머니 좋은 일 해서 천당 가겠소.” 등등… 하찮은 일로 이처럼 푸짐한 덕담을 듣고 보니 어색하기도 했지만 기분은 좋았다.

나는 평소에 봉사라는 것을 거창하게 생각해 왔었다. 그러나 이번 일로 해서 비록 작은 일이라도 행함으로 보람을 느끼게 됨을 깨달았다.

그 뒤로는 며칠 걸러 한 번씩 결명자 차를 얼음에 채워 큰 주전자에 가득 가져갔더니 길목 어귀에서부터 골목 시장이 끝나는 찻길 입구까지 난전에서 장사하는 사람들에게는 갈증을 해소시켜 줄 수 있었다. 물론 가게 안에서 장사하는 사람은 물 배급(?)에서 제외시켰다. 그래도 어느 때는 중간에서 물이 떨어져 한 번 더 가져가야 할 때도 있었다. 가다가 청소하는 이들을 만나거나 경비실을 지나갈 때 물을 따라주고, 또 길가에 공사판이 생겨 그 자리에서 물주전자는 바닥이 난다. 공사장에서 벽돌을 등으로 져 나르느라 땀으로 멱 감다가, 시원한 물을 안기면 몇 컵이고 들이켜고는 이제야 정신이 번쩍 난다고 했다. ‘어디 가져가는 물인가 본데 우리가 이렇게 다 먹어서 어쩌면 좋담.’ 그제서야 그들은 걱정을 한다.

목마른 자들이, 내가 준 물로 갈증을 풀며 흡족해 할 때 느끼는 만족감은 적지 않았다. 그 해 여름, 그 시간에 내가 그 길을 지나지 않았던들, 그 할머니가 내게 냉수 한 사발을 요청하지 않았던들 나는 영원히 몰랐을 것이다. 땡볕에서 장사하는 이들, 공사판에서 힘든 일을 하는 이들이 여름에 얼마나 시원한 물을 필요로 한다는 것을….

그리고 나는 그들로 인하여 새로운 기쁨을 얻는 기회를 내내 가지지 못했을지도 모른다. 어떤 계기, 만남, 인연이란 참 묘하다는 생각이 든다.

어느 때는 한낮이 되어서야 오늘 덥겠다 싶어 급하게 물을 끓이고 식히는데 양이 많아 시간이 걸린다. 그러다 보면 이미 한낮의 더위는 지나간 때여서 내일 갖다 주어야지, 하고 해거름에 반찬거리를 사러 시장에 나가면 나를 눈이 빠지게 기다렸다는 것이다. 지금도 목이 탄다고 하여 그제야 물을 갖다 준 일도 있다. 작년 여름에는 더위 한복판에 해외에 나갔다 오느라 한 2주 동안 물을 나누지 못하였다. 오랜만에 골목길에 나갔더니 사람들이 어디 아팠었느냐고 묻는다. 처음 며칠은 물 때문에 무척 기다리다가 나중에는 무슨 사고인가 걱정했다는 것이다.

물로 인하여 장터 사람들과 인연을 맺은 지 7년째가 된다. 어느 해는 겨우 몇 차례의 물 배달을 하고 넘기는 때도 있었고 어느 해는 수십 번 한 적도 있었다. 88년도에는 한 번도 물을 나르지 못한 채 여름을 놓치고 말았다. 올림픽에 마음이 붕 떠있어 골목시장 장수들을 잊고 만 것이다. 그 해는 허전하고 찝찝한 마음으로 가을을 맞게 되었다.

물을 주고 온 뒤에는 내 기분이 좋아 보였던지 아이들 일기에 엄마처럼 기쁨을 나누고 싶다고 한 모양이다. 목마른 자에게 물을 주는 것도 이만큼 뿌듯한데 마음이 메마른 자에게 생수 같은 진리를 줄 수 있는 자는 얼마나 행복할까.

8월이 꼬리를 보이면서 비가 내리고 바람 끝이 사뿐해질 때쯤이면 물 배달은 끝이 나지만, 장터 사람들은 찬거리를 사러 나온 나에게, 팔고 남은 거라고 하면서 오이며 호박을 내 시장바구니에 쑤셔 넣는다. 사양하는 자와 더 주려는 자들 사이에 바구니를 뺏고 당기느라 실랑이가 벌어진다.

<샘터> 1991년 6월

숨겨진 신비

몇 해 전 이른 봄에 라디오를 듣다가 당혹하지 않을 수 없었다. 봄을 알리는 소리로서 새싹이 움트는 소리, 개구리 눈 뜨는 소리, 꽃이 피는 소리라며 들려주는 것이 아닌가. 그럴 것이라고 짐작하고 그럴듯한 소리를 들려주는 것인지, 아니면 첨단의 과학을 이용하여 초음파 녹음이라도 해서 들려주는 것인지 확실히는 모르겠다.

얼떨결에 듣게 된 그 소리들은 호기심을 채워주기보다는 실망이 더 컸다. 초봄을 실감나게 하려고 성의를 다한 친절이 왠지 조금도 고맙지가 않았다.

숨어있는 보석이 더 아름답다던가. 신비로움은 드러난 데서가 아닌 감추어진 속에 있는 것이 아닐까. 개구리 눈 뜨는 소리, 싹이 움트는 소리를 굳이 알아야 할 필요가 있을지, 그 소리를 들어서 더 좋을 게 무엇일까? 그런 것은 모른 체 묻어두고 우리가 실제 들을 수 없는 소리를 상상의 소리로 듣는 것이 더 좋을 것 같다.

수필가 B선배님과 어느 산골 목장에서 하룻밤 같이 지낸 일이 있다. 아침에 나란히 산책을 하는데 그는 갑자기 손을 나팔 모양으로 만들어 귀에 대고 무엇인가를 듣기 위해 애를 쓰는 것이었다. "지금 시냇물 소리가 들리느냐고 묻는다. 그제서야 나도 소리에 관심을 갖고 귀 기울여 보았으나 물소리는 들리지 않았다. 선배님이 이곳에 올 때 근처에서 조약돌 깔린 시내에 물이 흐르는 것을 보았다고 했다. 그런데 몇 발짝 더 가서야 시냇물 소리를 나도 들을 수 있었다. 산길 따라 걷다가 잔디에 앉아 쉬는데 "지금 바이올린 소리로 새가 울지요?" 건성으로 듣던 내가 어리벙벙해 있으니 저만큼 서 있는 미루나무를 가리킨다. 그 나무에는 두 마리의 새가 꽁지방아를 찧으며 자리바꿈을 하고 있었다. 찍찍거리는 소리를 낼 뿐 그분이 듣는 바이올린 소리같이 아름다운 소리는 아니었다.

선배님은 여러 해 전부터 청각이 약해졌고, 그 뒤로 관찰력은 더 세심해졌다. 오감이 예민해진 데다 마음의 귀를 항상 열고 있음인지 정상적인 청각을 가졌다는 우리가 듣지 못하는 것까지 듣는다. 뿐만 아니라 더 먼저 듣고 더 아름다운 소리로 듣는 것이다.

선배님과 전화통화를 할 때만 좀 불편할 뿐, 직접 대하면 마음과 함께 오관을 모두 열어 마음을 읽고 표정을 감지하기에 작은 소리도 잘 들어 대화는 물론 마음의 교통까지도 원활해진다. 우리보다 오히려 사물의 소리를 더 다양하게, 실제 소리보다 더 아름답게 듣는 것은 상상의 소리로 들어서 그런가보다.

모든 사물은 너무 가까이 그리고 너무 바르게 듣거나 보면 실망하게 되는지도 모른다. 사람도 마찬가지여서 성인도 자기 고장에선 인정받지도 대접받지도 못하며, '감동받은 작품의 저자를 만나지 말라, 실망할 것이다.'라는 말이 있나보다. 음악도 음악 그 자체를 해석하게 되면 감동이 희석되는 경우와 같은 맥락이 아닐지.

언젠가 죽어서 천당을 보았다는 사람이 다시 살아나서 자기가 본 천당을 자세히 간증하는 것을 들은 적이 있다. 기억에 남는 내용은 대강 이렇다. 금으로 된 침대가 즐비하고 바닥은 찬란한 보석으로 깔리고 비단으로 둘러싸인 휘황찬란한 홀, 높은 보좌에 하나님이 앉아 계시는데 눈이 부셔서 잘 쳐다볼 수 없었다고 한다. 빛나는 긴 식탁에서 많은 사람들이 화기 충만하게 식사를 하는데 주위엔 갖가지 꽃이 피어 있고 온갖 새들이 노래 부르며 어디선가 아름다운 선율이 흐르더란다. 성벽의 길이가 몇 피트가 된다는 등등 이렇게 구체적인 천당 얘기를 듣고도 역시 실망했었다.

너무 구체적이고 정확한 내용이 거부감을 갖게 한 모양이다. 아무리 풍부한 어휘력이나 표현력이 있다 해도 끝없는 상상을 따르지는 못할 것이 아닌가. 천당을 어렴풋이 무한대 선상에 올려놓았던 내 기대에 미치지 못한 것이다. 그러나 그는 칼로 두부모 자르듯, 분명하게 말로 할 수 있는 선까지만 전달할 뿐, 그 이상의 무한한 상상의 날개를 꺾어버린 셈이다.

사람의 욕심은 깊이도 높이도 넓이도 한계가 없는 것일까. 자연을 속속들이 파헤쳐야 직성이 풀리고 우주마저 발가벗기고 그것만으로도 부족해서 신의 영역까지 침범하려 드니 말이다. 그렇게 함으로써 얼마나 더 행복해질 수 있을지 모르겠다. 조금은 순수한 본래의 것으로 놓아두고 멀리 간격을 가진 채 바라보며 상상을 확대해 훨훨 날 수 있도록 덮어두었으면 좋겠다.

흙이 질리지 않는 것은, 본질적인 많은 것을 흙 속에 숨겨둔 채 현상적인 것만 내보이기 때문이 아닐까. 내일이라는 것도 우리가 알지 못하기 때문에 꿈을 가질 수 있으며 이상은 손이 닿지 않아 더 아름답고 베일 속애 감추어진 것이 신비롭지 않은가.

그런 신비가 사람에게 닫히지 않은 호기심을 연이어 불러일으키게 하는 묘약인 것 같다. 우리가 권태로부터 구원받기 위해서도 모든 사물에서 마지막 한 장의 베일은 덮어 둘 일이다.

<창작수필> 1991년 창간

설날의 목도리

17년만의 강추위에 맞는 갑신년의 설날이다. 우리 가족이 큰댁에 세배를 가면서 몸단속을 잘 했는데도 몸이 자꾸만 오그라든다. 모든 상점마다 문이 굳게 닫혔고 사방이 꽁꽁 얼어붙었다. 그 많던 서울 사람들은 다 어디에 있을까. 세배객이 띄엄띄엄 눈에 띌 뿐이다.

이럴 때 집도 가족도 없이 갈 곳 없는 사람들은 어떨까. 그리고 외국 근로자들은 어떻게 지낼까. 돈이 있다 해도 사먹을 곳도 없는데 하며 걱정하는 내게 아들이 오늘은 노숙자 한 사람도 보이지 않는 걸 봐서 그들에게도 어떤 대책이 있을 것이라고 한다.

큰댁에서 돌아오는 오후에도 전철 안은 한산했다. 저만큼 떨어진 자리에 근로자로 보이는 외국인 젊은이들 몇이 한 의자에 나란히 앉아있다. 다행히 혼자가 아니어서 덜 외롭겠다는 생각이 들었다. 그들 중에 두 사람의 목도리가 눈에 익어 반가웠다. 하지만 그때가 언젠데 설마 그 목도리는 아니겠지. 어쩌면 겨울철에만 사용하니까 그 목도리일 수도 있지 않은가. 이렇듯 긴가민가해서 내 시선은 그 쪽으로만 쏠렸다.

벌써 15년 전 일이다. 내가 다니던 개봉교회 오세철 목사님의 주선으로 구로동에 있는 갈릴리 교회를 방문하게 되었다. 초겨울 꾸무럭한 날씨에도 일행이 된 성도들은 새로운 일을 앞에 놓고 마음이 들떠 있었다. 일찍이 그 일을 추진한 인명진 목사님은 주일예배 중 한 차례는 외국근로자만 따로 예배를 인도한다. 성경 읽고 설교하고 헌금하는 순서를 쭉 빼고 대신 몇 사람이 앞에 나와 기타 치며 가벼운 찬송을 함께 한다. 그 주간에 생일이 든 사람은 앞으로 나오라고 하자 네 사람이 나왔다. 촛불 켜고 케이크 자르고 축하음악 부르고 박수 치고 그들을 격려하는 기도로 예배를 마쳤다. 전통적인 예배의 틀에서 벗어난 신선한 충격의 예배였다. 그들은 종교도 서로 달라서 형식에 매인 예배가 거부감을 줄까 봐 배려한 듯싶다.

생일에 나온 사람들이 자기소개를 하는데 한 사람은 스리랑카에서 온 아무개이고 성북 미아동에 있는 싱크대 만드는 공장에서 일한다 하고, 누구는 인도에서 왔으며 안양에서 알루미늄 샤시를 만든다고 한다. 또 다른 이는 파키스탄에서 왔는데 성남에 있는 비닐 만드는 공장에서 일하며, 남은 한 사람은 필리핀에서 왔고 시흥에 있는 유리공장에서 일한다고 했다. 서울과 수도권에 흩어져 있는 이들이 주일마다 한 자리에 100명에서 200명까지 모여 자기들끼리 정보를 나눈다. 목사님과 자문위원들은 그들의 고충을 듣고 문제점을 해결하려고 매달리며 마음의 상처를 쓰다듬어 준다. 그렇게 위로받고 돌아가 다음 일요일을 손꼽아 기다린다고 한다.

그날 점심은 개봉교회에서 마련한 닭튀김과 빵과 우유를 제공했다. 그들의 종교나 민족에 따라 식품 중에 금기하는 것에 철저해서

쇠고기나 돼지고기를 안 먹는 이가 많지만 닭고기는 괜찮다기에 그걸로 정했다. 선물로는 줄무늬가 있는 모직 목도리를 준비해서 그들의 시린 목에 둘러주었다. 시린 마음까지도 따뜻해져 서러움도 시름도 다 녹아지기를 바라면서. 점심식사 후 한쪽에선 이발을 해주고 딴 방에서는 의료봉사를 하고 또 한쪽에선 법률상담도 하고 여러가지 토의를 하는 등 시스템이 바쁘게 돌아가고 있었다.

그들의 실상을 듣고서야 산업전선에서 내국인들이 기피하는 험한 일을 그들이 감당하고 있음을 비로소 알게 되었다. 당시만 해도 그들은 관심 밖의 존재였다. 종교도 언론도 시민단체도 그들이 누려야 할 보편적 가치나 인권을 거론하지 않았고 따라서 큰 문제도 부각되지 않아 그들은 억울함을 일방적으로 당하기만 하던 때였다. 그런 시기에 그 목사님과 갈릴리 교회 성도들이 그들의 뒷심이 되어주었다.

그때 있었던 근로자들은 거의 자기 나라에 돌아갔을 것이다. 기온이 따뜻한 본국에 가면서 목도리는 새로 들어오는 후진들에게 물려주며 한국에 대해서 뭐라고 말했을까. 한국에는 좋은 사람도 많고 일하기 좋은 환경이 되어지고 있다고 등을 밀어주었을까?

이런 분들이 밑거름이 되어 지금은 많은 사람들이 관심을 갖게 되었고 인권신장과 처우개선이 많이 향상된 것이다. 이들이 민간외교관 역할을 톡톡히 한 셈이다.

설날 전철에서 만난 외국인 근로자들 목도리를 보자 그동안 잊고 지냈던 일이 생각난 것이다. 15년을 뛰어 넘은 장면 속에 머무르자 마음이 촉촉해진다. 설날의 이런 기분은 상서로운 징조 같다. '우리

가족이 저들을 데리고 가서 떡국을 같이 먹는 거다. 그들도 타국에서 맞는 쓸쓸한 설날에 전철에서 만나 처음 보는 사람 집에 가서 저녁을 함께 먹는다면 두고두고 추억거리가 될 테고 나 역시 그 일을 떠올릴 때마다 신선한 맛이 나는 일이 아닌가.' 이 생각 한편에선 '저들은 어떤 반응일까. 말이 통하기나 할까. 거절하진 않을지. 가족들은 뜬금없는 내 제안을 어떻게 받아들일까. 집은 어질러져 있고 몸도 피곤하다. 하지만 따뜻한 기억거리를 만드는 일인데 그 정도는 감내해야지….' 이런 생각을 하며 할까 말까 망설이는데 구로역이 다가오자 그들이 내릴 낌새를 보인다. '지금도 늦지 않았어. 빨리 그들 앞으로 가서 우선 내리는 것부터 막아야 돼.' 이렇게 생각만 왔다갔다 할뿐 몸은 움직이지 않은 채 그들은 내리고 말았다. 곧 후회가 되었다. 이런 기회가 다시 없을 텐데. 더구나 오늘은 설날이 아닌가.

나는 왜 이렇듯 생각 따로 몸 따로일까. 늘 실천이 내 뜻을 따라가지 못할까. 나 자신이 마음에 안 든다. 가슴이 스산해진다.

<성숙한 사회> 1994년 3월

개미 사냥

2년 전부터 살색을 띤 아주 작은 개미가 집안에서 보였고, 차츰 그 수가 늘어나 보통 성가신 일이 아니었다.

개미가 멀리하는 음식은 밀가루와 화학조미료·라면 수프 등이고, 꿀·설탕·과자를 좋아하나 냉장고에 넣지 않은 음식물에 침입을 해서 여간 짜증이 나지 않았다. 깨알보다 더 작은 미물로 인해 만물의 영장이라고 하는 사람이 이토록 속을 끓이다니 어이가 없다. 하나님이 피조물인 인간을 볼 때, 당신 뜻대로 따라 주지 않으면 이런 심정일까.

나는 먹을거리를 살 때 한꺼번에 사서 두고 먹는 습관이 있다. 멸치를 부대로 사고 오징어포를 관으로 산 것이 말썽이었다. 멸치의 비릿한 냄새와 오징어포의 고릿한 냄새에 달착지근한 맛이 개미를 꼬이게 했나 보다.

이 두 가지를 비닐봉지에 몇 겹으로 싸놓고 안심한 채 있다가 뒤통수를 맞았고, 운동기구의 턱걸이하는 손잡이에 매달아 놓고는 설마 거기까지는 못 찾겠지, 뒷짐 지고 회심의 미소를 지었으나 또 당하고 만 것이다. 어떻게 하면 이 귀신 같은 개미를 따돌리나 궁리를 하다가 나는 무릎을 쳤다. 거기는 못 들어 갈 거야. 새로 나온 김장김치독. 속에 스테인레스로 되어 있고 뚜껑 아귀가 잘 맞아 절대 못 들어 갈 것이다. 그러한 나의 단단한 확신을 비웃기라도 하듯 그곳까지도 무방비 상태인 것이다. 이쯤 되면 두 손을 들 수밖에 더 있겠는가. 머리를 요리조리 굴리며 못 들어가게 막고 감추는 자와, 집요하게 찾아 들어가는 자의 신경전에서 내가 밀린 셈이다.

아이들이 멸치나 오징어포에 개미가 드나들었다는 것을 알면 먹지 않을까봐 식구들이 잠든 밤에 일어나 신문지를 펴놓고 개미를 몇 번 반복해서 털어 내고 마지막에는 낱낱이 골라내느라 골몰하는 내 꼴이 한심스러웠다.

예민한 큰아이는 라면을 먹다가 죽은 개미를 보고 젓가락을 놓는다. 들어갈 겨를이 없는데 귀신이 곡할 노릇이었다. 나중에야 까닭을 알았다. 물을 미리 받아 놓고 먹는데, 개미가 그 물을 먹다가 익사한 것도 모르고 그 물로 라면을 끓였던 것이다. 이쯤 되면 소극적인 방어에서 적극적인 공격으로 작전을 바꾸어야 할 모양이다. 눈에 가시 같은 존재 개미를 모조리 없애리라. 보는 대로 종이를 대고 문질렀다. 죽은 것 중에서 어떤 것은 조금 꼬무락대는 기척이 있어 지켜보았다. 시나브로 움직이다가 이내 몸을 털고 비척거리며 기어간다. 그 개미는 파수 개미일까, 파수꾼 개미는 부상을 입어 죽어가면서도 본능적으로 자기 자리를 찾아가서 자신의 시체로 문을 막을 정도로 책임에 충실하다고 읽었다.

개미의 끈질긴 목숨. 핵폭발에 살아남은 것은 개미와 전갈이라던

가. 그 생명력을 본 이상 죽이는 방법도 달리할 수밖에 없다. 종이에 물을 적셔 압사를 시켰다. 효과가 있었다. 그러나 급할 때는 맨손이 무기가 된다. 다행인 것은 개미한테서 물이나 피 같은 액체가 나오지 않아 더럽다는 생각이 들지 않았다. 생물을 죽인다고 여겨지지 않을 만큼 가칠가칠한 느낌이 곡식 껍질 같았다. 내게는 그처럼 하찮아 보여도, 개미를 이용해서 해충을 없애기도 하고, 폴리네시아 어떤 부족은 개미를 작은 신처럼 섬기며, 탈무드에는 개미가 정직의 상징으로 기록되었으니, 나도 평가를 다시 해야 할 모양이다.

개미를 잡으려고 손이 가까이 가면 멈칫 하며 잔뜩 긴장된 듯 움츠린다. 내 손이 닿기도 전에 어떻게 느낄까. 냄새? 온도? 아니면 손에서 어떤 파장을 감지한 것인지. 동물에게도 느끼는 감정 생각하는 능력이 있다는 말이 맞다. 내가 이 작은 개미와 심리전을 하는 사이에, 지능이 꽤 발달했다는 사실을 안 것이다.

어느 날 전구를 끼우다가 천장 모서리에서 가느다란 줄을 보았다. 그 줄은 베란다에서 시작되어 거실·현관·작은방·식당을 지나는 개미의 긴 행렬이었다. 분리수거하느라 과자봉지 등 비닐만 모아둔 곳에서 과자 부스러기를 나르고 있었다. 대열이 끝나는 벽 틈 사이에 공간이 있어 겨우살이 준비 중이었나 보다. 개미를 소탕하기에 좋은 기회였다. 젖은 걸레로 여러 번 닦아냈다. 나는 작업 중에도 개미의 움직임을 놓치지 않았다. 오가던 개미가 닦아낸 자리를 비켜 가면서 반대편에서 오는 것들과 머리를 맞대고 화학물질인 페로몬을 이용하여 어떤 정보를 교환했는지 오던 길을 되돌아간다.—동료들이 없어지고 길이 허물어졌다. 이상하다 돌아가라—그랬을까.

개미 대열의 시작부터 끝까지 한 마리도 놓치지 않고 섬멸을 했다. 내친 김에 우리 집에서 씨를 말리리라 팔을 걷어붙인 것이다. 이제 눈에 띄는 것만이 아니라 있을 만한 데를 찾아 실내에서 베란다로 사냥의 영역을 넓혔다. 동백 분재에 개미가 꼬였다. 잎이 오갈이 들어 왜 그러나 했는데 진딧물이 생긴 것이다. 개미는 진딧물 알을 보호해주고, 대신 먹이를 얻어 공생 관계를 이룬다던가.

개미가 다니는 길을 살피는데 죽은 파리를 아주 작은 개미가 옮기고 있었다. 자기 몸무게의 600배를 나를 수 있다는 개미. 한 사람이 버스 다섯 대를 움직이는 셈이라는데 실감이 되었다.

죽은 개미를 끌고 가는 놈도 있다. 설마 종족의 시체를 먹이로 삼으려는 건 아니겠지. 어쩌면 장례를 치르려는 것일까. 내 눈에는 미미한 존재 같지만 그들 나름의 의례가 있고 나름의 세계가 있는지 어떻게 알 수 있으랴.

요전에 물걸레로 닦아냈기에 마음 놓고 있다가 혹시나 하고 보았다. 나는 그만 힘이 쭉 빠졌다. 언제 그랬느냐는 듯 전열을 가다듬어 형성된 대열. 이번에는 화생방전을 시도했다. 살충제 스프레이를 아까운 줄 모르고 긴 줄에 듬뿍 뿌렸다. 이제야 개미 그림자도 없으리라. 개미는 항문으로 분출되는 분비물로 길 안내를 한다지만, 길이 독한 약으로 덮였으니 얼씬도 못하리라. 확인하려고 보았을 땐 맥이 탁 풀렸다. 그 길 아래 새 길을 낸 것이다.

숫자는 전보다 적으나 제법 줄이 형성되었다. 생명의 위험을 무릅쓰고 나온 것들은 일개미일 것이다. 모듬살이 곤충 중에도 가장 체계화된 조직체로 움직이는 개미. 그들 사회에는 자신의 생존보다 외부 요구에 따른 행동을 더 중요시한다던가. 분업에 맹종하는 개미는 공동체를 위해 자기희생을 감수하며, 동족들이 죽어간 길을 겁도 없이 가고 있으리라.

일개미는 생식 능력이 없다 한다. 성적 충동으로 일에 방해가 될까봐 그렇다니, 인간사회나 동물사회나 집단주의는 두렵다는 생각이 든다. 없애고 또 없애고 끊임없이 생기는 숫자에 질려 개미와의 싸움에서 손을 들었다. 싸움이래 봤자 개미는 자기 삶을 열심히 살고 있을 뿐인데, 나만 신경을 곤두세우고 일방적인 공격을 한 것이다. 어차피 없애지 못할 바에야 적대감을 갖지 말자. 정신 건강에도 해로울 테니까. 사랑으로 동·식물을 보살피는 사람 중에는 그것들의 말을 알아듣고 대화도 나눈다고 한다. 그렇게는 못해도 이제부터 개미의 처지를 이해하기로 하였다.

우리 집에 사는 개미들이 말을 한다면 이렇게 할까.

새끼 개미/ 우리가 먹으면 얼마나 먹는다고 이 집 안주인은 그처럼 인색한지 몰라. 멸치·오징어포에서 버릴 가루만 가져왔을 뿐인데….

아비 개미/ 여왕으로부터 들은 얘긴데 옛 사람들은 먹을 게 부족해도 들에 나와 음식을 먹을 땐 먼저 떠서 고수레 - 하며 던져 주었대. 그것을 다른 곤충과 나누어 먹었단다.

언니 개미/ 그뿐 아니야. 그분들은 우리를 죽이기는커녕 곤충들이 화상 입고 죽을까 봐 뜨거운 물도 함부로 땅에 버리지 않았단다. 지금 사람들은 무자비 해.

새끼 개미/ 이 댁 아들은 라면을 먹다가 내 친구 시체를 보고 라면을 안

먹는 것은 왜 그럴까. 맛이 없어지나 병에 걸리나. 방부제 투성이 식품은 잘도 먹던데.

아비 개미/ 현대인들이 개는 무척 위해 주면서, 편견이 너무 심해. 우리가 개만큼 먹기를 하나, 배설물에서 냄새가 나나, 자리를 차지하나. 사람보다 더 호사를 하고 대우를 받는 개도 있으니 순 개판이야.

언니 개미/ 이 집 안주인은 그렇게 우리들 꼴을 못 볼까. 바퀴벌레처럼 병균을 옮기나, 모기처럼 물기를 하나, 파리같이 더럽나, 우리만큼 사람에게 해를 끼치지 않는 곤충도 드물 텐데.

이런 대화를 나누지 않을는지….

모든 생물은 먹이사슬로 고리를 이루는데, 그게 끊기면 사람인들 살 수 있을까. 개미도 약육강식에 의해 다른 포식자에게 먹이가 되어 준다면, 그것만으로도 존재가치가 있지 않을까.

내가 사람이라는 특권으로 개미를 박멸하려 했으니, 얼마나 무모한 짓인가. 나의 행위는 창조주의 뜻에도 위배요 자연 질서에도 거역일 것이다. 냉장고나 한 개 더 구해 모든 음식물은 거기에 넣고 개미와 더불어 살기로 화해를 하니 마음이 편했다. 소중한 시간을 개미와 승강이하며 소모한 내 투미함이 부끄러울 따름이다.

<수필공원>

톨스토이가 만든 장화

감정이 넘쳐나던 소녀시절에 톨스토이가 쓴 단편집에 푹 빠졌었다. 그 단편에 나오는 내용 하나하나가 방황하는 여린 마음을 휴머니즘이라는 끈으로 묶어 포근히 안정시켜 준 것이다.

톨스토이가 여러 자녀의 교육을 위해 모스크바에 마련한 집, 부활을 탄생시킨 명작의 산실이기도 한 그 집이 기념관이 되었다. 그 기념관에 다녀온 지 이태가 지난 지금도 그때 보았던 두 켤레의 신발이 강한 인상으로 내 마음속에 각인되어 있다.

그가 쓰던 물건마다 감회가 어리지 않은 것이 없으나 그 중에서도 내 뇌리에 신선한 못을 친 것은 장화였다. 기념관 2층에 오르는 층계참에 구두와 장화가 나란히 놓여 있었다. 톨스토이가 신던 신발이려니 하고 지나치려는데 우리를 불러 세우는 목소리. 그는 기념관을 안내하는 중년 여인이었다. 그가 신발을 가리키며 잘 만들어졌는지 보라 했다. 기능공이 만든 것만큼 매끈해 보이지는 않지만 꼼꼼한 솜씨가 퍽 정성이 들어 있어보였다. 그 두 켤레의 신발은 톨스토이가 만든 것이라고 한다.

이 신발을 만드는 동안은 장인 정신으로 돌아가 열심을 다했을 톨스토이, 전 세계 사람들이 우러러보는 노 사상가가 구부리고 앉아 가위와 큰 바늘로 번갈아가며 신발을 만들고 있을 모습을 상상해 보았다. 어떤 일이고 심혈을 기울이는 진지한 자세가 사뭇 경건해 보이고, 또한 긴 수염이 풍성한 그가 그러고 있는 모습이 보는 이로 하여금 미소를 머금게 할 것 같다.

우리나라의 고위층들이 작업복에 밀짚모자를 쓰고 카메라에 맞추어 봄이면 모 몇 포기 심고, 가을에는 벼 몇 웅큼 베고 식목일에는 흙 몇 삽 떠 덮는 것으로 나무를 심는 시늉을 한다.

해마다 있는 그런 전시효과를 노리는 모습에서는 마음에 와 닿는 구석이 하나도 없었다. 그와 같은 의례적인 행사에서 전혀 느낄 수 없었던 감동이 그 신발을 볼 때는 크게 밀려 왔다.

톨스토이는 백작의 아들에다 위대한 작가이고 재력까지 갖춘 분이 무엇이 아쉬워 신발을 만들었을까. 시간이 남아도는 사람도 아닌데. 보통사람이라 해도 신발을 만들 엄두도 못낼 일이다. 하물며 온 인류에 영향을 끼치고 있는 사람이 그런 일을 한다는 것은 시간 낭비요, 다분히 비생산적이라고 생각했다.

어쩌면 그는 신발 만드는 일이 독특한 취미일지도 모르겠다. 아니면 작가이기에 신발까지도 만들려고 했고, 또 만들었던 것이 아닐지. 작가는 좋은 글을 쓰기 위해 모름지기 다양한 체험을 해야 한다는 철저한 작가 의식에서 비롯된 행위일 것이라고 짐작했다. 그러나 나의 예측은 빗나갔다. 그의 신념은 무슨 일이든지 해보아야 그 일을 하는 사람의 어려움을 알게 되고, 사람은 어떠한 일이라도 할 수 있어야 한다는 사상가다운 철학을 실천했을 뿐이라는 설명이었다.

그래서 귀족인 신분에 고향에서 농사일도 했고, 모스크바 근교에 있는 과수원 일도 했다고 한다.

그의 작품 중에 "신발 만드는 것을 보며 얼마나 힘들까" 하는 대목이 나온다. 힘들 것이라고 여겼기에 직접 만들어 보았는지도 모른다.

작품을 위한 목적이 아니었다 해도 그는 결국 갖가지 경험을 통해 그처럼 다양한 인간상의 심층 구조를 치밀한 묘사로 표현할 수 있었고, 독자들의 심금을 울려주는 글을 썼던가 보다. 경험 없이 머리로 짜낸 기교나 지식을 토대로 썼다면 그와 같은 공감을 얻기는 어려웠을 것이다.

톨스토이 자신이 기득권자임에도 농민, 빈민, 억눌린 자, 소외된 자, 버림받은 자의 시각에서 그 반대에 속한 층들을 비판하고, 잘못된 정책이나 제도를 시정하려고 애쓰며 그 문제로 고뇌한 것도 같은 맥락에서 헤아릴 수 있었다.

이 모두가 단지 문학을 위한 수단이었다면 작가 정신만이 모범이 되겠으나 그의 본성이 선함과 사랑이 많은 인도주의자여서 더욱 머리가 숙여진다.

작가 이전에 자연인으로서 그늘에 있는 자들을 이해하려는 인간성에서 우러난 체험이 결국 그의 삶을 풍요롭게 하였고, 그 진실이 작품 속에서 자연스럽게 녹아 불굴의 명작이 되었으리라.

그의 이러한 행위는 대문호로서 뿐만 아니라 구도자로서도 길이 길이 존경을 받아 마땅하리라고 본다.

내가 글줄이나마 쓸 때 긴장이 풀리고 안일한 타성에 빠질 적마다 톨스토이가 만든 장화, 그 참신한 충격을 가슴 깊이 오래오래 묻어 두고 자극제로 삼으려 한다. 그 장화는 물질로서가 아니라 정신으로서 톨스토이를 알려주는 것이다.

<수필과 비평> 1995년 1, 2월

꽃신

먼 산에서부터 물들던 어둠살이 점점 내 둘레로 좁혀왔다. 이 어둠보다 더 무거운 근심이 천근의 무게로 발목을 붙들고 있어 걸음을 옮길 수 없었다.

'신데렐라'는 유리구두를 잃었기에 왕자를 만나는 행운을 잡았지만, 여덟 살짜리 나는 꽃신 한 짝을 잃고 집에 가지 못하고 논둑에 서서 애를 태우고 있었다. 같이 놀던 애들도 처음에는 떠내려간 신발을 찾겠다고 물속을 뒤지는 등 함께 걱정을 하다가, 날이 저물자 뿔뿔이 흩어지고 나만 남게 되었다.

신발이 없는 발이 돌 조각이며 사금파리에 다칠까 봐 못 가는 것도 아니고 개똥이며 닭똥이 있는 길에 맨발이 닿는 것이 더러워서 못 가는 것도 아니다. 또 '여자답지 못하게 선머슴아처럼 흙탕물에서 설치다가 옷 버리고 신발까지 잃었다'고 호통을 칠 어머니가 두려워서도 아니다. 그 꽃신을 사다 준 아버지 보기가 미안해서 그런 것이다.

내 또래 애들이 여럿이 모여서 한쪽 발을 벗어 옆 아이 다리에 걸고 옆에 아이는 그 옆 애 다리에 걸면 연신 다리끼리 엮어져 둥그런 원이 만들어진다. 깨금발로 뛰면서 똑같이 손뼉을 치고 합창을 하며 빙글빙글 돌다가 다리가 풀려 벗어 논 신발을 찾는데, 우리들의 신발 한 짝씩이 없어졌다. 그러자 한 아이가 '얘들아, 여기 꽃이 피었다'는 소리에 모퉁이에 가보니 '금남이'를 따라온 금옥이가 신발을 꽃잎처럼 동그랗게 놓고 꽃신을 가운데 놓아, 마치 활짝 핀 검정색 꽃 속에 알록달록 색 고운 수술이 가운데 박힌 것 같아 고와 보였다.

그 꽃신은 사촌언니 신발이었다. 그때는 검정 신발 속에 꽃신 하나가 있으므로 검정색만 있는 것보다 좋다고 생각했을 뿐 샘은 나지 않았다.

어느 날 사촌언니와 방에서 둘이 놀다가 내가 밖에 나왔을 때 토방 댓돌 위에 내 검정 고무신과 나란히 놓인 꽃신을 보자 뜨거움 같은 게 울컥 솟았다. 다른 애들도 모두 검정 고무신이었을 때와는 달리 두 켤레만 나란히 대비되므로 내 신발이 그렇게 초라해 보이고 꽃신이 몹시 얄미운 생각이 들었다.

내 신발로 꽃신을 꾹 눌러 밟았다. 꽃신은 흙이 묻고 조금 찌그러지기도 했다. 순간 가슴이 뛰면서 얼굴이 확확거렸다. 흙을 털고 본래대로 해놓을까 하고 망설이는데, 인기척에 뒤돌아보니 아버지께서 내가 하는 꼴을 보고 계시지 않은가. 이 무안함이라니…. 차라리 내가 흔적도 없이 사라졌으면 좋겠다는 생각이 들 정도였다.

그때 내 눈과 마주친 아버지의 눈빛이 지금도 잊히지 않는다. 무어라고 딱 잡아 형용할 수 없는 그 표정, 지금 생각하면 화를 낸 듯하고 안타까움이 겹친 연민의 눈빛, 이렇듯 여러 감정이 뒤섞인 표정이었다.

마음의 치부를 아버지께 들켜 당황하는 모습을 물끄러미 바라보다가 싸늘한 발걸음을 재촉하여 사랑으로 되돌아가셨다. 그 무렵 내가 가장 존경하고 따르는 분은 아버지였다. 또 나를 생각해 주고 인정해 주고 편들어 주며 사랑으로 북돋아 주는 사람도 아버지였다. 그런 아버지를 실망시켜 드렸으니 밥맛도 잃고 잠도 잘 오지 않았다.

어머니는 아들을 얻고자 하여 노산으로 어렵게 낳은 게 나였다. 그래서 환영을 받지 못하고 태어난 셈이다. 아무도 나를 거들떠보지 않았지만 남다른 아버지의 관심 속에 사랑을 받으며 나름대로 명랑하게 지냈다. 그래서 진정으로 사랑해 주는 이가 단 한 사람만 있어도 삐뚤어지지 않고 성장할 수 있다고 생각한다.

아버지께서 내가 잘한 것이 있으면 꼭 칭찬해 주셨고 그것을 다른 사람에게도 자랑 삼으셨다. 그래서 나는 날마다 생각하는 것이 무엇을 해야 아버지를 기쁘게 해드릴까 하는 궁리에 몰두하곤 했다. 또한 내가 칭찬 받는 것 이상으로 아버지께서 기뻐하시는 걸 보는 게 더 행복했다.

아버지께서 즐기시는 술을 담그려고 머루며 산딸기를 따러 밭둑을 헤매며 가시에 긁히는 아픔도 견디었고, 빨갛게 익은 산딸기를 딸 때는 입에 침이 고였지만 참았다. 언젠가는 루비 같은 산딸기가 다래다래 달린 것을 가지째 꺾어 왔을 때 아버지께서 머리를 쓰다듬어 주시며 "그것을 할아버지께 갖다 드리면서, 할아버지께 드리려고 네가 꺾어왔다고 사뢰어라." 말씀이 끝나기도 전에 한달음에 큰댁에 가서 조부님께 드렸다. "허, 네가 나를 생각하고 먹고 싶어도 참고 꺾어 왔구나. 가시에 손 찔리지 않았느냐? 어디 손 좀 보자." 하고 내 손에 약을 발라 주시고는 벽장에서 박하사탕 몇 개를 내주셨다. 조부님께선 술을 못 잡수시기 때문에 여러 자손들이나 동네 사람들이 잘 익은 과일이나 맛있는 음식은 맨 먼저 할아버지께 갖다 드려서 조부님 거처에는 간식거리가 늘 밀려 있었다.

할아버지께서 손에 약도 발라 주시고 박하사탕도 주셨음을 듣고 환하게 웃으시던 아버지였다. 그러한 아버지를 노엽게 했으니 내 마음이 오죽했으랴. 차라리 크게 꾸중을 하시든가 매를 때리셨으면 후련하겠는데 거기에 대해 한마디도 없고, 나 역시 아버지를 피하다 보니 서먹서먹해졌다.

그런 일이 있은 지 얼마 후에 서울에 갔다 오신 아버지 가방 속에서 내 꽃신이 나왔다. 내가 사촌언니 꽃신에 해코지를 한 것에 대해서는 언급을 피한 채.

그 신발을 사랑땜도 하기 전에 잃어버렸으니, 어떻게 집에 들어갈 용기가 나겠는가! 아버지 뵐 면목이 없어 망연히 서 있었던 것이다.

비온 뒤에 텃논 도랑물이 넘치도록 내려갈 때 아이들과 어울려 물고기 잡으러 가면서 그 꽃신을 신고 간 것부터가 잘못이었다.

한솥밥 먹는 '기순'이가 등불을 들고 나를 찾으러 와서야 못 이긴 채 따라왔다. 정작 꽃신을 잃었을 때는 사촌언니 신발에 해코지를 했을 때처럼 아버지의 노여움을 사지 않았다.

지금도 나는 신발을 잃고 애태우는 꿈을 꾼다. 날은 저무는데 망망하게 서서 석양빛을 받고 있던 어린 내 모습과 사촌언니 신발에 심통 부리는 것을 보시던 아버지의 눈빛이 선명한 꿈을….

마을 애들 신발과 같은 검정 고무신을 내게 신게 한 아버지의 뜻을 이제야 알 것 같다.

임남희 집사님

늦은 밤에 낯선 목소리의 남자한테서 나를 찾는 전화가 왔다. 나보고 누나라고 하는 그를 알아내는데 한참이나 걸렸다. 그는 고향 마을에서 좀 떨어진 '반월리'라는 곳에 살면서 우리 마을에 있는 장신교회에 다니던 강남길이란 사람이다. 그는 안부도 묻기 전에 대뜸 임남희 집사님 생각이 간절해서 갑자기 전화를 했다고 한다. 임남희 집사님은 댁호(宅號)가 하동이고 나의 넷째 숙모님이 되는 분이다. 타계하신 지 35년이 지났지만 그분을 아는 사람마다 가슴속에는 지금도 살아 계신다.

그는 자기 아내가 천주교 신자여서 지금은 자기도 성당에 다닌다고 한다. 그가 지금까지 개신교와 천주교에서 수많은 신자를 보았지만 임 집사님 같은 믿음과 양심과 이웃사랑을 본 적이 없다고 하며 그런 분을 성인 추대를 해야 한다고 혼잣말처럼 하고는 전화를 끊었다. 성인 추대라는 말은 처음 듣는 말이다. 천주교회의 그런 의식이 있나보다.

그 숙모님 젊은 날, 시동생 되는 분, 즉 나의 다섯째 숙부님이 손바닥만한 전단을 주면서 "하동 형수님. 이걸 보시면 깜짝 반길 거요." 하더란다. 거기에는 '돈지'라는 곳에서 부흥회가 열린다는 내용이 들어있었다. 숙모님이 큰댁에 함께 살 때여서 다른 여자 같으면 엄두도 못 낼 일을 계획했다. '내 기어코 부흥회에 가리라'고. 큰댁은 울안에 여러 채의 집이 빙 둘러있는데다 사랑대문으로 나갈 수도 없고, 안대문 또한 보는 눈이 많아 몰래 나가지 못하고 발만 동동 거렸다. 궁리 끝에 뒤뜰 언덕에 쪽 울타리가 있고 옆집 친척 댁과 음식그릇이 드나드는 구멍이 컸던지 그 구멍으로 나가게 되었다는 이야기를 해 주셨다.

돈지라는 마을은 배 타는 어부들이 사는 마을이다. 배 타는 사람은 말이나 행동이 거칠어 남자들도 상종을 꺼리는데 하물며 젊은 여자가 그것도 기와집* 넷째 며느리가 혼자 그 곳에 간다는 것은 꿈도 못 꿀 일이다. 하지만 통도 크게 숙모님은 바닷바람을 치마폭에 담으며 물어물어 돈지를 찾아갔고 부흥사 일행을 데리고 왔다. '타요한'이라고 불리던 미국 선교사와 '쿠부인' '판부인'이라는 두 서양 전도부인을 대동하고 보무도 당당하게 들어온 것이다. 쿠부인이나 판부인 같은 칭호는 원래 성의 첫 자에 '부인'을 붙여서 편의상 그렇게 썼단다.

그 시대는 내외가 철저해 외간남자는 쳐다보지도 못하던 때인데 웬 서양남자까지 동행해 왔으니 기가 찰 노릇이었다. 느닷없는 사건

* 기와집: 큰 댁 기와집은 지은지 260년이 넘어 부안에서 가정집으로는 가장 먼저 생긴데다 그 자손이 대대로 살고 있어 장신포 기와집으로 통한다.

에 모두 놀랐지만 조부님께선 품이 크셨던지 넷째며느리를 특별히 사랑하셨던지 그들을 받아들였다. 타요한 목사가 한국에서 포교(布敎)를 하는데 바둑을 배우면 도움이 된다고 알았던 모양이다. 타 목사는 할아버지와 첫 대면에 바둑을 두는 것으로 접근이 순조로워진 것이다. 어색함이 좀 가시자 "야소교(예수교)의 진리를 설명해 보시오." 라고 할아버지가 물으셨고 선교사가 서툰 한국어로 답변을 시작하자 귀를 기울이셨다.

숙모님은 그 이전에 이미 기독교에 물이 들어있었다. 당신이 병이나 전주 예수병원에 입원을 하였고 그때 아침마다 듣던 찬송에 매료되었다. 고향에서 20리 거리인 상서면 용서리라는 곳에 예배당이 있다는 소문을 들었다. 교회라야 허름한 집에 몇 사람이 모여 예배를 드리는 곳이다. 숙모님은 그때부터 주일마다 빠짐없이 다녔다.

아들만 여섯에 딸이 없었던 조부님께선 넷째며느리가 상냥하고 영민할 뿐 아니라 효심이 남달라 딸처럼 여기셨나보다. 또한 애를 못 낳는 며느리를 안쓰러워 하셨다. 그러기에 멀리 있는 교회에 다니는 것을 허락하시며 남자를 만나거든 얼굴을 가리라고 커다란 부채를 내어주시는 등 파격적인 배려를 해주셨으리라.

하지만 마음은 편치 않으셨을 것이다. 젊은 며느리가 혼자서 익숙지 못한 신교를 믿는다고 나다니고 있으니 남의 이목도 맘에 걸리는 일이어서 마을에 교회를 짓게 하셨다고 한다. 선산에서 아름드리 나무를 베어 주고 터전을 내주어 이윽고 장신교회가 세워진 것이다. 그때가 해방 직후였고 하서면에서는 처음 생긴 교회였다.

유교로 탄탄히 다져진 완고한 반가(班家)에서 신도가 나오리라고,

그 마을에 교회가 생기리라고는 아무도 예측하지 못했는데, 한 여인에 의해 이루어진 셈이다. 하동 숙모님은 분가를 했고, 교회를 지어 자리 잡힐 때까지 목사님과 두 전도부인이 함께 지냈다. 먼 곳에서 사는 여자들도 교회에 나왔는데 대부분 점심을 먹기 위해서였다. 처음엔 그렇더라도 나중에 믿음이 생겨 자기 마을에 교회를 세운 이도 있다.

선교사들도 떠나고 교회 청소에서부터 불 켜고 종 치는 일 모두를 숙모님이 맡았고 교회 손님이나 전도사님 접대도 그분 몫이었다. 뿐만 아니라 기도와 설교 또한 숙모님이 감당할 수밖에 없었다. 숙모님은 원래 학구적이어서 늘 책을 가까이 하였고 똑똑한데다 목소리까지 낭랑해서 설교도 매우 잘 해내셨다. 그래저래 장신교회 임남희 집사님은 유명해진 듯싶다.

뿐만 아니라 6·25가 터지고 흉년이 들었을 때 떠돌아다니는 애들을 거두어 주고 그들이 자라서 떠나고 싶을 때 떠난 애들이 몇이었던가. 그래서 형편은 점점 어려워져 고단한 삶이 계속되었다. 그런 여건 속에서도 숙모님은 항상 화평한 얼굴에 기쁨이 넘치는 표정을 지닐 수 있었던 것은 무엇 때문이었을까.

어느 겨울에 놀라운 일이 생겼다. 이웃 마을사람이 눈밭에서 포대기에 싸인 아기를 주워왔다. 주성이라고 이름 지어 당신 아들로 올린 것이다. 하나님이 주신 선물로 알고 동냥젖과 미음으로 애지중지 키우셨다. 하지만 그 아이가 정성을 들인 만큼 자라주지 않아 마음 걱정 또한 이만저만이 아니었다.

그 숙모님에 대한 나의 첫 기억은 그분의 따뜻한 등에 업혀 교회에 갔던 희미한 영상이다. 아버지께서, 사람에겐 가정교육과 학교교육도 중요하지만 참된 인성을 형성하는데 어려서부터 종교교육이 필요하다고 하며 내 옷고름에 연보 돈을 묶어서 숙모님 딸려 교회에 보내셨다. 그처럼 일찍 시작한 내 신앙은 중간에 쉬는 등 진전이 없어 부끄러울 따름이다.

밤에 전화를 한 그는 말한다. "임 집사님은 너른 교회 바닥을 유리알처럼 닦고 종치는 시간은 얼마나 정확한지 몇 동네 시계 역할을 했지요. 그리고 바닷가 오막살이에 사는 재선씨 집에 양식이며 옷가지를 가져다주는 것도 여러 번 봤어요. 집사님께선 부족한 가운데서 베푸셨으니 더 값진 것 아니겠어요." 그는 한 마을에 살지 않았는데도 실에 꿰듯 오롯이 새겼다가 돌아가신 지 오래된 지금까지 아름답게 기린다.

임남희 집사님은 당신 혈육이 없는 대신 많은 사람의 어머니시다. 모성애를 폭넓은 인간애로 되돌린 셈이다. 그분의 생애는 오직 하나님을 향한 믿음과 이웃사랑과 교회 관리에 일생을 바쳤다. 그런데도 그 흔한 권사 직분도 받지 못하고 수십 년 간 집사로 생을 마감하셨다. 숙모님이 병이 나서 내가 한 달 반 동안 간병을 했는데 방 윗목에 죽그릇이 즐비했다. 이웃 마을 멀리서까지 흑임자(검정깨)죽, 녹두죽, 팥죽, 흰죽 등 떨어질 새 없이 쑤어왔다. 어떤 이가 굴죽을 가져왔을 때 "나를 생각해서 추운 날 차가운 바닷물에 손 담그고 까온 굴에, 그 집은 쌀이 떨어질 때인데 좀도리 쌀을 쏟아 쑤어온 죽일 것이다" 고 목매어 하시며 죽 그릇에 쌀을 담아 주라는 말씀도 덧붙이셨다.

3월 1일 숙모님께선 내 무릎을 베고 누워 한 많은 삶을 마쳤다. 교회를 맡길 사람도 없고 키운 아들도 철이 안 들었는데 어떻게 눈을 감으셨을까. 숙모님이 돌아가시자 교회도 다른 곳으로 옮겨갔다. 교회가 떠난 자리는 황량함 바로 그것이었다. 그 교회를 어떻게 세웠고 지켜왔는데 숙모님 영혼이 아신다면 어떠하실까. 하지만 하나님의 섭리는 오묘했다. 숙모님 젊은 날 편지 심부름을 하던 큰언니가 친정으로 돌아와 다시 교회를 세워 믿음의 활기가 되살아나고 있다. 뿐만 아니라 수많은 질녀들이 다 믿음의 가정을 이루고, 당신 혈육의 자손은 없지만 신앙의 자손들은 번성해 수많은 열매를 맺고 있다. 임남희 집사님의 썩은 밀알 덕이다.

강남길의 전화를 받고 내 사랑하는 숙모님이 그리워 마음 물살이 일렁인다. 입속으로 가만히 불러본다. 작은 어머니….

3.

봄의 소리

내가 그린 그림

중세에 어떤 화가가 자기의 피를 섞어 그린 그림으로 수많은 사람에게 감동과 생기를 주었다는 일화가 있다. 자기의 일에 최선을 다한 그 화가처럼 내 삶에 열성을 쏟았다면 지금쯤 조금은 빛이 나지 않았을까.

나는 본래 그림 그리는 데 소질이 없다. 그러나 남의 그림을 감상하는 건 좋아해서 전시관이나 미술관을 즐겨 찾는다. 내가 그림을 못 그리는 것은 부끄럽지 않으나 걸어온 발자취가 새겨낸 그림이, 내놓을 만큼 아름답지도 자랑스럽지도 않음은 부끄러울 따름이다.

지금까지의 삶 속에서 얼마나 고뇌하며 진지하게 살려고 했었는지 자신이 없다. 몸이 있는 곳에 마음이 함께 있는 전인적 삶보다 몸과 마음이 분리된 삶을 살았다면 어찌 진실한 삶이라 할 수 있을 것인가.

10대에는 고호의 해바라기같이 뜨거운 열정으로 살고 싶었다. 20대엔 달리의 자기 주관적인 화풍처럼 타인의 이해는 안중에도 없이 내 고집에 집착하려고 했다. 30대엔 선명한 색채와 환상적인 구도의 르동 그림같이 화려한 인생이 되길 원했다. 그 뒤로는 깊이 있고 은은한 향기가 밴 묵화 같기를 바랐지만 이제 돌아보니 이것도 저것도 아닌 꼴이 되고 말았다. 지우개 달린 연필로 그렸다면 지우고 다시 그리고 싶다. 그러면 좀 더 정성을 다해 그려볼 수 있을 텐데 한 번뿐인 인생이니 어찌하랴.

잘 살았든 잘못 살았든 나는 내가 살아온 길의 주인공일 뿐, 벗어날 수도 떼어버릴 수도 없는 노릇이다. 이게 연극이었다면 그 동안 역할의 모습을 지워버리고 본래의 모습으로 돌아올 수 있을 것이다. 하지만 나에게, 아니 누구에게나 딱 한 장만 주어진 백지 위에 자기가 그린 그림은 그것이 좋든 나쁘든 자기만의 책임이니 어쩔 수 없는 일이다.

다만 남의 흉내를 낸 그림이 아니라 나름대로는 나만이 그릴 수 있는 그림이기를 바랄 뿐이다. 나무도 꽃도 열매도 자기식 대로 누구를 닮으려 하지 않고 서로 다른 색깔과 모양과 향기가 있지 않은가. 각기 개성이 다르기에 돋보이고 옆에서 받쳐주기에 고유한 의미를 지닌다는 진리를 깨닫는 나이가 된 것 같다.

모든 불행은 자기와 남을 비교하면서 생겨난다고 한다. 나의 특성을 살릴 생각은 않고 남의 그림과 다르다고 투정을 했었다. 내가 걸어온 길, 생활과 일, 이상과 취미, 고통까지도 가장 나답기를 거부하고 남을 닮으려고 분별없는 욕심을 가지진 않았던가. 지난날은 어리석음이었다. 이 어리석음을 앞으로도 반복하게 될지 모를 일이다.

지금까지 그린 그림을 보고 있노라면 마음에 들지 않아, 깨끗한 흰 도화지 한 번만 더 내 앞에 놓일 기회가 주어졌으면 하고 부질없는 생각을 할 때도 있다. 그렇다고 반절이 넘게 그린 그림을 어쩔 것인가. 이미 그린 그림에 회의하기보다는 지금부터라도 어떤 아름다운 부분을 첨가하여 곱게 꾸미도록 노력하면 어떨지….

처음에 아무리 스케치가 잘 된 그림이라도 나중에 마무리가 잘못되거나 색칠을 잘못해서 망치는 수도 있다. 하지만 처음엔 비록 서툰 그림이라도 유년의 바탕 그림 위에 포개어 수정하고 끝손질을 깔끔하게 하여 조화로운 색칠을 할 수만 있다면 쓸 만한 그림이 되지 않을까 하는 생각으로 위안을 삼아 본다. 그림 속에 비친 나의 초상을 바라보며 가장 나답게 살고 있는 생인가를 씁쓸한 마음으로 유추해 보는 것이다.

<月刊 에세이>

유리병 속의 시간

투명한 2홉들이 패트병 몇 개에 종자(種子)용 알곡이 각각 들어있습니다. 그 속에는 나의 시간과 씨앗의 시간이 함께 숨 쉬고 있답니다. 내 시간은 지나간 시간이고 씨앗에게는 다가올 시간이지요. 날이 갈수록 나의 시간은 가라앉고, 씨앗의 시간은 들떠가고 있어요. '겨울이 오면 봄도 멀지 않으리'라는 셸리의 시구처럼 봄이 가까워지고 있는 까닭입니다.

처음 밭을 부치던 해에 콩 한 두럭을 심었습니다. 밀레 전시장에서 본 그림에는 농부가 천천히 밭고랑을 걸으며 씨앗을 한 주먹씩 훌훌 뿌려도 땅에 골고루 떨어지던데 나는 그럴 재간이 없어 심었답니다. 심을 때 햇살 한 줌도 따라들어 갔습니다. 앞집 할아버지가 콩은 까치와 비둘기를 잘 지켜야 한다고 합니다. 작년에는 예닐곱 마리이던 것이 오류동에서 시누 동생 다 불러와 열 마리가 넘더니 올해는 새끼를 쳐서 떼로 와 콩밭 망치는데 순식간이라고 귀띔해 주더군요.

드디어 콩 자체가 떡잎이 되어 나오는데 까치가 그것을 노립니다. 콩의 생명인 첫 잎을 새로부터 보호하려고 완두콩 마른 줄기로 숨기느라 골몰해 있을 때 기척도 없이 남편이 옆에 와 있었습니다. 내가 감추고 있는 것을 까치가 나뭇가지에서 내려다보고 있어 들켰으니 포기하라고 합니다. 남편은 춘천에서 근무하므로 주말에 집에 옵니다. 집안을 꾸미고 맛있는 음식 해놓고 맞이할 준비는커녕, 밭에 마음도 몸도 뺏긴 아내를 찾아 나왔나 봅니다. 내가 집에서 나올 때는 밭에 있는 식물들과 눈인사만 하고 남편 오기 전에 돌아오려 했으나 그것들에 붙잡혀 남편 오는 날도 잊고 맙니다. 다른 여자들은 늙지 않게 보이려고 마사지를 한다는데 무슨 보물이 나오기에 허구한 날 밭에서 산다고 남편은 언짢아합니다. 이렇게 시간과 공력을 들인 완전 무공해 식품을 어디서 구하며 이처럼 소중하게 기른 것을 나누는 즐거움을 그가 알지 못할 것입니다. 남편도 퇴직 후에는 속도와 경쟁에 지친 심신을 대지에서 안식을 찾으며 씨앗의 소망을 따르겠지요.

억압과 통제의 사슬인 울타리, 혼(魂)도 가둔다는 철조망 울타리를 겁도 없이 넘나드는 덩굴들, 학명이 '한삼덩굴'이라는데 그건 도둑을 '양상군자'라고도 하는 것만큼이나 과분하고, 흔히 깔깔이풀이라고 하는 이름이 격에 맞는다고 생각합니다. 돌보지 않아도 어찌 그리 기세가 시퍼런지 영역확장에는 선수여서 덩굴 콩과 호박덩굴이 뻗어갈 자리까지 점령합니다. 껄끄러운 덩굴손이 얼마나 사나운지 식물이라기보다 동물처럼 느껴진다는 이도 있습니다. 호박덩굴도 넓은 잎사귀와 굵은 줄기로 인해 그리 만만해 보이지 않아서 상대적으로 덩굴 강낭콩이 빈약하고 순해 보이지만 뻗어나가며 감는 재주는 결코 뒤지지 않을 듯, 이 세 가지의 경쟁이 치열합니다. 농부는 방해꾼인 깔깔이 풀에게 눈을 흘기고 울타리 콩에게 응원을 하며 힘을 실어줍니다. 그 억센 적 틈에서 본성에 충실하여 열매를 남기는 콩, 탱탱하게 알이 찬 울타리 콩을 쌈지째 꼬투리에서 따는 기쁨은 행복을 손으로 생생하게 만지는 순간입니다.

쳇바퀴 같은 일상에 진저리가 날만도 한데, 살아 있는 생명을 상대해서인지 밭에서 하는 일은 질리지 않습니다. 비 오는 날 집에 있으려니 몸이 찌뿌드드하고 비를 맞는 식물들 모습이 궁금해 오금이 저립니다. 부지런한 농부들은 벌써 밭에 나와 참깨모를 솎고 있습니다. 앞집 할아버지는 깨 모가 비를 맞고 방실방실 웃는다 하고, 31호 아저씨는 고추 모가 너울너울 춤춘다고 하는데, 26호 할머니는 "사람이 아무리 애써도 소용 없어유. 하나님이 도우셔야지." 합니다. 모두들 흡족한가 봅니다.

골라 세운 참깨가 나붓나붓 생기에 찬 모양이 참 보기 좋군요. 나도 그렇게 키울 수 있을지. 새로운 일에 대한 소망이 불을 지핍니다.

다음 날로 씨를 뿌렸습니다. 비가 자주 찔끔거려 하루가 다르게 자랍니다. 멍석만한 깨밭에 날마다 정성을 쏟았습니다. 곡식은 농부의 발소리를 듣고 자란다던가요. 앞집 깨만큼 어금버금 따라가고 있습니다. 깨를 심기에는 너무 늦다고 말리던 이들이 이제는 깨 농사 잘 되었다고 칭찬을 합니다. 정성들여 가꾼 것은 마치 내 자식 같고 내 작품 같아 찬사를 들으니 기분이 좋습니다.

오래 전 홍수가 났을 때 일입니다. 남편과 나는 우리가 살고 있는 아파트 일층집 짐을 올려주고, 예전 이웃이던 지민이네와 재수네 집이 일층 양쪽에 살고 있어 중학생인 두 아들애를 재촉해서 그 곳으로 보냈습니다. 집집마다 퇴근 전이어서 여자들만 발을 동동거리고 있을 때 학생 둘이 와서 살림을 건질 수 있었다며 칭찬이 자자했습니다. 부모가 시킨다고 오물이 뒤섞인 물이 목까지 차는 곳을 건너와 궂은일을 마다않는 애들이 요새 어디 흔하냐고 하며 '아드님들이 반듯하게 잘 자랐네요.'라는 말을 들었을 때나, 어쩌다 문우로부터 어디에 실린 내 글이 살아있는 글이어서 또는 감칠맛이 있어 좋더라는(지나가는 말인지는 모르지만) 말을 들을 때, 내가 애착을 갖고 심어 가꾼 것이 칭찬을 들을 때가 별반 다르지 않습니다.

이렇게 정성껏 지은 참깨로 만든 깨소금을 우리만 먹기에는 아깝다는 생각이 듭니다. 참깨의 바람은 또 다를 것입니다. 어떻게 하든 선택된 알갱이로 채워지는 병 속에 들어가 종자가 되기를 염원할 테니까요.

옥수수 씨가 담겨진 병은 세 개입니다. 가지색과 흰색이 섞여진 것이 자잘하고 쫀득쫀득한 맛이 일품입니다. 그 찰옥수수가 사돈의 사돈댁에서 씨앗에 날개 달고 멀리 대구에서 두 다리 건너 사돈집까지 거리낌 없이 잘도 건너 왔습니다. 또 한 가지는 31호 아저씨가 준 늦은 옥수수인데 이것을 거두려면 참을성이 있어야 합니다. 영그는데 어찌나 느릿짱을 피우는지 가을 내내 햇빛을 야금야금 받아가며 긴 시간을 두고 바람을 쐬고 맛을 들여가면서 여물어서 그럴까요, 맛이 기막힙니다. 그리고 밭 울타리 밖에서 어떤 아낙이 주먹을 울 사이로 불쑥 내밀어 강원도에서 가져온 옥수수인데 자기네 심고 남은 것이라고 하며 건네 준 것입니다. 그 옥수수는 대가 실하더니 옥수수도 팔뚝 만하게 열렸습니다. 그것을 따자마자 아무 것도 넣지 않고 찐 맛이 찰옥수수 못지않더군요. 톡톡 여문 옥수수가 입속에서 터질 때 묘한 맛을 느끼며 그게 바로 순수한 맛이란 걸 알았습니다.

남편은 옥수수를 참 좋아합니다. 하루 세 끼 옥수수만 찾기도 합니다. 옥수수 먹을 때만은 밭농사 짓는 것을 탓하지 않습니다. 나는 그때를 놓칠 세라 '내가 옥수수를 심지 않았다면 금방 따서 찐 옥수수 맛을 어떻게 보겠느냐'고 생색을 냅니다. 옥수수 씨를 많이 두었다가 이 농장에서 밭을 부치는 여러 사람과 고향에도 많이 퍼뜨렸습니다. 울 밖에서 그 여인이 씨앗을 나누지 않았다면 그처럼 널리 퍼져 나갈 수 있겠어요. 그래서 씨앗을 나누지 않는 인색한 사람과는 상종을 말라는 말이 있나 봅니다. 이렇듯 모든 생물은 우성 유전자에 의해 오래 이어갈 것이고 널리 퍼져 나갈 것입니다. 이 종자들의 꿈도 바로 그런 것이 아니겠어요. 꿈은 관념이 아니고 실존일 수도 있으니까요.

병마다 각기 다른 얘기가 지나간 시간 속에 들어 있는 것을 틈틈이 끄집어내어 펼칩니다. 아무리 덜어 내어도 줄지 않습니다. 지난 시간에 들어있는 기억들이 살아있는 한, 겨울에도 나는 밭에 머물러 있는 셈입니다.

씨앗을 담아놓는 병은 장식이 되기도 하기에, 같은 크기의 보기 좋은 유리병을 몇 개 구해서 바꾸려고 합니다. 봄에는 병마다 비우느라 바쁘고 가을에는 병을 채우기에 여념이 없습니다.

유리병 속의 씨앗은 기다리는 시간이고 내게는 기억하는 시간이 되겠지요.

<계간수필> 2005년 봄

봄의 소리

아침 집안 일이 대충 끝나면 음악 감상을 하며 신문을 읽는다. 하루 중 나만의 시간과 공간을 향유할 수 있는 이때가 가장 오붓하고 느긋한 시간이다. 마침 라디오에서는 여러 가지 봄의 소리를 들려준다. 시냇물 흐르는 소리, 골짜기에서 들리는 빨래 방망이 소리에 이어 새들의 지저귐을 선두로 강아지들이 낑낑거리고 병아리의 삐약거리는 소리에 염소와 송아지의 울음소리, 이 모든 소리가 봄의 소리로 다가와 생명체의 활기로 되살아났다.

한 동안 잊고 있던 이런 소리를 들음으로 해서, 아직 내 마음의 남창(南窓)을 열지 않아 겨울 속에 갇혀 있던 의식들이 화들짝 깨어나 봄 마중을 나간다. 이 소리들을 모두 녹음했다가 식구들에게 들려줄 것을. 봄의 소리로 애들 아침잠을 깨우면 신선감을 주지 않을까. 아이들이 방바닥에서 등을 떼기 싫어할 때, 또 달콤한 늦잠의 끝자락을 놓치고 싶지 않아 안타까워 할 때, 이 같은 자연의 소리, 동물의 소리를 들려주면 좋을 것 같다. 아침마다 지겹게 듣는 엄마의 소리가 아닌 신선한 소리에 기분 좋게 일어날 것이 아닌가. 녹음할 기회를 놓친 것이 아쉬웠다.

내 어린 날 아침잠을 깨우던 큰아버지의 글 읽는 소리는 지금도 청량감으로 생생하다. 큰댁에서 잘 때는 내 스스로 잠을 깨거나, 누가 깨워서가 아닌 청정하게 들리는 글 읽는 소리였다.

백부님은 멀리서 보아도 알 만큼 인물이 훤하고 풍성한 수염으로 하여 인자함과 위엄을 함께 갖추셨다. 인품뿐만 아니라 학문도 뛰어나시고 생각도 행위도 반듯한데다 선을 베푸셨기에 많은 이로부터 와룡 선생이라 불리며 존경을 받는 분이다. 그렇기에 그 지방 학교에서는 교장선생님이 학생들에게 교훈을 할 때 큰아버지의 함자를 자주 들먹였던 것이다. 그 분이 열세 살에 장가드실 때 가마가 주점에서 쉬는데 기생들이 나와서, 어린 신랑이 이쁘기도 하다며 손을 어루만지자 고운 모습과는 달리 무게 있는 목소리로 어허 이 무슨 해괴한 짓인고 물러서라 — 이렇게 준엄하게 나무래서 주위 사람들을 어리둥절하게 했다는 백부님 목소리는 결코 크지는 않지만 쉽게 흘려들을 수 없는 그 무엇을 내포하고 있었다.

백부님께서 새벽에 읽으시는 글은 따로 정해져 있다. 「覺眞觀」이라는 글인데, 자신을 돌아보며 참마음으로 깨닫고 새날 하루를 올곧게 살기를 바라는 뜻으로 읽는 글이다. 먼동이 틀 무렵이면 바깥사랑채로부터 새벽을 여는 글 읽는 소리가 새어 들어와 ㅁ자로 둘러 있는 집안을 뱅뱅 돌며 온 식구들 잠귀를 트게 했다. 백부님 글 읽는 소리가 끝나는 시간이 식구들이 일어나는 신호인 셈이다. 이때부터 사랑대문이 열리고 안대문도 열리며 물 긷는 이, 마당 쓰는 이, 장작 패는 이, 여기저기서 생동감이 부풀어 났었다. 백부님 글 읽는 소리에 잠이 깰 때는 조금도 짜증이 나지 않았다.

나는 날마다 두 아들을 깨우는 일이 귀찮은 일 중의 하나다. 처음에는 애들의 방문을 열고 "애들아, 이제 그만 일어나라." 소리친다. 이 첫 번째 깨움에는 전주곡쯤으로 듣는지 꿈쩍도 안한다. 두 번째는 좀 더 강경한 소리로 "시간 다 되었다. 학교 늦겠다." 하고는 창문을 열며 호들갑을 떤다. 그러면 애들은 "5분만 더요." 애원을 한다. 별수 없이 물러나와 밥상을 다 차려놓고, 더 기다릴 여유 없는 막바지 시간 앞에 내 목소리는 더 톤을 높여 이름을 부르고는 이불을 제치면서 시간을 앞당겨 말하며 엄포(?)를 놓는다. 그제서야 마지못해 일어나면서 엄마가 야속하다는 표정을 짓는다. 빨리 일어나기를 바랄수록 마음이 급할수록 깨우는 목소리는 커지는데 그게 오히려 거부감을 주어 역효과를 가져오는 것은 아닐는지.

이제 아침잠을 깨우는 일이 성가셔서 아무래도 방법을 달리 해야 할 것 같다. 지각을 하거나 학교를 못 가거나 스스로 책임지도록 일체 깨우지 않고 맡겨둘까 생각해 보았지만 그것도 내 용기로는 어려운 일이다. 백부님처럼 글 읽는 소리로 깨우지 못할망정 계절 따라 음악이나 시를 녹음했다가 들려주어야 하려나 보다.

그렇다. 요새는 비발디의 사계 중에서 「봄」, 슈만의 「교향곡 1번 봄」, 베토벤의 「바이올린 소나타 5번 봄」, 스트라빈스키 발레음악 「봄의 제전」 등 이런 곡들이면 좋겠지. 이 음악들이 싫증날 즈음이면 「봄 처녀」 「봄이 오면」 「사우(思友)」 등 우리 가곡을 들려주면 좋으리라.

또 이렇게도 해볼까? 조용한 목소리로 하나님께 기도를 드린 뒤 귀에 대고 사랑한다고. 그리고 부지런하면 크게 성공할 사람이라고 속삭여 줄까. 어쩌면 큰 목소리로 깨우는 것보다 효과가 있을지도 모르니까….

남태평양 솔로몬 군도의 어떤 마을에서는 나무가 너무 커서 도끼로 쓰러뜨릴 수 없을 때 사람들이 새벽이면 나무에 대고 갑자기 목청껏 고함을 지른다. 이렇게 한 달쯤 되풀이하면 나무는 죽어서 쓰러진다는 것이다. 고함소리가 나무의 영혼을 죽이기 때문이라고 한다.

로버트 폴검은 이 얘길 소개하면서 지팡이나 돌은 사람의 뼈나 망가뜨리지만 큰 목소리, 거친 말은 사람의 마음을 망가뜨린다고 했다. 그 말이 나 자신을 깨우치며 진솔하게 마음에 와 닿았다. 이제부터 좀 더 낮은 목소리, 다정한 소리, 사랑스런 소리 내는 연습을 해야 될 모양이다.

봄의 소리는 아주 작은 소리로부터 시작된다. 생명의 숨소리도, 얼음이 스스로 풀리는 소리도, 겨울잠을 자고 깨어나는 소리도 그렇다. 봄의 소리는 여름의 천둥, 폭풍, 파도소리같이 불안하고 위협적인 소리와는 다르다. 봄의 소리는 비록 작지만 그 속에는 무한한 가능성을 품고 뻗어날 힘이 숨어 있지 않은가.

이제 봄의 소리로 깨우기를 시도해 보리라. 나 또한 마음의 귀를 열어 자연의 작은 소리에 귀 기울여 볼 일이다.

<수필 공원> 1991년 봄

한 지붕 열 가족

멀지 않은 곳에 사시는 시댁 친척 어른을 뵙고 온 때는 화롯불을 쬐는 것처럼 따사롭다. 연립주택이나 다세대주택도 아닌데 한 울안에서 열 세대가 산다. 그렇다고 집이 큰 것도 아니다. 단층에 ㅁ자로 빙 둘러 방이 열 개가 있고 쪽마루가 방 앞에 이어져 있다. 공동변소가 구석에 있고 공동수도가 돗자리만한 마당 가운데 자리 잡고 있어 설거지도 빨래도 모두 수돗가서 한다. 이것이 그 집 구조의 전부다. 이렇게 구차한 집에 다녀오면서 마음이 넉넉하여짐은 어쩐 일일까.

친척 안어른께서 묵직한 주머니를 보이며 "질부 이것이 무엇인지 알아 맞추어 보소." 그것은 금붙이였다. 이게 몇 냥은 될 테니 이만하면 부자가 아닌가 하며 웃음을 가득 머금던 모습이 떠올라 돌아오는 발걸음이 한결 가벼웠다. 금붙이는 울안에 사는 여러 집에서 설쇠러 가면서 이 어른들께 맡긴 것들이다. 이것들이 결혼 예물로 받은 금가락지와 아기 돌반지가 대부분이다.

그들이 가진 것 중에서 가장 소중한 물건인 금붙이가 각각 이름을 달고 맡겨져 있었다. 여러 날 집을 비울 때는 금은 물론 어른 댁이 통장과 도장까지 보관하는 금고 노릇을 한다. 금이며 통장을 며칠간 소유한다고 해서 좋을 리 없고 오히려 부담스럽겠지만 하나같이 자기들의 귀한 것을 서슴없이 맡길 만큼 신뢰한다는 그 자체가 가슴 뿌듯하신 모양이다.

열 가구 모두 부엌이 없는 단칸방이어서 쪽마루 한쪽에 놓인 냉장고가 찬장이고 맞은편에 가스레인지가 있다. 그러니까 마루는 방에 드나드는 통로이면서 부엌의 기능까지 하는 셈이다. 산동네도 아닌 평지에 더구나 서울의 변두리도 아닌 곳에 이런 집이 있다니 뜻밖이었다. 이렇게 사는 삶이 얼마나 불편할까. 이토록 비참하게 살 바에야 농촌에서 사는 게 나을 텐데 무엇 하러 올라와서 이 고생을 할까. 공연한 안타까움에 푸념까지 나왔다.

남편과 두 아들 이렇게 네 식구인 우리 집에 방이 셋이어서 책 읽고 글 쓸 수 있는 서재 겸 내 방이 따로 없어 불만이었다. 이런 내 자신이 얼마나 사치한 생각이며 이기적이고 욕심이 많은가를 그 집에 갈 때마다 뉘우친다. 그리고 그들의 몫을 내가 뺏은 것은 없는가 하고 성찰해 보는 기회도 갖게 된다. 하지만 그들을 보는 측은지심은 나의 잣대일 뿐, 그들은 다행히 불편을 불행으로 연결시키지 않고 오순도순 이웃과 더불어 서로 희로애락을 공유하며 살아간다. 어쩌면 행복이라는 마술사는 풍요한 물질 속의 외로움보다 부족함 속에 숨어 사랑의 보자기에 싸여있는지도 모른다.

친척 어른 내외분은 울안에서 제일 연세가 많아 어른 대접을 충분히 받고 어른역할 또한 다 하신다. 다른 집은 거의 맞벌이를 하기 때문에 이분들이 집을 보고 애들도 챙기고 전기세며 수도세를 모아서 내준다. 뿐만 아니라 애들이 갑자기 아프기라도 하면 오밤중이라도 문을 두드려 어떻게 할 것인가 물어오면, 여러 자녀를 키운 경험으로 처방을 해주는 것이다. 그리고 음식하는 것이나 삶의 전반적인 것 모두 자문을 구할 때마다 산지식으로 성심껏 일러준다. 이를테면 대부 대모 노릇을 톡톡히 하는 셈이다.

그렇다고 이들이 어른들께 신세만 지는 것은 아니다. 조석으로 편찮은 데는 없으신가 들여다보고 칼국수만 맛있게 끓여도 갖다드리며 그분이 병이라도 나면 서로 약을 사오네 죽을 끓이네 이렇게 섬기니 따로 사는 자식 못지않다.

이들이 친척 어른과만 유대가 긴밀한 것은 아니다. 자기들끼리 돕고 정을 나눈다. 어쩌면 물질이 부족한 사람일수록 이웃과 어깨를 기대며 온기를 나눔이 힘이 된다는 지혜를 터득한 모양이다. 이렇게 열 세대가 사는 이 집은 화합의 장이요 인간의 냄새가 있는 곳이다.

노인들의 가장 큰 고통이 외로움이라고 한다. 그 어른들은 아홉 가족에 둘러싸여서 살며 이웃의 크고 작은 일들이 기다리고 있어 외로울 겨를이 없다고 한다. 거기다 원래 사람을 좋아해서, 친척들이며 마음 붙일 곳 없는 고향 사람들이 고향의 정이 그리우면 그 댁을 찾아오니, 늙음을 한탄할 틈이 어디 있겠느냐고 하신다.

울안 사람들의 말씨에서 원색 사투리가 세대 수 만큼이나 고향도 각각 다르다는 것을 금세 알 수 있다. 그러나 고향이 다르다는 것은 조금도 문제가 되지 않는다. 지방을 따지기 전에 가난이라는 공통분모가 그들을 동병상련으로 결속시킨 까닭이다. 그러고 보면 지역감정을 부추기는 자들은 권력자 정치인 기득권층의 소행일 뿐 그들에게는 무관한 것이다.

그 어른 댁에 가면 먹음직스런 반찬이 푸짐하다. 원래 안어른께서 음식솜씨가 좋은데다 울안 사람들이 손님 왔다고 가져온 반찬들이 밥상에 가득하다. 지난 설에도 옆방에서 식혜를 밥통에 가득 가져와 실컷 먹었다. 식혜도 안어른으로부터 배운 솜씨란다.

처음 그 댁을 방문했을 때 이렇게 협소하고 옹색한 생활도 있을까 하고 걱정스러워 보였는데 그 마음은 단번에 사라지고 이제는 그 댁에 자꾸 가고 싶어지는 것은 어찌된 노릇일까.

오는 설날에도 그들은 고향에 가면서 한 집에 한두 가지씩 지닌 금가락지와 반지, 저금 적금 통장을 맡길 것이다. 맡긴 통장의 숫자가 날로 불어나서 모두 부엌이 있고 방도 한 칸 더 있는 집으로 옮겨 가기를 바라는 그들의 꿈을 나도 함께 굴려 본다.

그 댁에서 돌아오면서 생각했다. 덩그러니 큰 집에서 살아도 눈치 보며 뒷방 신세로 소외당하는 노인도 많을 것이다. 비록 남남이지만 인정을 나누며 정답게 지내는 친척 어른과 부잣집 노인과 행복을 다는 저울의 눈금은 과연 어느 쪽으로 기울어질까 하고.

이번 설에도 두 노인이 주름진 얼굴에 웃음을 흠뻑 띠며 아홉 집 재산이 몽땅 들어있는 주머니를 흔들면서 "질부 올해는 더 무거워졌어." 하고는 당신 혈육의 재산이 불어난 것처럼 기뻐하며 보름달 같은 보람을 껴안을 것이다. 야박하기 이를 데 없는 서울 인심이라고 한다. 그러나 금보다 값진 인정과 믿음이 살아있는 한 아직도 서울은 살만한 도시라고 큰소리로 나팔을 불고 싶다.

<新東亞> 1993년 12월

초겨울 민들레

조간을 읽다가 너무나 어처구니없는 기사를 보고 뒤숭숭한 마음을 가눌 길 없어 밖으로 나왔다. 그런 일이 비단 이번이 처음은 아니지만, 그 때마다 남의 일 같지 않게 충격으로 느껴진다.

이제 수험생이나 그 가족까지 한바탕 몸살을 앓는 입시철이 다가온다. 벌써부터 성적부진을 비관해서 목숨을 던진 사건이 또 일어난 것이다. 그런 자식을 둔 부모의 마음은 어떨까.

울적함을 풀려고 아파트 뒤에 난 오솔길을 거닐었다. 어느새 잡초들이 여름날 그 싱그럽던 푸른빛이 탈진해져 누렇게 말라 있었다. 그런데 검불 속에서 노랑색 무엇이 언뜻 비친다. 가까이 가 보았다. 뜻밖에도 민들레꽃 세 송이가 피어있지 않은가. 그것은 경이로움이었다. 전혀 예기치 않은 때에 만난 민들레꽃이 새롭고 반가웠다.

민들레꽃은 봄에 피는 것으로 알고 있는데 지금은 초겨울이 아닌가. 어떤 미련이 남아 있기에 지지 못하고 초연히 피어 기다리고 있을까, 아니면 지각을 한 것일까.

그러나 남들이 필 때 한꺼번에 따라 핀 민들레는 눈길을 끌지 못하는데 이렇게 때 놓치고 꼴찌로 피워낸 민들레꽃 세 송이가 참 기특하게 보였다. 늦었다고 포기하지 않고 자기 몫을 다하지 않았는가. 인명경시 풍조는 남의 생명은 물론 자신의 생명마저 너무나 하찮게 여기는 게 탈이다. 공부에 자신이 없어서, 또는 사업실패로, 시부모님이 싫어서 농촌으로 시집간 것을 후회하고 등등 이런 이유로 한번뿐인 인생을 포기한다는 것은, 오죽했으면 하는 이해나 동정심보다는 가장 비굴한 패배자의 모습으로 지탄을 받을 수밖에 없을 것이다.

민들레꽃은 화려한 색채, 우아한 모양, 매혹적인 향기로는 사람들의 사랑을 받을 수 없다. 대신 끈질긴 생명력에 의지를 과시하듯 철도 아닌 꽃을 피웠는지, 아니면 언제까지 피울 수 있는가 스스로 시험해 보고 있는 중에 나에게 우연히 들켰을지도 모르겠다. 흰색 꽃의 향이 강한 것은 색으로 손님을 유혹하는 게 아니고 향으로 하듯이 민들레는 오직 끈질김으로 자기를 표현하는가 보다. 만일 생명력이 약하다면 보살핌을 받을지 누가 아는가. 어떤 여건에서도 무릇 제 힘으로 꽃 피우고 씨 맺어 번식하고 해야 할 일을 할 따름이다. 초겨울에 핀 민들레꽃을 보자, 민들레가 마치 의지와 인내에 있어서는 알파와 오메가를 다 함축하고 있는 것만 같았다.

지난봄에는 동료 학생이 전경에 의해 죽임을 당하자, 처음엔 그에 대한 분노와 항거로 자살을 했고, 나중에는 여기저기서 목숨을 던지는 일이 유행처럼 번져 온통 경악 속에 밀어 넣었다. 마치 죽음이 민주화나 자유화의 출구인 양 하나의 죽음이 또 다른 죽음을 유도해서 — 오 맑은 햇빛 너 참 아름답다. 무지개 색에 내 죽음 드러내면서 꽃처럼 지누나 — 이렇듯 죽음을 찬미하며 마치 축제 같은 회오리바람으로 몰아넣었다. 나치 히틀러 시대에 조국을 위해 죽는 것 장려하여 죽음을 미화했던 광풍처럼….

죽은 자는 영웅시되어, 일부에 의해 떠받들어지자 젊은 학생들에게는 동경의 대상이 될 만도 했다. 죽음으로 몰아붙이는 어떤 마법의 유혹이, 죽어야 흥미가 있고 되도록 많이 죽어야 힘이 나는 듯 뒤에서 조종하는 것이 아닐까 하는 의구심이 들만큼.

감정이 무딘 때문인지 웬만한 일에 감격이나 감동이 좀처럼 오지 않던 내게 초겨울에 핀 민들레가 나의 가슴을 흔들어 놓는 것은 무엇일까. 그 뒤로 민들레꽃이 있는 곳에 자주 가 보았다. 조마조마한 마음으로 내려갔다가 시들지 않았음에 안심하며 올라오곤 하였다. 그런지 며칠 후에 첫눈이 왔다. 문득 머리에 스치는 게 있어 급히 내려가 보았다. 첫눈을 만나려고 메마른 땅에서 목마름을 참으며 외로움을 견디었을까. 차갑고 지루한 긴긴 밤을 지새우며 가을을 보내고 겨울의 길목을 지키고 있었기에 첫눈과의 만남을 가질 수 있었으리라. 일찍 피었다 진 꽃들이 어떻게 첫눈을 알기나 하랴.

첫눈을 맞아들이고 만족한 듯 입을 다문 민들레꽃이 많은 생각을 끌어내게 한다. 죽는 자는 설사 정의를, 동지애를, 애족을, 혹은 억울함을 달리 풀 길이 없는, 절실함으로 귀한 목숨까지 내놓았다 할지라도, 인생 경험이 더 많은 이들에게는 공감은커녕 욱한 격정에 휘말린 철부지들의 무모한 행동으로 밖에는 받아들일 수 없었다. 그리고 어떤 이유에서건 생명을 그렇게 함부로 해도 되는 것일까. 그 길만이 최선의 선택이었을까. 자기목숨 자기 것이니 마음대로 해도 된다고 여긴다면, 그것은 오만이요 착각이 아닐지. 온통 자기 혼자만의 것이라기보다는 부모형제 친척 친구들에게도 자신과 연관된 몫이 따로 있을 것이다. 그들에게 상처 입히고 한을 안기는 것은 죄가 아닐까. 목숨이 주어졌을 때는 살아내는 데까지 사는 것이 자연의 순리요 인륜의 도리일 것이다.

열악한 환경, 최악의 조건에서도 꿋꿋하게 버티어내고, 결국 아름다운 결실을 맺어낸 자랑스러운 사람들을 주위에서도 어렵잖게 찾아 볼 수 있다. 그들이 순조로운 삶속에서 쉽게 이루어진 열매라면 그만큼 빛이 나지 않았을 것이다.

지난봄에 열병처럼 죽어 갈 때마다 거창하게 노제를 지내는 장면을 TV에서 보던 고등학생인 아들애가 "이름도 빛도 없이 살 바에야 어차피 한번은 죽는 것 저렇게 죽는 것도 괜찮다"고 하자, 그 동생 역시 "교통사고나 여러 가지 사고로 갑자기 죽는 이가 얼마나 많아. 그렇게 죽을지도 모르는데 저게 얼마나 근사해 영웅대접 받고" 그 말을 듣는 순간 가슴이 철렁 내려앉던 그때 일을 생각하면 아찔해진다. 하기야 나도 한때는 '자유로운 영혼이 부자유스런 육체에 갇혀 있다가 죽음으로 영혼이 해방된다' 는 철인의 사상에 심취해서 죽음의 수수께끼에 매력을 느끼고 얄팍한 유혹에 빠질 만큼 죽음을 낭만쯤으로 생각한 한심한 시절이 있었다. 그러기에 죽음을 찬미하는 듯한 분위기에 입맛을 다시는 아들애를 무조건 나무랄 일은 아니고 설득력은 부족해서 애를 태웠었다.

민들레꽃 못지않게 내 마음 깊숙이 인상에 남는 꽃이 또 있다. 어느 봄날 경복궁 민속박물관 앞에 있는 큰 못에는 손톱만한 노란색 꽃이 가득했다. 물속에서 나서 이런 모양으로 핀 꽃은 처음 보았다.

나와 동행했던 문단 선배님이 지나가는 사람에게 묻자, 수련과에 딸린 꽃이라고 한다. 그리고 연못의 수심이 2m가 넘는다는 것도 알려준다.

그 꽃들을 찬찬히 보았더니 수많은 꽃들이 낱낱이 손님을 맞아 잔치를 벌이고 있지 않은가. 고추잠자리보다 더 작은 게 어디서 그렇게 모여 들었는지 모르겠다. 물속에 뿌리를 박고 깊은 물속을 뚫고 뻗어 나올 때 얼마나 답답했을까. 그 긴 괴로움과 고난을 이기고 드디어 물 밖으로 목을 내밀어 꽃을 피우며 무척 대견했을 거라는 생각이 든다. 환경과의 싸움, 자신과의 싸움에서 승리한 쾌거가 아니고 무엇이랴. 기다림이 있었기에, 참음이 있었기에 지금 새 손님을 맞아 벌이는 향연이 더욱 값질 것이다.

뒤늦게 핀 민들레와 수련에서도 우리는 많은 것을 배우게 된다.

<창작수필>

마음에 심은 나무

어느 해이던가 봄이 되자 심지 않은 화분에서 웬 싹이 돋아났다. 영문을 몰라 조심스레 흙을 헤집어 보고 놀라지 않을 수 없었다. 그것은 밤이었다.

오래 전 젊은 날 당시 군인으로 전방에 다녀온 남편의 손에 두 되쯤 되는 밤이 든 봉투가 들려 있었다. 지금처럼 밤이 흔하지 않은 때 선물로 받은 알밤은 보기만 해도 소담스러웠다. 어린 두 아이에게 좋은 간식거리였다. 그중에서 굵은 것으로 열 개를 골라 화분 모래 속에 묻어 둔 것을 잊고 지냈다. 어머니는 무엇이 생기면 다 없애지 않고 요긴하게 쓰일 때를 대비해 조금 아껴둔다. 보면서 배운다고 나도 모르게 따르게 된 셈이다.

나는 보관해두었을 뿐인데 밤은 자기가 자라나라고 심겨진 것으로 착각한 모양이다. 물 한 모금도 얻어먹지 못하고 안간힘을 다해 싹을 틔웠을 것을 생각하니 대견했다. 하나의 생명으로 태어나는 몸부림 속에 온 우주가 담겨 있는지도 모른다. 마른 모래 속에서 고요히 생명의 꿈을 키우며, 나름대로 역사를 이루고 있음을 눈치 채고 가끔 물도 주고 마음도 주며 보살폈더라면 싹이 트고 자라기가 훨씬 쉬웠을 것이 아닌가. 싹이 한 뼘이 더 되게 컸을 때 아파트 앞뜰에 두 그루를 심어 놓고 오며 가며 들여다보고 자주 물을 주며 관심을 쏟았다. 하나는 아이들이 그랬는지 부러지고 한 그루는 탈없이 자라 몇 년 후 밤 몇 개가 열리던 해에 이사를 왔다. 떠나온 뒤에도 거기 살고 있는 옛 이웃들에게 밤나무 안부를 묻곤 하였다. 밤이 꽤 열려서, 밤나무가 심겨진 뜰에서 가까운 일층에 사는 이들이 밤을 까며 내 얘기를 했다고 들었다.

30여 년 전에 지어진 두 동 뿐인 아파트는 진작 헐리고 새 아파트 단지가 생겼으며 그곳 이웃들도 흩어져 밤나무의 행방을 알 길이 없다. 그 나무는 어떻게 되었을까. 누군가에 의해 다른 곳으로 옮겨 심어졌으면 그동안 많은 열매를 사람들에게 제공했을 것이 아닌가. 거기서 여러 해를 사는 동안 둘째 애를 낳고 두 아이의 어린 날을 보내면서 많은 추억거리가 있을 테지만 가장 오롯한 기억으로 그 밤나무가 자리잡고 있음은 어쩐 일일까. 내 손에 의해 한 자리를 차지하고 있는 생명이어서일까. 어쩌면 그 나무를 심을 때 내 마음에도 심었나보다.

그 밤나무가 어디에 있는지 알면 한 번 찾아가 그 나무에 열린 밤도 몇 톨 가지고 와 식구들에게 맛보이며 이렇게 이야기해 주고 싶다. '부평에 있는 아파트에서 살 때 밤 간수를 잘못 해 싹이 났고 그게 오히려 복이 되어 나무로 자라 수십 년 동안 좋은 열매를 맺었을 것이고, 그 때 밤으로 먹었으면 그것으로 끝나고 말았을 텐데 땅에 심어 이런 결과를 가져온 것이라고, 뿐만 아니라 나무를 심는 일은 가장 바람직한 흔적을 남기는 일'이라고.

처음 광명에 내 집으로 개인주택을 마련했을 때 손바닥만한 마당을 파고 포도나무를 사다 심었다. 식목일에 다섯, 여섯 살 난 두 아이를 앞세우고 꽤 큰 포도나무를 사서 리어카에 싣고 우리 네 식구는 보슬비를 맞으며 뒤에서 밀고 앞에서 끌고 와 심었던 일은 아주 아름다운 그림으로 새겨져 있다. 광명에서 멀지 않은 개봉동 원풍아파트에 이사 와 살 때 아이들은 초등학생이었다. 하루는 전에 살던 집에 가보겠다고 나갔다. 갔다 오더니 어깨가 축 처져 있었다. 포도나무가 잘 있는지, 포도는 얼마나 달렸는지 그것이 보고 싶었는데 포도나무는 물론 예전 집이 깡그리 없어지고 그 자리에 연립이 들어서 있다고 퍽이나 애석한 표정이었다. 포도나무를 사올 때나 심을 때 동참을 해서 그처럼 관심과 애착이 가는 모양이었다.

고향 집에 있던 나무들이 꿈에도 등장하고 고향을 생각할 때 옛 나무들도 가끔 딸려와 향수의 여행길에 끼어든다. 그 나무들은 내가 태어나기 전부터 있었고 매일 보고 함께 자라며 살았던 것이어서 가슴속 깊이 새겨져 있나보다. 여름날 잠에서 깨면 감나무 밑에 쫙 깔려있던 별 같은 노란 꽃을 치마폭에 주워 담던 일. 집 모퉁이에 있던 무화과 나무에 올라가 익은 무화과를 따다가 벌레에 쏘여 살이 붓고 아파서 괴로웠던 일까지도 고운 색채의 자국으로 남아있다. 무화과나무 옆에 있던 석류나무에 매달린 석류. 늦가을 벌겋게 익다 지쳐 껍질이 터진 주먹만한 열매. 그 속에 알알이 박힌 빛나는 홍보

석들이 보기만 해도 군침이 돌던 일들이 시간을 접고 공간을 뛰어넘어 이 먼 곳까지 따라와 메마른 정서를 적셔준다.

제자리에서 묵묵히 우리의 삶을 지켜보던 나무들 사랑 앞에 있던 키 큰 두 그루의 호두나무, 추자 겉껍질을 벗길 때 은행처럼 손이 간지러워 애먹은 일까지도 잊지 않았다. 오빠는 나무가 울안에 있는 것을 싫어했다. 잎이 떨어져 어질러진다는 이유에서다. 제대하자마자 추자나무 두 그루가 베어졌다. 기둥이 빠진 집처럼 허전하고 균형이 깨어졌다. 다음에 뒤곁에 있던 똬리 감나무 두 그루도 맥도 못 추고 무너졌다. 그 감나무는 많은 가지와 풍성한 잎으로 여름날 넓은 그늘을 만들어주었고 그 나무에서 웬 매미와 쓰르라미는 그렇게 울어대었는지. 대청에서 낮잠을 잘 때 오케스트라로 하모니를 이루어주었다. 거기에서 열린 감은 모조리 홍시용이다. 곳간에 있는 항아리에 짚 한 켜 깔고 감 한 켜 놓고 채워놓으면 홍시가 된다.

한겨울에 혀가 얼얼하게 차게 먹던 홍시 맛. 할아버지께서 하루에 한 번씩 집에 들르시고 겨울에는 그 홍시를 두 개씩 꺼내어 이가 시리지 않게 그릇에 담아 화롯불에 덥힌다. 찬기만 가시게 하여 드리면 수저로 떠 잡수시고 한 개는 남기신다. 그것은 내 차지다. 그 맛도 나무가 베어진 다음부터는 볼 수 없게 되었다. 앞마당 귀퉁이에 있던 큰 감나무에는 얼마나 많이 열리는지 샘 옆이어서 동네사람들이 많이 따먹어도 우리 차지가 더 많았다. 그 나무에 열린 감은 추석에 떫은 맛 우려내어 먹고 나머지는 곶감을 깎는다. 늦가을 밤에 감을 담은 광주리를 방 가운데 놓고 둘러 앉아 감을 깎는다. 밤마실 온 이웃이나 친척들이 합세해 방안이 감과 사람으로 그득하여 풍요로웠다. 분위기가 화기롭게 무르익어 갈 때 야참이 나온다. 무떡과 생호박 떡이 한 쟁반 나오면 누가 깎은 감 껍질이 길까, 누가 많이 깎았나 견주며 자기 것이 길다고 서로 우기던 말도 손에 든 칼도 모두 놓고 떡 쟁반에 손놀림이 바빠진다. 그 감나무에서 연 감에서 딴맛을 느끼게도 하는데, 첫서리 내린 뒤에 땡감으로 먹는 맛은 단맛과 떫은 맛이 어우러진 야릇한 맛. 입 안 가득 차는 듯한 떫은 맛 또한 별미였다. 그 나무가 세 번째로 베어지고 이어서 석류나무 무화과나무가 차례로 없어졌다. 드디어 우리 집은 나뭇잎 하나도 없는 말끔한 집이 되었다. 없어진 그 나무들은 꿈길로 찾아오고 추억으로 찾아온다. 나무들과 함께 살아갈 때 밥을 같이 먹지 않아도 한 식구나 진배없이 마음을 차지했었다. 마음에 심겨진 나무여서 그럴까.

상추 이야기

상추에 대한 아련한 추억이 있다. 음력 오월 오일 단오날이 오면 기억 속의 그 색채가 절기 위에 얹어져 다가온다. 나보다 열두 살 위인 언니는 풋 처녀였다. 단오 날 이른 아침 집 앞 남새밭에는 상추가 나붓나붓 자라고 있었다. 상추 잎에는 영롱한 이슬이 맺혀있고, 그 이슬을 언니는 털어 담았다. 이내 어머니도 그릇 하나를 들고 나오시며 "해가 곧 뜨겠다. 이슬 마르기 전에 어서 서둘러라." 하시고는 당신도 상추 이슬을 털어 담으셨다.

소녀였던 나는 관찰자가 되어 그 모습을 지켜보다가 작은댁에 내달린다. 언니 또래인 사촌언니 역시 상추 이슬을 털어 담고 있었다. 창포 우린 물에 머리를 감고 상추 이슬로 얼굴을 씻고 분단장을 한 언니들은 참 아름다워 보였다. 몇몇 언니들과 당고모들이 곱게 옷을 차려 입고 앞동산 언저리에 있는 소나무 몇 그루가 자리한 곳으로 가고 있다. 거기엔 그네가 매여 있었다. 나는 상추 이슬로 세수는 못 해봤지만 그네만은 수없이 뛰고 놀았다.

텃밭이 조금 딸렸다는 말에 솔깃해서 부르는 값 다 주고 이사 왔다. 내가 이곳으로 이사 온 뒤 상추를 두 두럭이나 심었다. 꽃상추에 초록색과 보라색상추가 어우러져 보기에도 좋았다. 처음 심어 가꾸는 서툰 손길임에도 절대자는 차별 없이 나를 농부로 받아주었다. 내 손으로 뭔가를 생산했다는 것이 스스로 대견했고 게다가 그것을 남과 나눈다는 생각에 시간 가는 줄 모르고 밭에서 살았다. 이웃에서 밭을 부치는 할머니도 한마디 거드신다. "상추밭은 화수분이여. 그렇게 뜯어내도 자고 나면 가득 채워지니." 바빠서 사흘만 놔두면 밑 부분은 몇 잎씩 누렇게 되어 떼어서 버려야 한다. 아깝지만. 상추는 자꾸 뜯어내야 싱그러운 잎이 돋아난다. 그냥 두면 영양이 더 이상 잎으로 갈 필요가 없어서인지 모든 에너지가 씨를 만드는 데로만 집약된다. 그래서 고동을 뻗으며 이파리는 좁아지고 뻣뻣해져 맛도 영양도 없어지므로 부지런히 따서 나누어 먹어야 오래 간다. 하지만 상추로 인해 너무 많은 시간을 버리지 않나 과연 그럴만한 가치가 있나 회의가 일기도 했다. 그러나 상추 덕에 다른 사람에게 나누어 줄 만한 것이 있어 마치 부자가 된 듯 했다. 또한 무공해 식품의 가치를 인정하는 추세라서 다행이라면 다행이다.

상추에 쑥갓을 곁들여 전달하는 일도 쉬운 일이 아니다. 처음에는 나와 가깝게 지내는 이, 알고 지내는 이, 이런 순서로 나누다가 한양대 박승권 교수님의 이야기가 문득 생각났다. 그분이 젊은 날, 미국 유학 시절의 일이다. 자취하면서 아르바이트 해서 생활비 벌랴, 공부하랴, 그런 가운데서 틈을 내어 살고 있던 아파트 아래 빈 땅에 야채를 심어 거두었다. 그것을 나누어 봉지에 담아 위아래 층마다 문 앞에 놓았단다. 물론 자신을 밝히지 않은 채.

나는 그 이야기를 전해 듣고, 둘째 아들의 지도교수였던 그분으로부터 학문 뿐 아니라 신앙과 성실함 그리고 나눔을 아는 삶의 태도를 함께 배우기를 바랐다. 그 교수님처럼 나도 초인종을 누르지 않고 들킬 세라 가만히 문 앞에 놓았다. 나와 관계있는 사람 위주로 나누던 것을 우리 집을 중심으로 이웃으로 점점 영역을 넓혀가며 상추가 매개가 되어 정도 확대되어 갔다. 하지만 이 마을 137세대의 반의 반쯤 건넸을 때, 더위가 기승을 부리고 장마가 이어지면서 풍요로웠던 상추 시대는 막을 내리고 말았다. 밭에서 오는 길목에 있는 집이나 근처에 사는 집에는 오가며 나눠주어서 몇 차례씩 돌아가는데, 거리가 떨어진 집에는 한 번도 못주고 말아 아쉬움이 남았다. 밭에 갈 때는 후문 경비실을 통하는데, 그냥 지나칠 수 없고 관리실 직원이 열 몇 명인데, 어떻게 하나 궁리를 해 보았다. 한 번에 한 사람씩 줄 셈으로 비닐봉투를 따로 마련해서 건네주기 시작했다. 집에 와서는 나눠준 사람들 얼굴을 기억하려고 애썼다. 빠진 사람 없이 골고루 주기 위해서다. 줄 사람 수가 줄고, 준 사람 수가 불어 갈 때 마치 채무를 덜어내는 마음으로 홀가분했다.

교회에 가면서 상추 보따리를 가지고 갈 때면 남편은 성화를 한다. 모두에게 줄 수 없을 바에는 못 받는 사람을 생각해서 아무도 주지 않는 것이 차라리 났다는 것이다. 어떤 날은 누구든 처음 만나는 이에게 주겠다는 작심을 했다. 첫 상대는 얼굴은 알지만, 이름도 모르고 말도 안 해본 여자 집사님이었다. 손에 든 보따리를 건네며 내가 기른 상추와 고추라고 하자 놀라는 표정으로 집사님이 왜 저에게까지 귀한 것을 주느냐고 사양을 하다가 고맙다고 하면서 받는다. 친한 사람에게 줄 때보다 그날이 가장 보람되고 떳떳했다.

멀리 사는 친구나 챙기고 싶은 분들께 정성으로 키운 것을 전하고 싶은 마음이 굴뚝같아 몇 번 시행하여 보았으나, 뒷맛은 항상 부끄러움뿐이었다. 이것저것 푸성귀 몇 종류와 밭에서 얻은 열매들 풋고추 한 움큼씩과 가지, 애호박, 토마토 등을 몇 개씩 봉지에 담아 가지고 가서 꺼내 놓았을 때. 그것들은 병충해 퇴치나 예방으로 갖가지 방법으로 애쓴 흔적은 어디에도 찾아볼 수 없어, 모든 과정이 생략된 채였다. 물론 거기에 완전무공해라는 표시는 어디에도 붙어있지 않았다. 시장 진열장에 있는 것들보다 볼품은 더 없었다. 이것들을 내 손으로 생산해냈다는 것을 자랑삼아 우쭐한 기분으로 나섰지만, 집에 돌아올 때면 맥이 탁 풀렸다. 주는 이는 시간과 정성을 쏟아 가꾼 먹을거리라는데 가치를 두고, 받는 사람은 그 값을 생각한다면 그 간격은 무엇으로 메울 것인가 주는 자는 큰 맘 먹고 주는데 받는 이는 하찮게 여기며 받을 수도 있다. 그래서 야채는 이웃들과 나누기에 알맞은 것인가.

보는 이 없을 때 갖다 놓는다고 했는데, 몇 해째 계속하다보니 이웃들은 짐작하고 인사를 해오곤 한다. 그렇게 애써 키운 것을 받아 먹기만 해서 어떡하죠? 또는 어쩌면 그렇게 야채가 고소하고 맛있어요, 노지에서 기른 것이라 그렇겠지만 이 상추는 많이 다르네요. 나는 기다렸다는 듯이 깻묵과 한약 찌꺼기, 밭두렁에서 벤 풀을 함께 썩혀 밑거름으로 해서 그런가보다고 하니, 이것은 채소가 아니라 보약이라고 하면서 불면에 시달렸는데 내가 자주 주는 상추를 먹고 단잠을 잔다고 하는 이도 있다. 그런 말을 들을 땐 힘이 솟아난다. 어떤 이는 댁에서 잡수실 것만 조금씩 가꾸지 그렇게 많이 해서 나누어 주느라 고생이냐고 한다. 비료 한 톨, 농약 한 방울도 안 주고 기르기가 얼마나 힘들다는 것을 안다는 이웃은 텃밭을 해본 경험이 있다고 했다.

감나무 한 그루도 없는 우리 집에 감 바구니가 줄지어 있다. 앞뒤 옆집 이웃들이 가져 온 감 바구니에 만추가 넘치고 있다. 건넛집 감을 따는데 거들면서 과일나무는 보배 나무라는 생각이 들었다. 내 내 손도 까딱 않다가 따 들이기만 하면 되고 남 주기에도 소담스러워 볼품이 좋지 않은가.

농사지을 때는 혈압이 아주 정상으로 오래 지속되어, 전에 먹던 혈압약을 먹지 않아도 된다. 그것은 자연의 효과 못지않게 인정을 실어 나르는 이웃들과 더불어 나눌 때마다의 기쁨을 맛보아 그런 듯싶다. 어려서는 어머니의 심부름으로 일가 어른 댁이나 이웃에게 음식을 돌릴 때 얼마나 신바람이 났던가. 하찮은 것이지만 나눌 때 기쁨은 튕겨져 나와 보람과 어깨동무하고 행복의 행진을 하나보다. 건강을 향하여…

<문학공간> 2008년 10월

어머니의 얼굴

오빠 가족이 대충 짐을 챙겨 서울로 이사를 왔다. 이삿짐 속에 행여 그 '시루'가 있을까 하고 눈여겨보았으나 보이지 않았다.

떡시루가 그다지 쓸모없는 서울 살림이지만, 어머니께서 각별히 아끼시던 시루였는데 버려져 있나 싶어 씁쓸했다. 그러나 한편 그 시루가 고향에 남아서 빈집을 지키고 있다면 든든할 것 같다.

내가 어렸을 때 어머니한테 크게 꾸중을 들은 적이 두 번 있었다. 쌀뜨물에 담가 논 아버지 모시 두루마기를 우물가 오돌돌한 돌에 놓고 방망이질을 마구해서 모시옷은 구멍이 숭숭 뚫려 못 입게 만들었다. 그때 어머니의 노여움을 샀었다.

또 한 번은 집수리를 하려고 멀리서 파온 백토가 마당 귀퉁이에 쌓여 있어 또래들을 모아 소꿉놀이를 했다. 장독대에 엎어놓은 여러 개의 떡시루 중에 유달리 가볍고 제일 작은 시루를 가져다가 시루 구멍은 조가비로 덮고 흰 흙 한 켜 깔고 황토로 고물 삼아 시루떡 놀이를 재미나게 하고 있었다. 그걸 본 어머니는 깜짝 놀라며 하마터면 시루를 깰 뻔했다고 나를 호되게 나무라셨다. 모시 두루마기

망쳤을 때보다 더 화가 난 것이다.

두루마기는 못 쓰게 되었지만 시루는 깨지도 않았는데 저렇게 화를 내실까. 그때는 어리둥절했지만 까닭을 안 것은 훨씬 뒤였다.

막내인 나한테는 언니만 셋 있을 뿐 오빠가 없는 게 이상해서 어머니께 여쭈어 봤다. 어째서 우리 집에는 아들이 없느냐고. 어머니는 쓸쓸한 표정으로 오빠가 있었는데 깨 팔러 갔다고 하셨다.

얼마 후에 참깨를 털러 밭에 가시는 어머니를 따라갔다. 바싹 마른 깨 다발을 거꾸로 잡고 막대기로 두드리자 검정 보자기에 하얀 깨알이 우수수 쏟아지는 걸 보며 오빠 생각을 했다. 오빠는 언제 깨 팔러 갔는데 여태 오지 않느냐고 물었다. 어머니는 일손을 놓고 한참동안 앞산을 멍하니 바라보는 눈길에 애절함이 어려 보였다. 오빠 얘기가 어머니를 슬프게 한다는 것을 어렴풋이 느끼며 다음부터는 오빠 얘기를 꺼내지 않았다.

사람이 자기 명대로 다 살지 못하고 일찍 죽으면 '깨 팔러 갔다'라고 하는 것도 나중에야 알게 된 것이다. 어떤 지방에서는 '콩 팔러 갔다'고 한다는데 어려서 죽거나 젊어 죽으면 죽었다는 말이 야박할 뿐더러 아주 단념하고 싶지 않아 깨 팔러 간 아들이 돌아오듯 환생을 바라는 마음일 것이라고 한다.

우리 고향에서는 정월 초사흘에서 보름 사이에 당산제(堂山祭)를 지낸다. 손 없는 날을 잡고 방위와 합이 맞는 집에서 제물을 마련하며, 그 집 가장이 제주(祭主)가 된다. 제수 장만하는 이는 목욕재계는 물론이고 음식 만드는 동안에 뒷간에 안 가려고 하루 전부터 금식을 하고 제수에 침이 튀어가지 않도록 백지로 입마개를 하는 등 온갖 정성을 다한다.

당산제 지내기 전에 애를 낳거나 초상을 당하면 부정 탄다고 날을 다시 잡고 이미 사온 제물도 새로 사와야 한다. 그만큼 금기사항이 철저하다.

해산달이 섣달인 어머니는 그 사이에 딸을 낳으면 창피하고 당산제까지 훼방 놓게 될까봐 마음 조렸다고 한다.

그 해 당산제는 열사흘로 정하고 제물 일체를 장보기 해온 다음 날인 열 이튿날에 어머니는 튼튼하고 잘생긴 아들을 낳았다. 식구는 물론 대소가 온 집안이 잔치 분위기였고 마을 사람 모두가 기뻐했었단다.

어머니는 비로소 아들 못 낳는 죄인이라는 멍에에서 벗어날 수 있었으며, 당산제 지낼 제물은 모조리 우리 집으로 가져오고 그 값을 넘치게 물어주었단다. 제수 중에 먹을 것은 바로 먹었고, 다른 기물들은 시나브로 깨졌는데 시루만 남게 된 것이다. 어머니는 바라던 아들과 함께 질 시루를 얻은 셈이다. 아들 이렛날마다 그 시루에 떡을 쪄 먹었다고 한다.

어렵게 얻은 아들이 세 살 되던 해 홍역을 앓다가 그만 깨 팔러 간 것이다. 어머니께서는 실의에 빠져, 먹고 자는 것도 멀리하고 웃음을 잃고 살았으며, 아버지께선 어린 아들이 입고 있던 옷을 냄새 나가지 않게 싸두고 아들이 그리울 때면 옷에 밴 아들의 체취를 맡으며 안타까워 하셨다고 한다.

오랫동안 기다리다 얻은 아들이 한참 예쁜 짓을 할 무렵에 잃었다. 눈에 선하고 하도 보고 싶어 사흘째 되던 날 아버지와 어머니 두 분이 무덤을 파고 애기를 보려고 산에 갔다가 집안 어른 눈에 띄어 되돌아 오셨다니, 그 아픔이 오죽했을까.

아들 못 낳는 여자를 큰 수치로 알던 시대여서, 어머니는 나도 아들을 낳았다는 표시로 그 시루를 끔찍이 아낀 모양이다. 겉면이 테석테석 윤기도 없고 볼품없는 질 시루지만 그걸 통해 위로 받고 힘을 얻었음인지 틈만 나면 그 시루에 행주질을 하며 애지중지 여기셨다.

당산제 지낼 때는 탕기며 시루 등 왜 꼭 질그릇으로 쓰는 것일까? 어쩌면 유약 한 방울도 섞이지 않고 흙과 물, 이렇게 순수한 물질에 도공의 손길과 불의 힘으로 빚어진 그릇을 사용하려는 것인지도 모르겠다.

한번은 비단장수 아낙이 우리 집에서 자면서 이 얘기 저 이야기 하다가

"어쩌자고 마님은 딸만 쭈르르 넷을 낳으셨어요?"

하자,

"나는 양반이라 이것저것 섞어 낳지 않고 한 가지만 낳았소."

이렇게 쏘아붙이던 어머니께서 이튿날 아침 일어나자마자 그 시루에 행주질을 치며 한숨을 쉬었다.

어머니의 한풀이나 하듯, 언니들도 모두 아들을 낳았고 나는 아들만 둘 두었다. 지금은 아들 낳으면 남의 딸한테 뺏기고 딸을 낳으면 아들이 덤으로 생긴다고도 한다. 어머니도 지금 같았으면 그토록 상처 입고 살지 않았을 것이다.

아들은 잃었지만 어머니의 자존심을 지탱해 준 질 시루만은 놓치

지 않으려는 듯 돌아가실 때까지 소중히 간직하셨다.

하찮은 시루 하나도 어떤 의미를 지녔을 때, 그처럼 힘이 되어 주나보다. 약하기 짝이 없는 질 시루는 지금도 고향 빈집에 남아 있다. 어머니 한숨이 서리고 눈물이 스몄으며 손길이 배도록 정성을 쏟아서 그렇게 명이 질긴 것일까. 그 시루가 어머니의 영혼을 품고 빈집과 고향을 지킬 것 같아 아직도 고향에 한 가닥 끈이 이어진 것으로 여겨진다. 그런데 빈집에서 그게 온전할까 하는 의구심이 들자 갑자기 불안해진다. 깨지기 전에 내가 가져와야겠다는 생각이 들어 마음이 급해진다.

고향 집 뒤 안에는 옥잠화 포기가 석류나무 아래를 차지하고 있다. 여름이면 잎 사이에서 꽃대가 올라와 하얀 꽃을 피울 때마다 어머니께선, "저 꽃 좀 봐라. 이때만 되면 옥잠화 덕에 뒤안이 훤하구나." 하며 대견해 하셨다. 그 옥잠화 한 포기 떠서 질 시루에 심어 와야겠다. 옥잠화 화분이 된 시루를 가까이 놓고 보면서 어머니와 고향을 생각하리라.

그 시루에 핀 옥잠화에서 어머니의 마음을 느끼고 얼굴을 떠올리고 싶다.

<한국수필> 1987년 봄

몽마르트르에서 만난 화가들

올해는 한국 방문의 해이다. 따라서 외국손님들을 맞이하기 위해 세심한 준비를 하는 것으로 알고 있다. 외국인들이 우리나라에 오면 언어나 교통의 불편과 함께 사람들의 불친절로 해서 좋지 않은 인상을 안고 돌아간다고 한다.

여행지에서 받은 친절은 볼거리 이상으로 감동을 준다는 것을 몽마르트르에서 만난 화가들을 통해 알게 되었다. 프랑스에 가기 전부터 세계 예술의 중심지인 파리, 파리에서도 몽마르트르에 모인 예술가들은 어떤 모습으로 활동하고 있을까 나름대로 상상해 보았다.

그 자리에 있는 모든 것, 거기에 있는 사람들의 어떤 행위도 첨단예술과 무관하지 않으리라. 황당하고 해괴한 것까지도 포스트모던이라는 예술로 이해하지 않으면 뒤떨어진 사람이 될 것 같아 나의 고정관념을 깨버리고 예술의 안목을 넓히는 계기로 삼겠다고 단단히 벼르고 갔었다.

태양열과 지열이 합세하여 후끈후끈 달아오른 여름 한낮에 아이스크림을 핥으며 몽마르트르 언덕을 거닐었다. 테아트르 광장은 별로 넓지 않은데다 몇 개의 카페가 중앙을 차지하고 있어 화가들은 옹색스럽게 그림을 그리거나 가장자리로 밀려나 있었다. 그림은 대개 소품이고 관광객을 상대로 그리는 초상화가 대부분이었다. 내가 기대했던 예술적 분위기에는 미치지 못했다.

피카소, 베를리오즈, 네르발 같은 이들도 이곳에서 재량을 갈고닦아 화가로 작곡가로 문인으로 탄생되었다. 저들 중에서도 역사에 그 이름이 빛날 예술가가 나올지도 모른다는 생각을 하며 한 사람 한 사람 눈여겨보면서 천천히 두어 바퀴 돌아다녔다.

길옆에서 여인이 소녀의 머리를 수십 가닥으로 나누어 촘촘히 땋고 있는 것이 이채로워 발걸음을 멈추었다. 그처럼 여러 갈래로 땋는 것은 처음 본 것이다. 하필이면 여기 나와서 머리를 땋고 있어 사람들의 구경거리가 되게 하는 것일까. 어쩌면 땋는 그 자체가 행위예술일지도 모른다고 생각하며, 그들과 사진을 찍으려고 카메라를 우리 일행인 시인에게 건네주다가 그만 돌바닥에 떨어뜨리고 말았다. 카메라에서 깨진 조각 몇 개가 튀어나갔다. 우리는 얼이 빠진 듯 참담한 표정으로 섰는데, 주변에서 그림을 그리던 화가 세 사람이 후다닥 다가와 카메라와 흩어진 조각들을 주워서 끼워 맞추고 그들 중에 한 사람은 스카치테이프를 가져와 성의껏 붙여주는 게 아닌가. 다행히 기능은 망가지지 않아서 그들이 손보아준 대로 여행 기간에 쓸 수 있었다.

그 화가들은 나로 하여금 몽마르트르 언덕에 대한 실망을 상쇄시키고도 남게 했으며, 프랑스 사람들이 개인적이고 까다로우며 콧대가 높다는 선입관을 순식간에 사라지게 했다. 파리의 명물인 개선문이나 노트르담 사원, 에펠탑보다 그 화가들과의 일이 가장 깊은 인상으로 남았으며, 루브르박물관에서 본 어떤 명화보다 더 아름답게 내 가슴에 오래오래 새겨져 있다.

<생활과 원자력> 1994년 3월

4.

生命

기도의 연결고리

윤영미, 김진영, 나영, 오재덕, 나는 이들을 알지 못한다. 내가 다니는 교회 구역장으로부터 네 사람의 이름과 대학 입학시험을 앞둔 수험생이라는 것을 전해 들었을 뿐이다. 이들의 이름을 들은 날부터 내가 맡아 기도해야 할 학생들이어서 관심이 쏠릴 수밖에 없었다.

제1차 수학능력시험을 한 달 남겨놓고 교회에서 특별 새벽기도회를 가졌다. 수험생이나 가족들이 초조해 하니까 성도들이 힘을 모아 기도하자는 취지였다.

부모가 대신 공부를 해 줄 수도 없고 또 관여할 수 없는 그들의 세계가 따로 있어 어떻게 해야 할지 부모로서 한계를 느껴 애태울 때 하나님을 믿고 기도드릴 수 있어 참으로 큰 위안이 되었다.

오 목사님께서는 내 자식이 실력이 있거나 없거나 무조건 합격을 시켜달라는 기도, 그런 이기적이고 내 욕심만 채우려는 기복적인 기도는 기독교 원리에 맞지 않는다고 하였다. 내 자녀에 대한 하나님의 계획은 우리의 계획과 다를 수도 있기 때문이다. 다만 염려와 근심을 하나님께 맡기고 그 뜻을 구하는 기도를 하라는 것이다. 그리고 자녀가 경건의 자리에 서도록 신앙으로 성장할 수 있게 인도하고 또 부모가 자녀를 어떻게 이해하고 대해 주어야 할지 그 지혜를 구하는 기도를 하라고 하셨다. 그리고 부모로서 자식을 위한 기도를 할 땐 솔직하게 하되 간절한 마음으로 끈질기게 기도를 해야 한다고 가르쳐 주셨다.

내게도 수험생 아들이 있다. 내 아이 기도가 먼저 나오려는 것을 누르고 나에게 할당된 네 명의 학생들 이름을 하나하나 되새기며 그들을 위한 기도를 먼저 한다. 처음에는 이름을 쉽게 외우지 못해 가방 속에서 이름이 적힌 쪽지를 찾느라 부스럭거리기도 했었다. 네 명의 학생과 우리 아이를 위해 이렇게 기도했다.

"아무쪼록 건강해서 힘껏 노력할 수 있고 탈 없이 시험에 임하도록 도와주소서. 그리고 후회나 아쉬움 없이 최선을 다 하도록 인내력을 길러 주시며 시험장에서도 당황하여 실수하는 일 없게 예수님의 평강 가운데 시험을 치르는 안정을 주시옵소서. 솔로몬과 같은 지혜를 얻어 그동안 공부한 것이 다 생각날 수 있게 맑은 정신도 허락하시며 믿음 안에서 시험 준비도 하고 믿음으로 결과를 받아들여서, 좋은 결과가 아니어도 남을 원망하거나 낙심하지 않는 대담한 용기로 극복하게 하소서. 바라는 대로 성취되었을 때는 먼저 하나님께 감사와 영광을 드리며, 자만하지 않고 모두에게 감사할 줄 아는 사람이 되게 인도해 주시옵소서."

이런 내용의 기도를 틈이 날 때나 또는 새벽기도에 가서 드렸다.

고요히 앉아 간절한 마음으로 기도하는 모습은 숭고하게 보였다. 남을 위해 마음 깊이 기도하는 모습은 더 아름다울 것이다.

푼돈을 적선하는 일, 음식 한 그릇 나누는 일, 동정의 눈물을 흘리는 일은 그리 어렵지 않다. 그러나 남을 위해 기도해 주는 일이야말로 큰맘 먹지 않으면 어려운 일이다. 그런데 이 어려운 일을 기쁨으로 여기는 사람들도 많다, 이번 기도회 특징은 자기 구역에 속한 가정의 자녀를 두고 기도하는 것이 아니라 1교구는 2교구 자녀들을, 2교구는 3교구에 속한 수험생을 위해 연신 돌려가며 기도를 하게 된 셈이다.

거리에 인기척이 없는 새벽 다섯 시에 교회에 가서 얼굴을 본 적도 없고, 그들 부모가 누구인지도 모르는 학생들을 위한 기도를 드리니 내 아이만을 위해 기도할 때보다 내 자신이 대견스럽고 신앙도 한층 성숙되어진 느낌이 들었다. 내가 그들의 기도를 하는 이 시간에 내가 모르는 분들이 우리 아이 이름을 뇌이며 기도할 것이라고 여기니 뜨거운 것이 뭉클 올라왔다.

새벽기도 외에 매일 낮 10시부터 두 시간씩 여전도회 주최로 자매님들이 모여서 수험생 명단을 놓고 기도회를 가졌는데 여기에 나오는 성도 중에는 가정에 수험생이 없는 분들이 더 많이 나와서 간절한 기도를 올리는 것을 보며 신앙인의 섬김의 자세가 저런 것이구나 하고 깨닫게 되었다.

사람이 일생을 살면서 얼마나 많은 시험에 부대껴야 하는가, 학교생활에서 수 없는 시험을 치러야 하고 각종 자격시험이며, 직장에 들어갈 때, 진급할 때마다 시험을 통과해야 하니 시험에 짓눌려서 좋은 시절을 다 보내는 것 같다. 시험이 필요 없을 때가 되면 인생은 한풀 간 것이 될 테니 시험에서 해방되었다고 좋아할 일만은 아닐지도 모른다. 이번에 처음 시도하는 수학능력 시험에 수험생들은, 마치 실험대에 오르는 부담까지 안게 되어 가시방석에 앉는 심정일 것이다. 수험생들이 시험 보는 시작부터 끝날 시간까지 장장 8시간 동안 우리도 시험 치는 입장이 되어 여전도회 주최로 기도를 했다.

이 특별기도회를 주관하는 여전도회 회장은 이미 자녀가 대학입학을 끝냈고, 이 날 참여한 다른 성도들 역시 자녀교육이 끝났거나 아직 자녀가 어린 젊은 자매들도 많았다.

나는 수험생의 어머니인데도 몇 시간 앉아있으려니 허리가 뻐근하고 사족이 뒤틀리려고 하는데 그들은 오죽하랴. 그 중에 몇 사람은 땀으로 멱 감으며, 기도하는 사람들에게 반찬 장만하여 점심 대접을 해주는가 하면 회장께서는 8시간 동안 기도와 찬송과 말씀을 인도하느라 목이 쉰 채 땀 흘리며 애쓰는 모습이라니….

이처럼 시간과 땀을 아끼지 않고 헌신하는 성도들을 통해 고통에 동참하는 신앙을 눈여겨보았다.

내가 지금까지 남을 위해 기도드린 적이 얼마나 있었을까. 내 가족에 대한 기도를 주로 하였고, 신앙이 없는 두 언니가 믿음에 이르도록 원하는 기도와, 병약한 몸에 홀로 되어 남매를 기르고 뒷바라지하느라 힘겨워하는 막내시누가 있다. 그가 주 안에서 소망을 갖고 꿋꿋하게 홀로 서기를 바라는 기도, 그 시누 자녀인 조카들이 믿음으로 심신이 바르게 자라서 자기 몫을 다할 수 있게 보살펴 주시라는 기도, 그리고 내 고향에 있는 눈물겹도록 초라한 교회에 대한 기도와 그밖에 내가 아끼는 사람이 어려운 일을 당했을 때나 그들의 신앙에 관한 기도를 더러 했을 뿐이다.

모르는 사람을 놓고 한 기도라고는 큰 재해를 당한 소식을 신문에서나 TV에서 보고 그들을 위로하는 기도, 또 아프리카에서 굶주려 죽어 가는 모습을 보며 안타까워 어쩌다 기도는 했어도, 이번처럼 전혀 모르는 사람의 기도를 한 달간 집중적으로 하기는 처음이다. 내가 기도한 네 학생의 장래도 애정 어린 관심으로 지켜보리라. 내 아이가 입학시험과 무관하게 되었을 때 나도 성도들처럼 기도하고 격려해 주어 사랑의 연결고리에 하나의 고리 구실을 할 수 있기를 바란다.

나는 언제쯤 내 자신을 뚝 떼어놓고 모르는 사람을 위해 많은 시간을 들여 기도할 수 있을지 모르겠다.

<수필문학> 1993년 11월

生命

시루를 덮었던 검정색 보를 걷었을 때, 수많은 생명의 종소리가 울리고 있었다. 어제까지만 해도 콩 알맹이인 채 싹이 틀 기미가 보이지 않았는데 밤사이에 신세계가 펼쳐진 것이다. 역사는 밤에 이루어진다던가, 병마(病魔)도 전쟁도 혁명도 거의 밤에 일어나니까.

고향에서 아주 잘고 까만색인 콩나물 콩(약콩이라고도 하고 쥐눈이 콩이라고도 한다) 종자를 구해와 심어서 몇 번은 기를 만큼 거두었다. 난생 처음 내 손으로 콩나물을 안치고 기대감으로 부풀어 있었다.

내가 자랄 때 골방 귀퉁이에 콩나물시루가 있었고, 어머니의 지시에 따라 물을 주기도 했다. 그렇게 피상적으로 했을 때는 관심이 없었으나 이번엔 내가 주도한 일이어서 거기에만 마음이 쏠렸다. 웬만한 씨는 열매 속에 다 생명이 들어있지만 그것이 발아(發芽)하기 전까진 느끼지 못하다가 싹이 났을 때 비로소 살아있는 실체를 감지하게 된다. 대부분의 씨앗들은 흙에 닿았을 때 생명력이 살아난다. 콩나물은 뿌리를 박을 흙 한줌 없이 서로 몸을 기대어 의지할 수밖에. 땅에 심겨지지 않아서일까 자리다툼이 없다. 오히려 빽빽할수록 잘 자란다고 한다.

내가 글을 쓰기 시작한 지도 몇 십 년이 되었고 등단이라는 문을 통과한 지도 20년이 넘었다. 각종 문예지나 잡지에 발표한 글이 180편에 이르는데 책 한 권도 내지 못했다. 왜 여태 책을 내지 않느냐고 묻는 이가 많았고 빨리 내라고 종용하는 선배나 문우도 많았다. 서점에 갈 때마다 그 많은 책에 질리고 내 글이 책을 낼만한 가치가 있을까, 누가 읽기나 할까 망설였다. 갑년(甲年)이라는 명분을 등에 업고 이번에 매듭을 짓지 않으면 영영 못낼 것 같아 두 권 낼 분량만을 골라 낼 샘이었다. 그 중 한 권의 서문을 감히 김 선생님께 요청했다.

서문이나 발문을 쉽게 써주지 않는 분인데 바쁘신 중에도 내 청을 들어주셨다. 하지만 책을 낼 계획이 차질이 생겨 또 미루게 되었다.

콩이 일단 싹이 트자 쑥쑥 자란다. 낱낱이 검정 모자를 쓴 음표가 시루에 가득 맑은 가락으로 솟아오르고 있었다. 세상에는 겉과 속이 다른 것이 태반인데 콩나물은 겉과 속이 한 점 티 없이 새하얗다. 맑은 물만 먹고 만들어낸 몸. 몸 하나에 머리 하나가 전부인 콩나물, 뿌리에서 목까지 이처럼 깨끗한 것이 또 있을까. 씨를 남길 수 없는 일회성 생명이기에, 새 생명의 터전을 마련할 일이 없어 욕심을 부리지 않아서 그렇게 곧고 해맑은 것일까.

애를 낳지 못하는 내 숙모님 한 분은, 유달리 정이 많고 베풀기를 즐겨하셨다. 자기는 콩나물 같은 생명이라고 한탄하시던 생각도 났다.

모든 생물은 튼튼한 씨를 많이 남기려고 생존경쟁의 치열함을 겪어 낸다. 자기 종족의 보존과 번식을 위한 본능으로 하여금 인류는 태고부터 지금까지 이어지고 생태계는 번창해 오지 않았는가.

나는 지금까지 누구에게도 정성만 전달했을 뿐 상품권이나 돈은 물론 선물다운 선물을 해본 적이 없다. 남과 다른 방식으로 살겠다는 내 고집이 변화하는 세태를 등진 꼴이 된 셈이다. 그로 인해 불이익을 당했을 것이라고 말하는 이도 있지만 나는 그렇게 생각하고 싶지 않았다.

김 선생님께는 무엇으로 사례를 해야 할까. 가깝게 지내는 문우에게 의논했을 때, 선생께서 얼마 전에 주례를 서신 일이 있는데 답례로 가져온 봉투를 다시 부쳐 주느라고 번거롭게 해 드린 일도 있으니 잘 생각 하라고 귀 띔을 해 주었다. 나로서는 더욱 난감 할 수밖에 없었다. 내가 무공해로 키운 토마토와 가지, 애호박이며 푸성귀를 가지고 갔더니 사모님께서 무거운 것 들고 다니지 말라고 신신 당부시다. 당신도 혜화동에 살 때 값이 싼 동대문 시장까지 다니며 무겁게 사 날랐는데, 버스에서 내려 집까지 걸어 올 때 너무 힘들어서 다음부터는 안 그래야지 하고 다짐했다가도 또 가게 되고 간 김에 한 가지라도 더 사다 보면 무거워지고. 그 때 무리해서 지금 무릎이 나빠진 것이 아닌가 싶다는 말씀이었다.

그 당시에는 늘 자녀 교육 뒷바라지를 염두에 두었고, 예전 사람들은 누구나 절약이 생활화 되어 그런 것이라고 하셨다. 사당동에서 살 때는 마당이 있는 집이어서 마당 한 쪽을 파고 야채도 심고 토마토를 심었는데 식구들이 눈 오줌을 요강에 받아 거름으로 주었다고 하셨다. 어떻게 삭힐 수가 없어 토마토가 심겨진 가장자리를 깊게 파 고랑을 만들어 매번 부어 주었더니 토마토가 탐스럽게 열리고 맛도 좋았다는 이야기도 재미있었다.

선생님께서 밝지 않은 거실에서 원고를 읽으신다. 국제 유가가 연일 최고가를 경신하는 터여서 한 등만 켰는지, 아니면 근검절약이 몸에 밴 사람은 형편이나 상황이 달라져도 습관을 버리지 못하는 것인지….

선생님께서는 입맛이 짧아 육고기나 생선도 싫어하고 특별히 좋아하는 음식도 없지만 청국장만은 싫증을 내지 않는 편이고 콩나물이 짧았을 때 밥을 하면 비벼서 조금 잡수실 정도로. 워낙 소식에 식탐도 없으시어 진지 시중들기가 어려우신 듯 보였다.

지금은 두 식구뿐이고 힘에 겨워 쓰지 않는 콩나물시루가 있다는 것을 알게 되었다. 선생님께서 손수 사온 물건이어서 이사 오면서도 가지고 왔다는 것이다. 크지도 작지도 않은 방방한 모양이 맘에 쏙 들었다. 내 손으로 콩 농사를 조금이나마 지어 콩나물을 길러보고 싶었다. 내 호기심이 발동해서 무거움도 잊고 가지고 왔다. 시중에서 사는 콩나물은 값싼 수입 콩에 썩지 말라고 농약도 하고 통통하고 빨리 자라게 비료 성분의 영양제와 속성제도 준다고 들었다. 이런 것을 생략하고 맑은 물만 먹고 자란 내가 키운 콩나물은 가늘다.

다른 식물은 흙에서 양분을 빨아올리고 잎으로 햇볕을 받아 엽록소를 만드는 데, 콩나물은 흙 한 수저도 햇볕 한 줄기도 거부한 채

위에서 뿌려주는 물마저 머무르지 않고 곧 빠져버린다, 어느 틈에 그걸 받아먹고 자라면서 성분을 변화시켜 비타민도 만들어 내는지 기특할 뿐이다.

김태길 선생님께서는 처신이 풀 먹인 안동포처럼 빳빳한 어른이기에 고고(孤高)한 생각이나 하면서 콩나물처럼 땅에 발을 딛지 않고 맑은 물만 마시는 그런 선입견이 들었다. 그런 분이 옹기전을 기웃거리는 모습은 도무지 어울리지 않았다. 하지만 생활인의 한 모습이 엿보여 반갑고 인간적인 면에 친근감이 들었다.

나는 그 시루를 볼 때마다 콩나물처럼 맑고 가늘고 길쭉한 모습의 선생님께서 시루를 고르시는 모습을 떠올리면 빙그레 웃음이 나온다.

어쩌면 선생님께서는 시루를 고르면서도 성경처럼 영원한 생명이 있는 글을 남길 수는 없을까 하고 생각하셨는지도 모른다.

<문학춘추>

발해(渤海)를 꿈꾸며

참으로 97년의 봄은 잔인한 계절이었다. 온 국민이 받은 상처는 너무 깊었고 허탈감에서 벗어나기 어려웠다. 권력 비리, 금융 부정이 드러나고 도산하는 기업과 실업자가 폭증했다. 은행이 문을 닫을 것이라느니, 북에서 남침할 것이라느니 등의 불길한 소문에 나라가 곧 망할 듯 했다. 그토록 불안한 현실에 어디를 봐도 분홍빛 미래는 찾아 볼 수 없었다. 앞이 캄캄하던 우리에게 탈출구가 보이는 듯 했다. 대통령 후보들이 TV토론에 나와서 21세기에는 태평양권이 세계의 중심이 될 것이고 우리의 높은 교육열과 강한 추진력에 성취욕을 올바르게 이끌어 활용한다면 고구려 시대의 위상을 되찾을 수 있다는 청사진을 펴보였다.

몇 해 전 초겨울이었다. 찬바람이 가슴을 파고드는 어느 날 「아! 고구려전」을 보려고 현대미술관을 찾았다. 전시장 입구에는 고구려 번성기의 지도가 붙어 있었다. 그 지도에는 고구려 수도 '집안'이며 내 선친께서 독립운동 관계로 무수히 드나들었던 봉천, 그리고 요령

성, 길림성 등에서 불이 번쩍였다. 그 효과로 지리부도에서 볼 때보다 대륙으로 확장된 국토를 실감하게 되었다. 유리왕에서 장수왕까지 425년간 우리가 지배해 온 땅이었으니, 우리 민족사에서 가장 활개를 폈던 시대인 것이다.

벽화에는 천지창조의 신화가 첫머리에 있었다. 선남선녀가 해와 달을 안고 날고 있는데, '샤갈'의 그림처럼 환상적이다. 또 태양 속에서 산다는 전설 속의 새 삼족오(三足烏)가 눈길을 끈다. 빨강색 바탕에 검정 까마귀의 대비가 강한 인상으로 다가왔다. 발이 셋인 까마귀라니, 얼음 방망이로 한 대 맞은 듯 신선감을 주었다. 모든 새 종류는 발이 두 개라는 인식을 깨고, 까마귀에게 발 셋을 달아 준 상상력이 자못 파격적이다.

고구려 무용총의 사냥도에는 깃털을 머리에 꽂고 말 타고 활 쏘는 남자들, 패기 넘치는 씩씩함이 잘 나타나 있다. "남자의 아름다움은 곧 힘이다." 는 말이 실감되었다. 신궁 양만춘을 비롯 활을 잘 쏘는 민족의 후예라서 우리 선수들이 올림픽에서 금메달을 휩쓰나 보다. 원래 동이(東夷)는 큰 것 따르고 큰 활 잘 쏘는 동방의 어진 사람이라는 뜻인데, 과거 위정자들이 사대모화 사상에 젖어 중국에 굴복하려고 애쓰는 통에 '동이'라는 말이 도둑의 대명사로 전락했다던가. 우리 조상은 또한 상고시대부터 말도 잘 탔다고 들었다. 그래서인지 유목민의 음악은 3박자이고 농경민의 음악은 4박자인데, 동양에서 우리의 민요가 유일하게 3박자 음악인 것은 우연일까. 이스라엘 음악의 박자가 우리와 비슷하다고 한다.

수산리 벽화의 미인들, 비파 타는 여인, 양산 쓴 여인들의 화려한 나들이에도 많은 이야기가 담겨 있다. 고구려 여인의 옷은 조선조의 복식처럼 섬세한 맵시는 없어도 활동적으로 보인다. 옷의 힘찬 선을 봐서 활달했을 것 같다. 아무튼 고분 벽화는 고구려 사람들의 진취적인 기상을 웅변으로 전해 주었다.

실물 크기로 만든 고분 모형물 안은 아득한 태고의 공간 같아서 보는 이를 사로잡기에 모자람이 없었다. 더욱 놀라운 것은 1500년 전 그림이 지금도 선명한 색채로 살아 꿈틀거리는 듯 했다.

내가 고구려전을 보기 전에 고구려의 황성 옛터를 다녀온 적이 있었다. 떠날 때는 백두산 천지를 보려고 가는데 중국으로 돌아서 가야 하는 처지가 서글펐으나, 다녀올 때는 백두산 한쪽이 중국 땅이 된 것이 안타까웠다. 역사적으로 우리의 국토였으나 현실적으로는 중국 영토가 된 고구려 옛 땅을 밟으며 묘한 생각이 들었다. 우리 독립군의 주 무대며 역사를 품고 있는 곳을 무심히 지나칠 수 없었다. 서역을 평정했던 고구려의 장수 고선지, 새보다 빠르다는 그의 철마가 저 벌판을 달렸겠지. 그 웅장함에 기가 죽는다는 광개토왕의 비석은 어디쯤 있을까.

역사의 현장을 다녀오고 고분 벽화를 본 뒤, 나는 엉뚱한 생각을 하게 되었다. 신라가 아닌 고구려가 삼국 통일을 했다면, 지금 우리나라 상황은 어떻게 달라졌을까 하는 가정 아래 상상을 해본다. 광활한 영토에서 사람들의 마음도 넓을 것이며 국력도 강해서 일제의 지배를 받지도 분단국이 되지 않았을지도 모른다. 신라가 당나라 군대를 끌어들여 이룬 나당 연합군에 의해 고구려와 백제는 사라지고 고구려 장수 대조영이 세운 발해도 자취를 감추고 말았다.

지난 몇 번의 대통령 선거에서 다른 후보가 당선되었다면 이 나라 형편은 어떻게 되었을까. 역사를 되짚어 이런 생각을 해보는 것은 부질없는 짓일지. 역사의 바탕 위에 오늘이 있으므로 오류를 깨달아 지혜를 얻어 내일을 준비한다면 부질없는 것만은 아닐 것 같다.

고구려가 통일을 했다면 지금 어떻게 되었을 것 같으냐고 전시관에 동행한 남편에게 묻자, 신라 통일의 당위성을 강조한다. 그러나 역사는 승리자의 입장에서 과장되고 미화되고 합리화시켜 썼기에 왜곡된 면이 많을 것이다. 그렇다면 역사의 기록에 의존한 판단은 무리가 아닐지….

고구려의 옛터를 보면서, 땅은 비록 빼앗겼으나 조선족 자치구의 연길에서는 우리의 말과 글을 쓰며 전통문화를 본토보다 더 살뜰하게 가꾸고 있음이 고맙고, 의식주 전반에 있어 눈에 익은 풍습들이 발해의 꿈을 살려가는 것으로 보였다.

유태인과 중국 민족이 자기의 언어와 풍습을 집요하게 지킨다고 한다. 이스라엘이 2000년간 국가 없이 떠돌며 살았어도 자기 말을 버리지 않았기에 다시 뭉쳐 나라를 세울 수 있었으리라.

미래학자 엘빈 토플러는 앞으로 지리적 국경은 중요하지 않다고 했다. 전쟁도 영토 확장보다 경제, 정보, 기술, 과학의 전쟁이 치열할 것이며, 현대의 국력은 지적 인력, 산업, 문화적 영향력에 달려 있다고 했다. 또 초국가 시대로의 전환은 국경의 해체를 가져올 수 있음을 전망하는 이도 있다. 그처럼 국경은 약화되고 민족은 강화되는 때에, 우리 동포가 과거 고구려 땅에 모여 한민족의 얼을 지키며 사는 곳은 우리나라의 어느 지방으로 여겨도 될 것 같다.

「아! 고구려전」은 조상의 기상을 일깨워 주고 역사를 평면적으로만 보지 않고 입체적으로 보는 안목을 키워 준 셈이다.

내가 가서 보았던 곳과 벽화 속의 고구려를 연결 지으며 전시장을 사목사목 걸어 나오는데, 어느새 어둠살이 든다. 침묵의 역사요 웅변의 역사인 고분 벽화를 품고 있는 미술관은 석양에 감싸여 있다.

갑자기 서태지와 아이들이 부른 노래 「발해를 꿈꾸며」가 듣고 싶어진다.

<수필공원> 1997년 가을

나무의자

온수역 앞에는 전에 없던 나무의자가 놓여있다. 의자 가장자리에 '이 벤치는 관내에 있는 산에서 고사한 나무를 이용해 공익근로 사업으로 만들어진 의자입니다. 구로구청' 이런 문구가 새겨 있다. 나는 온수역을 오고 갈 때마다 그 의자를 무심히 지나칠 수 없다.

그 의자는 공공장소에서 흔히 볼 수 있는 가짜 나무 의자와는 다르다. 무색 칠을 해서 나무 본래의 뽀얀 속살에 무늬가 그대로 드러나고 구부러진 모양을 살렸다. 규격화를 싫어하는 내 눈에는 자연스러움이 더 마음에 들었다. 보기 좋고 건강에 좋은 의자라 해도 살아있는 나무를 잘랐거나 수입한 목재로 만들었다면, 이만큼 내 관심을 끌지 못 했을 텐데 의자 가장자리에 쓰인 문구로 인해 의미와 가치를 더해준다.

이 나무의자는 서너 사람쯤 앉을 만하다. 친숙한 사이라면 한두 사람쯤 더 끼어 앉을 수 있고, 껄끄러운 사이일 때는 의자 하나 건너서 앉을 것이고, 적대감을 갖는 사이는 한 자리에 앉기조차 싫어, 하나가 앉으면 하나는 서서 둘 사이에 보이지 않는 벽을 쳐 놓을지도 모른다.

어느 문화권에서는 사람과의 거리가 주먹 하나 사이일 때 편안함을 느끼고, 또 어떤 문화권에서는 어깨너비일 때 편안하다니 공간을 지각하는 것도, 문화적 차이에 따라 다른가 보다.

전에는 지하철을 타고 집에 올 때는 10분 남짓 걸리는 집까지 걸어갈 것인가, 배차 간격이 뜸한 마을버스를 탈 것인가, 잠시 망설였다. 산책길이라면 그 정도는 걸을만 했겠지만, 자동차 길인데다가 집에 올 때에는 피곤한 상태여서 걷기에 부담이 되었고, 서서 차를 기다리자니 다리도 아프고 지루해서 망설였던 것이다.

노인이나 다리가 불편한 사람들은 신문지나 손수건을 깔고 앉거나 마땅한 것이 없으면 들고 있는 가방이나 짐 보따리에 앉아 다리를 쉬는 모습을 보면서 오류역 광장에서 보았던 나무의자가 여기에도 있었으면 하고 바랄 뿐, 돌아서면 곧 잊고 지냈다.

올초에야 온수역 구내에 있는 민원실을 보게 되었고, 그곳에는 책과 컴퓨터 몇 대를 마련해서 누구나 편리하게 이용하도록 배려한 흔적이 엿보였다. 그날 비로소 나무의자를 신청하고 오면서도 미심쩍은 구석은 남아있었다. 15년 전쯤, 어떤 민원을 상부에 제기하였던 적이 있는데, 몇 달 만에 관계 기관에 시달하겠다는 통지가 왔을 뿐 흐지부지 되었고, 나도 지쳐 포기하게 된 경험이 있어 이번에도 그렇지 않을까 의구심이 들지 않을 수 없었다.

나무의자를 신청한 지 일주일쯤 지났을 때 구로구청 녹지과에서 내 앞으로 통지문이 배달되었다. "귀하의 민원대로 지적하신 장소에 의자가 필요하다는 것을 확인하고 설치했음을 알립니다."라는 내용이었다.

이렇게 빨리 되리라고는 뜻밖이었다. 세상 많이 달라졌음을 실감하였다. 오류역에서 보았던 나무의자와 같은 것일까. 궁금해서 현장으로 가 보았다. 마을버스가 서는 자리에 나무의자 4개가 나란히 놓여 있었다. 한 의자에는 대학생으로 모이는 청년이 앉아 책을 보고 있었다. 내가 옆에서 의자를 요리조리 돌아보고 손바닥으로 쓸어보는데도 전혀 모르는 듯, 읽는 데만 열중이었다. 나무의자를 이용할 때 '망양체'라는 신경 조직이 가장 활발하게 활동한다는 말을 들었다. 망양체는 주의력을 높이는 역할을 한다고 한다. 나무의자에 앉아 읽는 책이 머리에 쏙쏙 들어오는지 차가 왔는데에도 책에만 몰두하고 있다. 차가 왔다는 말을 해주려다가 그만 두었다.

우리가 살면서 가장 많이 이용하는 것, 가장 몸을 편하게 해주는 물건이 침대 다음으로 의자라고 한다. 이 의자가 앞으로 수많은 사람들에게 안식을 줄 것이다.

이 의자는 붙박이가 아니고 둘이 들면 옮길 수 있어 위치가 바뀔 때가 더러 있다. 한 번은 의자 하나가 보이지 않아 주변을 둘러보니 저만큼 떨어진 구석진 곳에 있다. 아마 연인끼리 밀어를 나누고 싶어 외진 곳에 옮겨놓았나 보다. 언젠가는 의자 네 개가 입 구(口) 자로 놓여있다. 인근에 몇 개의 대학이 있어 학생들이 둘러앉아 토론이나 좌담회를 했을까 아니면 놀이나 게임을 했을까, 나름대로 상상해 보았다.

요전에는 초로의 두 노인이 그 의자에 앉아 도란도란 얘기가 다정하다. 가방에서 군것질을 꺼내어 나누어 먹고, 웃음을 나누고, 정을 나누는 이 둘은 어떤 사이일까 궁금했으나 의자에서 처음 만난 사이임을 이야기 속에서 알 수 있었다. 무엇이 그들을 정답게 만들었을까 . 자리에 앉은 편안함에 마음도 여유로워지고, 대화에 주린 사람끼리 한 자리에 앉았다는 공유감에서 마음의 문을 열어 통하게 되지 않았을지. 내가 이들에게 방해가 될까봐 맨 끝 의자에 앉아 책을 펴 들었다.

이제는 차 기다리는 시간이 아깝거나 지루하지 않았다. 조각 시간을 이용하고 무료한 시간을 메우려고 책을 가지고 다니긴 하지만 서 있는 상태에서는 엄두를 내지 못했다. 같은 시간이라도 서서 기다릴 때는 마음이 조급해서 차가 오는 쪽을 눈이 빠지게 바라보며 초조감에 짜증도 나 시간이 배나 길게 느껴지지만, 의자에 편히 앉아 책을 읽거나 느긋한 마음으로 옆 사람과 대화를 하다보면, '벌써 차가 왔네.' 하는 생각이 들 정도다. 앉은 자와 선자의 시간개념은 같지 않음을 느낀다.

나는 온수역 앞에 있는 나무의자를 특별한 감정으로 보고 쓰다듬는다. 이 나무는 살아서 여러 모로 사람에게 유익한 것을 주었고, 죽어서는 의자가 되어 쉼터와 소통의 공간이 되어준 그 의자에 내 어찌 애착이 가지 않겠는가.

<월간문학> 2002년 6월

별난 재미

그대는 가로등도 없는 외진 들길을 건너 어두운 산을 올라가 본 적이 있는가. 그것도 비가 세차게 쏟아지는 새벽 세 시에… 그렇다고 대답하면 혀를 찰 사람이 있을 것이다. 처음엔 조금 무섭고 긴장했지만 그 일을 해냈을 때 느끼는 희열, 그 감정을 경험하지 않고 어떻게 알 수 있으랴.

언젠가 산에 다녀온 남편의 손에 알밤 몇 개가 들려 있었다. 토종밤 치고는 제법 알이 차 있었다. 그 이후로도 가끔 알밤을 주워 왔는데 꼭 서너 알뿐이라서, 당신 눈에는 그 이상은 보이지 않느냐고 핀잔을 주었더니 이 정도면 우리 식구가 맛볼 수 있지 않느냐. 주머니에 넣거나 그릇을 챙기면 욕심이라고 하였다.

알밤을 주울 때 얼마나 손맛이 옹골질까 체험하고 싶어 한번은 채비를 단단히 하고 나섰다. 의외로 밤을 줍는 이가 많았다. 다음에는 이들보다 먼저 나와야지 다짐을 했지만 언제나 사람들이 다녀간 뒤였다.

추분 무렵의 아침 다섯 시는 어둠에 묻혀 앞이 보이지 않았다. 산

쪽은 더 캄캄했다. 미리 나가서 날 새기를 기다릴 셈이었다. 숲속으로 들어가 나무 그루터기에 오도카니 앉아 날이 새는 것을 지켜보는 맛도 쏠쏠하고 여기저기서 밤 떨어지는 소리를 듣는 재미도 이채로웠다. 그 소리만으로도 어디쯤 떨어지는지 방향도 짐작하고 굵기를 가늠 할 수도 있어, 날만 새면 다 내 손에 들어올 것을 상상하며 회심의 미소를 지었다. 산 밑 길에 먼저 나타난 사람은 약수터로 물 뜨러 가는 아낙들이다. "즈그들이 용돈 좀 주고 생색을 내는디, 그 돈 어디로 가겠나. 다 지 새끼들한테 도로 가지." "자식한테 받을 때 재미, 손주에게 주는 재미, 내가 지니고 있는 동안 든든한 재미지." 그들은 자기들의 말을 숲 속에서 듣는 사람이 있다는 것을 꿈에도 생각지 못하리라.

그들이 떠들썩한 소리를 내며 지나가자, 잠자던 생물들도 눈을 뜨는지 살아있음을 확인하듯 마른 잎이 부스럭거렸다. 새날이 시작되는 모습을 혼자 지켜보는 재미를 누가 알랴. 입을 조금 벌리고 있는 아람을 주워 한 발로 누르고 힘껏 껍질을 벗기면 가시 속에 묻혀 있던 알밤이 두 개나 세 개씩 드러난다. 그것을 줍는 고소함이라니.

드디어 날이 밝기 시작했다. 밤새 떨어진 알밤이 수두룩할 줄 알았는데 어림도 없다. 그때 배낭을 묵직하게 멘 여자들 몇이 내려왔다. 이게 어찌된 일인가. 내가 산에 왔을 때는 아무도 없었고, 어두워서 반시간이나 기다렸는데 그들은 하늘에서 떨어졌나 땅에서 솟았나. 내 뒤에 온 사람한테 저들은 언제 왔기에 벌써 내려가느냐고 묻자, 그들은 밤이 많은 곳을 알아 두었다가 새벽 4시만 되면 이 산 저 산 옮겨 다니며 큰 것만 주워서 파는 사람들이라고 귀띔해 주었다.

그들이 훑고 지나갔다고 해도 찬찬히 들여다보면 손 빠진 자리가 있게 마련이라서 제법 굵은 알맹이가 내 손에 들어 왔을 때는 행운을 만난 듯 했다. 보물찾기 할 때처럼 어떤 것은 풀숲에 숨어있기도 하고, 나무가 갈라진 틈에 끼어있는가 하면, 키 작은 나무에 아람이 살짝 얹혀 있기도 해서, 요놈 봐라, 두 번째로 온 나를 위해 시치미 딱 떼고 내 손길을 기다렸다고 생각하니 흐뭇했다.

날이 밝자 사람들이 모여들었다. 내가 어떻게 하면 밤 산에 맨 첫 발을 디딜 수 있을까 궁리 끝에 비바람 부는 날을 택하기로 했다. 남편에게 내 뜻을 알리고 동행해 줄 것을 간청했으나, 대뜸 미쳤느냐는 대꾸다. 밤을 한 말쯤 사다 줄 테니 제발 극성떨지 말라고 한다. 누가 밤이 먹고 싶어 그런가. 산에서 주울 때의 독특한 재미, 입을 벌리고 있는 아람을 깔 때의 옹골찬 맛, 알밤을 호주머니에 넣고 만지작거릴 때의 그 반질반질한 촉감, 그런 맛을 모르는 사람에게 내 요구는 가당키나 하겠는가. 하지만 설마 비가 억수로 쏟아지는 캄캄한 새벽에 아내 혼자 산으로 가게 하지는 않겠지, 믿는 구석은 있었다.

한편 못 나가게 할까봐 걱정이 되어 슬그머니 일어나 비옷을 입고 손전등을 들고 집을 나섰다. 새벽 세 시였다. 가로등이 있는 행길을 벗어나 들길로 접어들었을 때 저만큼 웬 사람이 오고 있었다. 사람이 제일 무섭다더니 오싹했다. 노란 비옷을 입고 두둑한 배낭을 멘 젊은 여자였다. 안심이 되었다. 지난번과는 달리 이번에는 손전등을 마련해서 길 가기가 한결 수월했다. 그 여자에게 첫 번째를 놓쳐서 맥은 풀렸지만 다른 사람들이 없어 기대했던 만큼 여기저기 널려 있는 밤을 주울 수 있었다. 아무도 없으니 허겁지겁하지 않고 느긋하게 큰 걸 골라 줍는 재미가 뿌듯했다. 손에 든 가방이 묵직해서야 밤 줍기를 멈추었다.

산 아래 개울을 건너고 있는데 남편이 왔다. 자기 생각엔 아무리 모험심이 강하고 스릴을 즐기는 여자라고 해도 설마 혼자는 못 갔겠지 하고 마음 놓고 잤다고 한다. 남편이, 밤이 든 가방을 빼앗아 개울에 던져버리려고 해서 간신히 뺏었다. 밤 줍는 재미는 이미 만끽했으니 이웃들에게 조금씩 나눠 주며 새벽 세 시 사건을 무용담처럼 자랑할 셈이었는데 하마터면 그 재미를 놓칠 뻔하였다.

아버지 제사에 가지고 갈 것을 제일 먼저 골라 놓으며 아버지의 영혼이 이 밤 주운 사연을 아신다면 뭐라고 하실지 생각해 보았다. '네 어머니와 내가 너를 가졌을 때 남자답게 용감하고 씩씩하여 거칠 것 없는 삶을 살라고 태교를 하길 잘했구나' 하시지 않을까? '여자라도 하고 싶은 것은 하고 사는 것이 사람 사는 맛이니라.'라는 말씀도 덧붙이실 것 같다.

<에세이21> 2006년 겨울

듣기

지난봄에 버지니아 공과대학에서 총기사건이 일어났을 때 우리 국민은 처음엔 놀랐고 그 다음엔 가슴 아파했고 창피했고 부끄러웠다. 그리고 미안했다. 조승희 군이 다른 민족이었어도 그랬을까. 우리는 그가 내 자식이나 된 듯 죄책감을 공유했었다.

그 뉴스를 듣자마다 큰아들이 이층에서 뛰어 내려왔다. 그러고는 대뜸 "조승희 주위에 제 동생 같은 애가 있었으면 그런 끔직한 사고는 미연에 방지할 수 있었고 조승희도 목숨을 잃지 않았을 것"이라고 했다.

큰애는 제 동생이 함께 있는 사람의 마음을 편하게 해 주어 마음의 문을 열게 하고 마음 문이 열리면 말문이 열려서 품고 있던 불만이나 걱정을 털어놓게 한다고 전에도 말해 왔었다. 그렇게 누구에게 쏟아 내고 나면 좀 후련해진다는 것이었다. 그래서인지 둘째 아들에게는 친구가 많고 만나자고 하는 사람도 많다.

그렇다고 그 애한테 무슨 뾰족한 수가 있는 것도 아니고 논리 정연한 화술이 있거나 설득력이 뛰어난 편도 아니다. 또 답답한 속을 시원하게 뚫어 줄 만큼 말솜씨가 유창한 것도 아니고, 상대의 상처를 어루만지고 위로해 주는 달콤한 말도 할 줄 모른다.

같은 회사에 다니는 유능한 한 선배는 외국 출장이 잦아 만날 시간이 없어 종종 전화가 오는데, 내가 한번 통화하는 것을 옆에서 들은 적이 있다. 그쪽에서 무슨 말을 하는지 알 수 없으나 둘째 애의 대답은 대충 이랬다. 그랬어요? 그렇겠네요~ 그래서요? 속상했을 텐데 어떻게 했어요? 등등 별로 도움이 될 것 같지도 않지만 열심히 들어주며 맞장구를 치고 호응을 했다. 사람 사는 문제가 인간관계에서 오는 것이라 직장에서 윗사람이나 아랫사람과의 불화, 동료와의 불편한 관계, 업무에서 오는 스트레스, 가정사의 복잡한 문제 등으로 근심걱정이 쌓이고 원망, 분노, 미움, 억울하다는 생각으로 뭉쳐 있다가 털어놓고 나면 마음이 풀리고 느긋해진다고 한다.

둘째 애가 회사에 입사했을 때 큰애가 하는 말이 "그런 대기업에서는 너를 기능적인 연구원으로보다는 네 인화력이나 친화력을 잘 활용하여 인간관계에 윤활유 역할을 하도록 하는 것이 더 유익할 거다."라고도 했었다. 큰애는 제 동생에게 또 물었다. 직장에서 싫거나 미운 사람이 있느냐고, 한 사람도 없다는 대답에 형이 제 동생을 물끄러미 쳐다본 기억이 난다.

둘째 애의 친구 중에 남 보기에는 부러운 대상이라 걱정거리가 없을 듯한데, 본인한테는 말 못할 고민이 있다는 친구가 있었다. 능력이 있어 좋은 회사에서 인정을 받고 있는데 그 점이 스트레스가 되어 밤에 잠도 안 온다고 하더란다. 중요한 일은 모두 그 친구에게 맡길 정도로 주위에서 너무 기대를 하니 부담감이 짐처럼 무겁고,

다른 직원들에게는 눈치가 보여 우울증에 걸릴 것 같다고 자신의 심정을 털어놓았다고 한다. 그래서 궁리 끝에 전도를 해서 지금은 교회에 잘 다니고 있다고 들었다.

그렇게 답답하고 어떻게 해야 할지 갈피를 잡지 못할 때, 억장이 무너질 것 같을 때, 간절한 바람이 있을 때, 마음에 품은 것을 다 쏟아놓고 호소할 수 있는 대상이 있고 또 그로 인해 해소할 수 있다면 참으로 다행이 아닐까.

우리 애가 완벽하거나 너무 똑똑하거나 잘났으면 사람들이 잘 따르지 않았을지 모른다. 어딘가 허점이 있는 듯이 보이는 인상이 남에게 친근감을 주는 모양이었다. 오죽하면 운전면허를 딸 때 운전 강사가 작은 애에게 자기 실연당한 얘기를 다 했겠는가.

언젠가 누구에게 저녁 식사를 대접받고 온 둘째 표정이 상기되어 있었다. 까닭인즉 친구 아무개가 취직이 되어 저한테만 특별히 한턱을 냈다는 것이었다. 아무개라면 나도 아는 친구였다. 그는 집안 형편도 어렵고 성적도 좋지 않아 대학을 포기하고 군대에 갔었는데 제대한 뒤에 대학에 가려고 공부를 시작했으니 우리 아이에게 도와달라고 한 적이 있었다. 그런데 아이를 자꾸 불러내니 나로서는 못마땅할 수밖에 없었다. 그 당시 우리가 살던 집 가까이에 도서관이 있었는데도 그 친구의 동네까지 차를 갈아타고 다니며 시간을 낭비하니 어미로서는 답답할 노릇이었다. 하지만 둘째 애는 그 친구가 얼마나 공부를 열심히 하는지 그렇게만 하면 일 년 뒤에는 대학에 갈 수 있겠다고 힘을 실어 주었다. 그 친구는 결국 대학에 합격했다.

그런 후에는 학교에서 장학금을 받게 되었다고 한 턱을 내더니 이번에는 또 취직을 했다고 낸 것이다.

몇 년 동안 공부와 담 쌓고 군 생활을 한 터에 친구의 도움만으로 대학에 가겠다는 생각을 하는 것은 무리가 아닐까. 공연히 우리 애의 시간만 낭비해 대학원에 갈 준비도 못하게 만드는 건 아닌지 불안했었다. 그러나 내 걱정과는 달리 둘째 애는 그 친구를 끌어 올려 같이 가는 것이 행복하다고 생각했다 한다.

둘째 애는 남의 말에 귀 기울여 주는 것으로 보람을 찾는다고 했다. 그렇다면 더 늦기 전에 제 짝을 찾으라는 이 어미의 말에는 왜 귀를 기울이지 않는지 모르겠다.

아무쪼록 앞으로도 둘째 아들이 상담자나 조언자에 앞서 꼭꼭 잠긴 마음의 문을 열고 말문을 여는 열쇠 노릇을 했으면 싶다. 맺힌 마음을 풀어내게 하려면 남의 말을 잘 들어 주기만 하면 된다는 이 간단한 해답을 나는 아들에게서 배웠다.

<에세이 21> 2007년 겨울

생일

꽃물결이 넘쳐나고 푸르름이 공간을 채우는 오월은 기온 또한 가운데 토막에 들어있어 따사로운 나날이다. 오월은 가정의 달, 거기에 걸맞게 우리 가족에게도 뜻있는 날이 모여 있다. 큰아들 생일에 이어 내 생일이 있고 우리의 결혼기념일도 오월에 있다.

하지만 남편은 그런 날에 의미를 부여해 여행을 계획하거나 깜짝 놀랄 이벤트를 마련해 즐겁게 해준 적이 없는, 도대체 재미라고는 없는 무덤덤한 사람이다. 그런 남편이 지난해 내 생일에는 소래포구에 가자고 했다. 내가 생선회를 좋아하는 것은 알지만, 뜬금없는 제안이 뜻밖이었다.

바다를 향한 전망 좋은 횟집 창가에 앉았을 때, 어떤 낯선 남자가 우리를 맞아주었다. 그는 다름 아닌 Y라는 남편의 군대 동기생인 친구였다. 내가 만난 일은 없지만 이야기는 많이 들었고 신세를 진 적도 있는 사람이다. 남편이 그 친구를 얘기할 때 '된 사람'이라 일컬어 오지 않았던가.

35년 전 내가 청주 오산부인과에서 첫아이를 낳을 때의 일이다.

임신중독증에 난산이어서 10일 간 입원해 있을 때 아는 이 하나 없는 객지에서 유일하게 찾아준 사람이었다. 큰애가 태어나서 부모나 병원 식구 외에 첫 대면을 한 사람이기도 하다. 뿐만 아니라 여러 명의 간호사들에게 꽤 큰 액수의 팁을 각각 주었고, 우리는 그들로부터 친절한 보살핌을 아낌없이 받게 되었다.

그러한 남다른 인연을 간직하며 소중하게 가꾸려 하였으나, 그것은 생각일 뿐이었다. 무심한 우리 부부는 아직 보답을 못한 채 세월만 보내다가, 나와 처음으로 만나게 된 셈이다.

남편이 친구들 모임에 다녀온 날이면 Y의 이야기를 가끔 한다. "그 친구 고지식하기는 나보다 한수 위다"고 하면서 동료들이 거의 다 무임승차권을 이용하는 나이가 되었고, 그 친구만 한 살 아래여서 혼자만 표를 산다고 한다. 머리 염색을 하지 않은 까닭에 나이가 더 들어 보이기도 하였다. 어떤 친구가 자기 무료승차권을 받아오면서 그 친구 것까지 받아서 주었으나, 그는 창구로 가서 "저 친구가 내 나이를 정확하게 모르고 받아왔다."고 하며 반납하고 다시 사온다고 한다.

Y가 젊었을 때 직장에서 돈과 권력이 따르는, 속된 말로 끝발 좋은 자리에서 근무하였다. 그렇다 해도 주어진 것을 오래 누리기 위해선, 돈을 긁어모아 상납도 잘하고 아부도 잘해야 한다는 사회 통념과는 다르게 그 친구는 아랫사람에게 후하고 의리 있고 진실한 사람이어서 승진이 척척 되진 않았다. 그렇게 욕심을 버리고 양심적으로 살다보니 돈이 많거나 출세하였다고 볼 수는 없지만, 그는 항상 떳떳하고 마음이 넉넉해서 늘 부자처럼 산다고 들었다. 지금은

손주들 돌보는 재미가 쏠쏠한지 보약보다 낫다고 행복해 한다고 한다.

내가 생선회를 좋아한다는 것을 남편으로부터 이야기 중에 들어서 알았고, 마침 딴 돈이 생겨 내 생일을 챙겨준 것이다. 그 딴 돈이란, 오래 전(20년 전이라던가) 그 부부가 보험을 하나씩 들었다고 한다. 지금까지 사고도 당하지 않고, 큰 병도 없이 지내다가 만기가 되어 보험금을 타게 되어 공돈이나 진배없다고 하였다. 가입할 당시에는 그리 적게 느껴지지 않았는데 막상 타고 보니 그 기십만 원씩을 어떻게 쓸까, 숙고 끝에 가까스로 결정을 내려 부인 몫으로는 부인이 제주도를 다녀왔고, 본인 몫은 친구 부인 생일에 사용하기로 한 것이다.

돈이라고 어디 다 같은 돈인가. 어떻게 생긴 것인가에 따라 차이가 있고, 액수 못지않게 20년 동안 마음과 함께 걸어온 가치가 더 중요하지 않을까. 도대체 내가 무엇이기에, Y에게 있어 나는 친구의 아내에 지나지 않을 뿐인데 그 긴 시간에 담긴 성의가 내 생일상에 얹어 있음을 생각하자 눈물겹다. Y는 자기의 아내는 외손자를 돌보느라 같이 오지 못했다며 못내 미안해한다. 나 역시 혼자서 이 벅찬 대접을 받기에 감당할 수 없어 몸둘 바를 모르겠다.

Y가 잘 아는 횟집에 부탁해서 싱싱한 횟감으로만 차려진 내 생일상이었고 그는 내 앞 접시에 자꾸만 이것저것 살점을 먹을 새 없이 집어놓아 밀려 있는데 자연산이라고 전복 살을 연방 내게 밀어놓아 준다. 횟감이 싱싱해서 바다로 뛰어갈 듯한 것이 혀에 감기는데 바다를 바라보며 씹는 내 마음이 촉촉이 젖어온다. 그 물기가 눈으로

나올까 봐 눈에 힘을 주느라 맛도 모르고 먹었다.

Y와 헤어져 돌아오면서 남편에게 윤송명 씨 같은 좋은 친구를 두어서 행복하겠다고 했더니, 그런 사람에게 생일상을 받아서 더 행복하지 않느냐고 되묻는다. 난 속으로 친구 부인한테도 그처럼 마음을 세심하게 쓰는 사람이 자기 부인에게는 오죽할까 하고 생각했다.

나는 빚을 지고 오면서 아무리 생각해도 그에 상응하는 것으로 보답할 길이 없어 발걸음이 가볍지 않았다. 20년 동안 보험을 부어 탄 돈을 남을 위해 쏟을만한 그릇이 내게는 없다는 것을 알기에 그렇다.

구부러진 길

우리 집 가까이 저수지를 낀 삼거리가 있고 거기서부터 흙길이 이어진다.

구부러진 흙길 사이로 왼편에는 빌라 단지에 딸린 텃밭이 펼쳐지고. 그 밭에는 여러 가지 채소며 곡식이 자라고 있어 그 풋풋함을 씻어온 푸른 바람이 불어오는가 하면 오른편에서는 저수지의 물결을 달음질 쳐온 맑은 바람이 일렁이기도 한다. 텃밭에는 내 손길이 머문 흔적들도 자기 존재를 확인하듯 나풀대고 있을 것이다.

저수지 가장자리에는 강태공들이 둘러 앉아 시간을 낚는지 물고기와 '어디 잡히나 봐라, 어디 못 잡나 봐라' 하며 서로 겨루기를 하는지 거기에 빠져있다. 갈대숲이 자리한 쪽에는 백로가 고고한 자세로 사람들을 하찮다는 듯 바라보고 청동오리 떼도 서서히 유영을 한다. 저수지에는 낚시꾼도 백로도 오리 떼도 서두름이 없어 조용할 뿐이다. 그 옆 무논에서는 개구리가 목청이 터지도록 울어댄다. 애들을 앞세운 부모들은 이 산책길에서 현장학습 하듯 설명하느라 열심이다. "애들아, 저것은 보리밭이다. 바람이 불때마다 푸른 물결이 출렁이니 멋있지.” 하고 감탄을 하며 보릿고개 이야기도 해준다.

더 아름다운 풍경은 완두콩 밭에서 벌어지고 있다. 텃밭을 부치지 앉는 동산 마을 사람들이 삼삼오오 짝을 지어 자기들이 가지고 갈 콩을 따는 모습이 아름답다. 공력 들여 지은 농산물을 그들과 나누려고 콩 따는 날 초대를 한 것이다. 완두콩 밭 끄트머리 울 밖에는 강원도 아주머니가 심은 결명자가 오가는 이들의 화젯거리다. 흔하지 않은 데다 밤에는 나비 날개처럼 생긴 이파리를 접고 낮에는 펴는 모양이 신기해서 그러나보다. 강원도 아주머니는 노(老)시어머니를 모시고 당뇨병으로 투병하는 남편과 직장에 다니는 며느리에 손자까지 4대가 한 지붕 안에 살면서도 늘 밝은 표정이다. 뿐만 아니다. 씨앗이나 모종을 넉넉하게 마련해서 텃밭 이웃과 나누는 후덕한 그 아주머니도 구부러진 길에서 만날 수 있다. 거기를 벗어나면 나지막한 산자락이 다가 오고 뻐꾹새 소리가 우리를 맞아준다. 고향 앞동산이나 산모퉁이에서 듣던 뻐꾸기 울음소리를 이곳에 이사 온 후로 듣게 되어 반가웠다. 몇 십 년 만에 듣는 뻐꾸기 소리가 향수를 자극한다.

구부러진 흙길이 내 발을 안식으로 받아주고 그 길에 들어서면 한가로움을 데려다 주어 마음의 여유가 생긴다. 이 길에서는 걷는 자체를 즐기다보면 운동은 저절로 따라온다. 목적지에 도달하기 위함이 아니어서 유유자적하다. — 쫒기는 자 분주한 자는 다른 길로 가라 — 한다. 때로는 혼자 명상에 잠기며 생각을 키우거나 통하는 사람과 도란도란 대화를 나누기에 알맞은 길이다. 이 길이 일직선으로 되어 있다면, 시멘트나 우레탄 블록으로 흙을 덮었다면 얼마나 멋없고 지루할까.

이곳에 수목원이 생긴다는 발표가 있었다. 환경은 좋아질 것으로 생각했다. 우리 동네주민들은, 아파트 단지가 들어서면 텃밭보상도 제값을 받을 텐데 수목원일 때 헐값으로 수용당해 억울하다는 여론도 만만치 않았다. 그래도 다른 것보다 수목을 심어 가꾸면 공기는 맑아지리라고 위안을 삼아왔다. 하지만 텃밭에 위락시설이 생기거나, 안내소라는 이름으로 주차장을 만들려고 한다면 그것만은 결사코 막아야 한다고 뜻을 뭉치고 있다. 이 길이 바뀌면 어쩌나 이 또한 걱정이 아닐 수 없다. 휘어진 모양을 살려서 운치 있는 길이었으면 한다. 밭 언저리에서 측량을 하는 사람과 같이 있는 구청직원에게 물어봤을 때 이미 계획이 구체적으로 짜여 있는 듯 했다. 그가 말하길 비가 오면 흙길은 질퍽이고 지저분하지만 우레탄 블록을 깔면 깨끗하고 편하다고 했다. 이 흙길은 비가 와도 촉촉하게 스며들어 질컥거리지 않을 뿐더러 천기와 지기가 통하고 숨을 쉬는 자연의 흙길보다 더 좋은 길은 없고 건강에도 최고라고 알고 있는데….

걷는 것이 건강의 첩경이라고 해서 걷는 사람들이 점점 늘어난다. 그런데 주민들과 공청회 한번 없이 일방적으로 결정하는 것은 시대착오적인 발상이 아닐까. 우레탄을 깔아 좋아 할 사람은 생산업자와 유통업자일 뿐이라고 했더니 이웃이 거든다. 일을 벌려야 떡고물이 생기는 자들도 있다는 것이다. 자기들 돈이라면 결코 안할 일도 세금이니까 쉽게 쓰는 것은 아닌지.

지레짐작으로 하는 내 걱정을 듣던 이웃도 맞장구를 친다. '공무원들은 자 대고 일자를 긋기 좋아해서 구부러진 길도 일자로 고치려 할지 모르겠네요'라고. 하지만 이 지역의 책임자(구청장님)는 문화 예술에 조예가 있고 환경에 관심이 많은 분별 있는 사람이어서 유혹과 설득에 휘둘리지 않을 거라고 확신하기에 안심이 되기도 한다.

요전에 모 방송국에서 나와 우리가 사는 단지에서 텃밭을 가꾸는 몇몇 사람들의 모습을 취재해 간 일이 있다. 그 방송이 나오는 것을 보면서, 인터뷰할 때 텃밭 이야기만 하고 흙길 얘기가 빠진 것이 안타까웠다. 여기 살면서 좋은 것이 무엇이냐고 물을 때 무공해로 길러 먹고 나누는 재미도 좋지만, '울타리에서 길 건너부터 흙길을 거닐 수 있어 행복하다. 서울 속의 농촌에서 살며 삶을 사랑하게 되었다. 자연과의 소통이 사람과의 소통으로 이어지는 까닭이다.'고 유창하게 대답을 못하는 어눌한 내 말주변이라니.

맘 내킬 때마다 거리낌 없이 나설 수 있는 구부러진 길 가까이 살게 되어 다행이라고 생각하며 앞으로도 그런 곳으로 오래오래 남아 있기를 바란다.

<좋은 수필> 2007년 겨울

관심

추위가 정신을 번쩍 나게 하는 겨울이다. 이맘때가 되면 과일장수 그 노인생각이 겨울 길목을 막듯 지키고 있다.

벌써 여러 해 전 일이다. 남편이 퇴근길에 과일을 큰 봉지에 가득 사서 무겁게 들고 왔다. 평소에 손에 드는 것을 싫어해서 늘 빈손이던 사람이 어쩐 일인가 하고 의아스러워 했다. 그런데 과일을 쏟아 놓고 어이가 없었다. 모두 상했거나 비뚤어지거나 덜 익은 것뿐이었다. 어디서 이런 것만 골라 사왔느냐 얼마나 못된 장수가 이따위를 팔 수 있느냐. 이렇게 장수를 탓하고 남편을 핀잔으로 몰아 세웠다.

그러나 남편 대답은 뜻밖이었다. 전철역 앞 굴다리에서 한쪽 팔다리가 부실한 노인이 떨이를 못해, 추위와 어둠이 밀려오는 그 시간까지 떨고 있어 남은 과일을 모조리 사왔다고 했다. 듣고 보니 타박할 일만은 아니었다. 우선 아이들에게 비칠 아버지상을 위해서도 그 정도의 투자(?)는 감수할 만했다. 하지만 문제는 그게 한두 번으로 끝나는 것이 아니고 이틀이 멀다하고 이어지고 있어 그 해 겨우 내내 반절은 버리면서 맛없는 과일만 먹게 되었다.

병아리 털 같은 햇볕이 어깨를 펴게 하는 봄이 되자, 남편이 과일 떨이를 해오던 횟수도 뜸해져서 점차 그 일도 잊어갈 무렵이다.

늦봄의 한낮에 남편과 굴다리를 지나오는데 손수레에 쌓인 수박이 눈에 들어왔다. 제철도 아닌데 저렇게 큰 수박이 나왔을까 놀라워하며, 애들이 제철에 나온 것보다 앞질러 나온 과일을 먹고 싶어 해서 사려고 고르는데 그 장수가 남편의 귀에 대로 뭐라고 소곤대는 것이었다. 그러자 돈을 꺼내려던 남편이 그냥 넣으며 다음에 사고 오늘은 그냥 가자고 하는 게 아닌가. 그가 뭐라고 했기에 그럴까. 요새 수박이 비싸기만 할 뿐 맛도 안 들었고 설익은 것이 태반이니 사지 말라고 하더라는 것이다. 지난겨울 동안 내내 떨이를 해준 사람에게 덜 익은 수박을 팔기에는 양심이 허락지 않았으리라. 그날 남편은 매우 상기된 표정으로 의기양양한 모습이었다. 그 노인이 배신하지 않았음에 보람을 느꼈나보다.

가족들도 비록 맛없는 과일을 먹었지만 마음이 훈훈했음도 바로 그런 연유일 것이다.

그 장수가 그 이듬해부터 보이지 않았다. 몸도 성치 않은 노인이 어디 아프기라도 한 것은 아닐까. 걱정 반 궁금 반으로 그의 근황을 상상하기도 했다. 썰렁한 방에 혼자 앓고 있을 것 같기도 하고, 장사하다가 과로로 길거리에 쓰러져 세상을 뜬 것은 아닐까 하는 불길한 생각도 들었다. 내 생각을 식구들에게 털어놓자 아들애가 하는 말이 아마 그 할아버지 아들이 돈을 잘 벌게 되어서 편히 쉬게 하는가 보다고 했다. 그럴 수도 있다 생각하니 마음이 편해졌다. 그래서 그 노인에 대한 관심의 끈도 풀어져 나갔다.

어느 날 굴다리를 지나는데 과일장수가 차지했던 자리에서 십대 후반으로 보이는 아직 수줍은 티가 남아있는 청년이 풀빵을 구워 팔고 있었다. 그 나이면 공부하랴 놀러 다니랴 자유분방할 때에 사람이 많이 다니는 길목에서 풀빵을 구워 팔자면 창피한 생각도 들텐데 늦은 밤까지 묵묵히 하고 있었다. 그는 말을 하지도 웃지도 않고 눈길은 오직 풀빵 굽는 손만 따라 움직이고 풀빵 달라고 하면 말없이 건네줄 뿐이다. 장사가 서툰 것을 보면 이번이 처음 시작했나 보다. 그래도 목이 좋아 장사가 잘되어 빵은 굽기가 바쁘게 동이 났다.

남편은 앳된 표정이 마음에 쓰였던지 풀빵을 사면서 이것저것 물어보니까, 열아홉 살이고 올해 대학에 입학을 했는데 겨울 방학을 이용해 풀빵장사를 해서 학비를 마련할 계획이라니 기특하다며 풀빵 사오는 날이 더 잦아졌다.

두 아들애가 학교에 오갈 때마다 그 길로 다니는데 건성으로 지나치지 않고 그 학생을 보며 무엇인가를 생각하고 깨닫게 되기를 바라기도 하였다.

그 학생이 굴다리 아래서 풀빵장사를 시작하고 몇 번의 겨울이 지나는 동안 어려 보이던 모습도 당당해지고 어엿한 장년으로 변해가고 있었다. 작년 겨울에는 애인으로 보이는 아가씨가 옆에서 거들어 주고 있어 보기에도 좋고 마음이 든든했다.

올해는 풀빵 틀 둘레 분위기가 새로워졌다. 작년 겨울에 곁에서 도와주던 색시가 애기를 업고 남자가 구워낸 빵을 봉지에 담아주고 돈을 받고 있었다.

애기 아빠는 빵을 구우면서 틈틈이 애기와 눈을 맞추며 얼러댄다. 처음 볼 때 수심에 찬 눈빛이며 외로움을 타던 그가 이제 생기와 의욕이 표정에 넘쳐났다. 부양가족이 늘어난 만큼 생활의 뿌리도 더 깊게 뻗어 더욱 성실해졌나 보다.

나는 이 젊은이를 처음 대할 때부터 과일장수 노인과 연관을 지어 생각하게 되었다. 그 노인이 장사를 그만 두자 이 젊은이가 자리를 지키며 장사를 하게 되어서 그런 생각을 했는지, 아니면 이렇게 착실한 사람이 그 노인이 늦게 둔 아들이었으면 하는 나의 희망이었는지도 모른다.

과일장수가 늘그막에 얻은 아들을 리어카를 끌며 장사를 해서 어렵게 키워 이처럼 의젓한 생활인이 되어 며느리를 맞고 손자까지 보았다. 그래서 행복감으로 노후를 감싸준다면 지난 날 고생이 헛되지 않았음에 감사할 것이 아닌가. 이같이 내 나름으로 상상을 하며 마음을 다독였다.

나는 오늘 굴다리 앞을 지나오다가 풀빵을 사면서 젊은이와 애기 얼굴을 번갈아 보며 그 속에서 과일장수 모습을 찾기에 바빴다. 어딘지 모르게 닮은 것 같기도 하고 또 그렇지 않은 것도 같다. 그렇다고 이 자리에서 과일을 팔던 노인이 혹시 아버지가 아니냐고 물어보지 못했다. 오늘도 물어 볼까 망설이다가 그냥 돌아섰다. 물었다가 고개를 살래살래 흔들까 봐 확인을 보류한 채 그 아들이기를 바라는 마음만 키운다. 미지는 아름다운 거라고 자위한다.

갑자기 그 노인 생각이 난 것은 차가운 겨울이어서 인가보다.

<隨筆과 批評> 1993년 3월

육교위의 만물상

간밤에 내린 눈이 지상의 모든 것을 하얀색으로 덮고 있다. 어제까지도 온갖 것들이 제 모습을 드러내고 있었는데 모처럼 온 눈으로 하여금 쓰레기더미며 추한 모든 것을 흰빛 속에 감추어서 신선함으로만 채워진 아침이다.

이 깨끗한 눈빛에 눈이 부신 눈길을 걸어서 우편취급소를 가면서, 오늘처럼 추운 날에도 육교 위의 만물상 노인이 나와 있을까, 그런 생각을 했다. 우편취급소를 갈 때는 그 육교를 지나야 한다. 육교 위를 지날 때마다 오밀조밀한 잡화물이 가장자리에 줄지어 있어 눈요기 거리가 되어준다. 뿐만 아니라 어쩌다 소용되는 잡다한 것을 어디서 사야할지, 철물점에서 파는 것인지 문구점에 있는지 전파사에 속한 것인지 모를 때, 육교 위 만물상에 가면 쉽게 구하게 된다. 고무줄, 스카치테이프, 냄비 뚜껑 꼭지, 효자손, 다리미 받침대, 가위 등등 그 종류만 해도 백여 가지가 될 것 같아 내가 만물상이라 칭한 것이다.

이 육교를 지나는 사람이 그리 많지 않아서 붐비거나 복잡해서

행인들에게 불편을 주는 일은 없다. 거기서 파는 것들은 소모되는 물건이 아니어서 사는 사람이 가뭄에 콩 나듯 드물고 토정비결이나 당사주를 보는 이가 가끔 눈에 뜨일 뿐이다.

육교에 오르는 계단에 들어서자 눈이 싹 쓸어져 있다. 만물상 노인이 오늘도 나와 있구나, 반가웠다. 이 추위에도 나올 만큼 성실하고 건강하다는 느낌이 들었다, 육교 위에는 벌써 물건을 진열해 놓고 노인은 잠바 호주머니에 손을 깊숙이 찌른 채 왔다 갔다 하고 있었다. 이 장수는 사시사철 중절모를 쓰고 잠바차림이다. 작달막한 키에 검은 피부가 다부진 모습으로 보여서 그런지 나이보다 젊게 보였다.

이 장수에게 내가 관심을 갖는 것은 오밀조밀한 물건들이 눈요기가 되어 주어서도 아니고 소속이 어딘지 모를 물건을 이곳에서 쉽게 구할 수 있어서만은 아니다. 이 장수가 육교에 있는 한 둘레가 항상 말끔하게 쓸어져 있음을 알기 때문이다.

볼썽사나운 것들이 흰 눈으로 덮여있어 산뜻함이 보기에 좋지만 육교의 계단만은 눈이 없는 것이 상책이다. 그 장수가 없었다면 눈은 그대로 쌓여있을 것이 아닌가. 그 눈이 녹고 다시 얼어붙기를 반복하는 여러 날 동안 미끄러워서 고생을 할 것이고 잘못하다간 넘어져서 다치기 십상이다.

육교의 면적만 쓸기에도 힘겨울 텐데 양족 네 군데에 있는 계단이 148개이고 층계참이 4개, 이것을 노인 혼자 다 쓸자면 시간은 얼마나 걸릴까. 겨울에는 손이 시리고 여름에는 땀을 흘리면서 매일 이렇게 비질을 하는 노인 덕에 상쾌한 기분으로 육교를 지나다니면서도 그러려니 했다. 하지만 그 분이 나오지 않은 날은 금세 표가 났다. 담배꽁초에 흙모래며 가래침이 범벅이 되어 눈 뜨고 보기에 역겨울 정도다. 이 노인의 역할이 크다는 것을 새삼 선거 때면 거창한 슬로건을 내걸지만 약속을 안 지키는 국회의원보다 이 장수의 숨은 봉사가 오히려 피부에 닿는다.

그런데 이 장수가 파는 물건이라는 것이 불과 몇 백 원에서 제일 비싼 것이 삼천 원에 지나지 않는다. 이런 것을 몇 개 팔아 보았자 도대체 남는 게 얼마나 될 것인가. 그 정도 벌이로 어떻게 생계를 꾸려갈까 은근히 걱정이 되었다.

어쩌면 이 노인에게는 부양가족이 딸려있어 장사를 하기보다 이미 가계를 책임질 믿음직스러운 아들이 있지만, 워낙 부지런해서 일손을 놓고 싶지 않아 푼돈이나마 만지는 재미로 이 장사를 할 수도 있지 않은가. 심심풀이로 오가는 사람 토정비결을 봐주며 소일 삼아 하는 것이라고 생각하니 마음이 편했다.

그 장수 곁에는 합성수지 제품인 파랑색 빗자루가 늘 있다. 그 많은 수의 계단을 쓰는 비를 어디에 맡겨두는지 가지고 다니는지 궁금해서 물어보았다. 빗자루를 맡아주는 이도 없고 놔두고 가자니 없어질지도 몰라 가지고 다닌다고 했다.

우편취급소에 갔다 오는 길에 그 노인에게 따끈한 차 한 잔 대접하려고 자동판매기를 찾아보았으나, 육교 부근에는 없어서 포기하고 말았다.

오는 설날에는 비질할 때 손 시리지 않게 장갑 한 켤레 선물하는 것, 잊지 말아야겠다.

땅거미가 질 무렵에 그 육교를 다시 가보았다. 베로 된 두 개의 가방에다 팔던 물건을 주섬주섬 담아 가방 하나는 어깨에 짊어지고 다른 손으로 가방과 빗자루를 포개어 들고 귀가를 서두르고 있었다. 그 장수의 중절모 위로 눈송이가 천천히 떨어지고 있다. 비를 든 손이 그 눈송이만큼이나 성스럽게 보였다.

SBS <행복 찾기> 1994년 2월

5.

자유인

씨앗 2

우리 집에서 거실과 주방 사이에 창틀 모양을 한 소통의 공간이 있다. 그 틀 턱에 자잘한 꽃이 핀 작은 화분 몇 개를 올려놓고 보거나 작은 골동품을 놓아두고 완상(玩賞)하기도 했다.

작년 가을부터는 그 자리에 내 손으로 심어 거둔 곡식들을 작은 플라스틱 병에 넣어 진열해 놓았다. 골동품이나 꽃보다 내게는 더 의미가 있고 보기 좋았다. 손님들도 곡식을 장식품으로 삼는 집은 처음 봤다며 흥미로운 반응을 보였다.

투명한 플라스틱 병 속에는 종류에 따라 크기와 색이 각각 다른 모양의 곡식이 들어있다. 이 곡식들은 씨앗용이다. 병 속에 넣어 뚜껑을 잘 막아두면 벌레가 생기지 않고 간수하기 편하며 찾기도 쉽다.

잠 안 오는 밤이나 너무 일찍 깨어난 새벽에 이 씨앗들을 오래 보고 있으면 귀가 트이어 씨앗들이 나누는 얘기가 들리는 듯하다. "이제 봄이 되었으니 엄마 품에 돌려보내 주세요. 가을부터 긴긴 겨울을 병 속에 갇혀 있어 답답해요." 이렇게 애원하는 것 같다. 이 씨앗을 품고 싶은 땅은 맘껏 부풀어 파종의 때임을 알려준다.

그리스 신화에서 농토의 버금 신이며 곡식의 왕 '데메테르'는 어머니고 씨앗의 신 '페르세포네'는 외동딸이다. 어느 날 저승의 신 '하데스'에게 외동딸이 납치된다. 데메테르는 페르세포네를 찾아 낮 비와 밤이슬을 맞으며 온 땅을 헤맨다. 딸이 저승의 왕비가 된 것을 나중에 알고 비탄에 빠져 울부짖고 한숨으로 지새며 제우스신에게 탄원을 했지만 저승은 신들의 영역 밖이어서 달리 해볼 도리가 없다. 다만 통신의 신 '헤르메스'만이 저승과 이승을 넘나들 수 있어 그를 통해 하데스와 협상을 한다. 그 결과 일 년의 반은 춥고 메마른 저승에 있고 나머지 반은 데메테르 곁에서 지내게 된다.

지금 어머니 대지는 씨앗을 품고 싶고 씨앗은 엄마 품에 묻히고 싶다. 우리 집 병 속의 씨앗은 저승에 갇혀있는 셈이다. 모든 생물은 종족번식의 본능을 갖고 있지만 저 병 속의 씨앗은 천년을 두어도 싹을 틔우지 못한다. 스스로 움직일 수 없는 가엾은 씨앗들을 내가 거두어 들였으니 내가 뿌려서 모녀의 만남을 주선해야 하지 않을까.

병 속의 씨앗 중에서 마음이 급해 조르는 것이 있다. "나는 푸른색이 고운 완두콩이에요. 루비에 비취색을 버무려 놓으면 나의 색을 흉내 낼 수 있을 거예요. 봄이 기지개를 펴기 전에 심어야 해요. 따라서 거두는 것도 일등이죠. 내 역할이 끝나고 자리를 비켜주면 다른 곡식을 심어 또 한 번 수확할 수 있으니 이 또한 미덕이 아닌가요." 완두콩의 이런 일깨움이 들리는 듯해서 당장 땅을 파고 심어야 할 것 같아 마음이 바빠진다.

곁에 있던 노란 메주콩에 귀 기울이자 "작년에는 너무 늦게 심어 반타작했던 거 잊지 않았겠죠. 농부는 모름지기 심을 때와 거둘 때를 알아야 한다고요. 쭉정이가 반이었던 것이 제대로 여물었다면 간장 된장 청국장에 여름날 구수한 콩국수도 실컷 해먹을 수 있을 텐데, 앞으로 때를 놓치지 마세요." 옳은 지적에 나는 뜨끔했다. 국산 콩으로 쑨 메주를 우리 방식으로 담근 된장이 항암 효과가 크다는 말도 떠올랐다.

"나도 한 마디 할 게요." 서리태 콩이다 서리태 하면 이미 이름에 콩이 붙었는데 콩 자를 또 붙인 격이다. '역전 앞'이나 '채전 밭'처럼… 어쨌든 서리태의 말을 들어보자.

"내 겉모습은 검어도 속살은 푸르지요. 검정색 곡식 치고 약이 되지 않는 것이 없다지요. 또 밥에 놓아먹는 콩 중엔 그 맛이 서리태를 따를 콩이 없구요. 또 있어요. 콩자반의 간판 격이 바로 검정콩이죠. 콩을 넣어 밥을 짓는 것도 한국인뿐이고 그래서 영양의 균형을 이루는 데 일조를 한다니 한국 사람은 지혜로운 민족인가 봐요." 맞다 맞아.

내 눈길은 어느새 빨간 색 팥으로 건너갔다. "빨간 색 곡식 병이 가운데 버티고 있으니 양쪽에 거느린 다른 색들이 살아나지요. 그것만이 아닙니다. 찰밥에는 내가 들어가야 제 맛이 나고 액막이 음식에도 내가 빠지면 안 되죠. 아이들 백일이나 돌에 무병장수 하라고 하는 수수단자에 팥고물이 빠질 수 없고 이사 갈 때 개업할 때 탈 없으라고 하는 고사떡에 팥고물 시루떡은 어떻고요. 한 겨울에 찹쌀 새알심을 넣어 끓인 동지팥죽은 별미 죽의 별미죠." 작년 우리 집 팥 농사는 성과가 별로 좋지 못해서 겨우 종자만 건졌는데 올해는 좀 더 잘해서 동지 팥죽을 쑤어서 이웃과 나누어 먹어야겠다는 생각이 들었다.

가만히 있던 참깨도 "저 좀 보세요!" 하고 나선다. '참'자가 들어가는 것 치고 나쁜 게 있으면 나와 보라고 해요. 오죽하면 사랑도 참사랑이라 하고. 특히 한국산 참깨는 고소한 맛이 으뜸이죠. 한국 참깨로 짠 기름은 참기름이란 말도 부족해서 진짜 참기름이라고 하잖아요." 참깨의 자랑이 조금도 과장되지 않았음을 나는 알고 있다.

들깨도 끼겠단다. "내게서 나오는 알맹이 뿐 아니라 잎도 아주 유용하죠. 들기름은 불포화 지방이어서 성인병 예방에 탁월한데다 값도 싸답니다. 어디 그 뿐인가요, 잎으로 쌈을 싸 먹고 찌개에 넣거나 볶으면 독특한 향이 입맛을 돋궈주고 깻잎 장아찌도 밑반찬으로 손색이 없어 버릴 것이 없다고요. 그런데 사람들은 값이 싸면 그 효능의 가치까지 격하시키니 참 이상해요." 그 말에 나는 공감의 표시로 고개를 끄덕였다.

"설마 나를 빼놓지는 않겠지요." 녹두였다. 심어 키우고 거두는 데 가장 많은 시간과 공력을 들인 것이 녹두였다. 전에 친척 어른이 입맛이 없어 못 잡수신다는 소식을 듣고, 구미 돋우는 데는 녹두죽이라는 말이 생각나서 시장에 갔지만 알맹이가 자잘한 국산 녹두는 눈 씻고 봐도 없었다. 껍질을 벗겨 가루 낸 빈대떡용과 껍질 째 굵게 타놓은 녹두 등 정체성을 알 수 없는 것뿐이다. 수입해온 것은 맛도 떨어질 뿐 아니라 유전자 조작을 했을 위험도 있을 것이다. 하지만 녹두 농사가 경쟁력이 떨어져 농사를 기피한 까닭에 국산 녹두는 시장에 없다고 했다. 그래서 내 손으로 녹두 농사를 지어보려고 맘먹고 어렵게 종자를 구해 심은 것이 한 됫박쯤 나왔다. 녹두가 하는 이야기는 아쉽지만 접어야겠다.

서울에 살면서 텃밭에서 푸성귀를 가꾸어 이웃과 나누고 조금씩이지만 여러 가지 밭곡식을 손수 심어서 거둔다는 것은 보통 행운이 아닐 것이다. 그나저나 저 씨앗들은 내 손길만 목을 빼고 기다린다. 바야흐로 때는 봄. 데메테르와 페르세포네가 만날 때인 것이다. 때맞추어 완두콩을 선두로 한 병씩 비우게 된다.

지난 3월, 잠 안 오는 새벽녘 씨앗들과 긴 대화를 나눈 지 석 달이 되어간다. 그 사이에 심은 완두콩은 벌써 거두었다. 그 자리에 녹두를 심을 생각이다. 대지가 온갖 씨앗을 품어 싹을 틔워 모녀의 푸르른 축제가 온 들판을 덮는다. 힘차게 뻗어나는 여름이 와 있다.

<수필시대>

윤 선생님의 웃음

윤 선생님을 처음 뵌 것은 20여 년 전 어느 수필가 단체의 행사장에서였다. 당시 선생님께서 문단에 입문한 지는 오래 되지 않았지만 인격이나 격조 있는 글로 고개를 쳐들고 바라보아야 할 만큼 위상을 굳힌 어른이셨다. 선생님의 선비 정신은 꼿꼿한 자세를 지키는 기질에서 뿐 아니라 가지를 치고 분식을 배제한 수필에서도 나타났다.

나 개인으로는 선생님과 특별한 관계는 아니었다. 내가 쓴 글 한 편도 보여드린 일 없고 수필 쓰는 법에 대한 지도를 한 번도 받아본 적이 없다. 다만 수필계의 원로 선배님으로, 흔치 않는 선비로 존경하면서 바라보는 정도였다. 그러던 중에 14년 전 몇몇 문단 선배님과 문우 몇 사람이 한 달에 한 번씩 목요일에 만나 인사동에서 점심을 먹으며 문학 얘기, 특히 수필 이야기를 나누고 세상사는 이야기도 화제로 올리는 등 대화를 갖는 모임을 만들었다. 서로 글도 좋고 사람도 좋다고 하는 사람들이 뜻까지 통해서 어울려 여행도 하고 연극이나 영화 ,전시회를 함께 보면서 좋은 시간을 같이했다. 일곱 사람에다 윤모촌 선생님과 김시헌 선생님을 모시어서 구인회(九人會)

가 되었다. 두 분 선생님께선 인격으로나 글로나 모두가 우러르는 어른이고 시간 내기에 자유로운 분이어서 서로 만족해하였다. 선생님들은 처음부터 참여하셨고 윤 선생님께서 목요일에 모임을 갖는다고 목우회(木友會)라고 명칭을 지어주셨다. 이때부터 선생님을 매달 뵙고 한 자리에서 식사를 하는 동안에 좀 더 친밀감을 갖게 되었고 지양선생이 어른들을 각별히 섬기는 것을 보고 따라하게 된 셈이다.

선생은 멀리 뵐 때나 가까이 뵐 때나 곧은 성품에는 변함이 없어 존경심이 퇴색하지 않았고 세상을 뜨신 지금도 선생님의 흔적은 얼룩 한 점 남지 않아 생전의 고고한 모습의 영상으로 남아있다.

선생님과 더불어 있었던 추억 중에 문배마을에 동행했던 일이 잊히지 않는다. 선생께서 구곡 폭포에 가보기를 원하셨고 회원들도 호응해서 구곡 폭포를 거쳐 문배마을에 갈 수 있었다. 비가 오지 않아 구곡 폭포는 기대에 못 미쳤지만 좋아하는 사람들과 함께 한 나들이여서 모두 즐거워했다. 마침 남편 근무지가 그 쪽이어서 그가 우리 일행을 안내하게 되었다. 그 곳은 몇 가구 안 되는 작은 마을이었다. 잉카문명의 흔적을 찾아볼 수 있는 '미추피추'가 고대 공중 도시였다면 문배마을은 현존하는 공중 촌락이라고 할 수 있으리라.

안개 자욱한 좁은 산비탈 길을 따라 일행을 태운 차가 곡예를 하듯 산봉우리에 오를 때 가슴을 쓸어내리며 문배마을에 도착했다. 오를 때와 달리 꼭대기가 판판해서 집 몇 채와 몇 다랑이 논이 있을 만큼 물이 있어 사람이 살만한 조건이 되었다. 등산객들이나 여행객들이 속속 찾아오는데도 위락시설이 없어 문명의 쓰레기가 흔치 않는 점도 특별했다. 그것은 원래 여기서 살던 사람 외에는 인구 유입을 막고 있어 촌락이 그대로 유지되고 산정의 정취를 만끽할 수 있어 다행이라고 선생께서 매우 좋아하셨다.

그 곳에서 처음 보는 화장실 소동에 윤 선생님의 그 천진한 웃음을 그 때 뵐 수 있었다. 점심을 시켜먹는 집에서 화장실을 찾으니 저만큼 떨어진 밭에 있는 막을 가리킨다. 너무 멀리 있다고 생각하며 막 속에 들어가 찾아봐도 분위기는 뒷간 같은데 변기통이 없다. 한 쪽에 재가 쌓여있는 잿간일 뿐이었다. 다시 묻고는 가서 눈을 비비고 보아 겨우 찾아냈다. 변기는 없어도 수상쩍은 구석이 있긴 있었다. 흙바닥이 조금 파였고 그 자리에 재가 덮여 있고 양쪽에 벽돌이 한 장씩 놓여 있으며 가까이 재가 담긴 양동이가 있고 곁에 삽 한 자루가 세워져 있다. 그것이 자연의 변기였다. 우리는 사용방법을 몰라 다시 물어서야 아하 그렇구나 하고는 웃었다.

땅에 깔린 재 위에 일을 보고 재를 한 삽 떠서 덮어 그것을 떠서 재무더기에 던지고 통에 담긴 재를 한 삽 떠서 바닥에 깔아 놓는다. 그것은 다음 쓸 사람에 대한 배려인 셈이다. 재가 냄새도 없애주고 보기 민망한 변의 모습을 가려주는 역할을 하면서 요긴한 거름으로 쓰인다. 선생님께서는 사람과 자연의 순환이 그렇게 되어야 한다고 하시며 천진한 웃음을 한참 웃으셨다. 선생님께서는 그 후부터 뵐 때마다 '이 선생도 안녕하시지요.' 이렇게 남편의 안부를 물으시곤 하였다. 남편이 나로 인해 만나본 남자 문인은 윤 선생님 한 분 뿐이어서 그 역시 윤 선생님의 근황을 묻곤 하였다. 두 분 선생님과 목우

회원이 다른 여행도 더러 하였지만 문배마을 나들이가 유별나게 생각되는 것은 그런 연유에서일까.

목우 회원들이 일산병원으로 문상을 갔을 때 문배마을에서 뵈었던 그 천진한 웃음의 영정이 우리를 맞아 주었다. 선생님과의 이별은 무더위에도 가슴속에 서늘한 바람이 인다.

선생님께선 수필계에 큰 획을 하나 그으셨습니다. 그리하여 선생님의 자취가 무의미하지 않으리라 생각합니다. 선생님. 병약하신 육체를 벗으신 지금 평안하신지요. 명복을 빕니다.

自由人

지구 안에서 으뜸의 복지 국가로 알려진 덴마크, 그 수도 코펜하겐에 오직 한 사람 거지가 있다고 해서 흥미로웠다. 시설이 좋은 양로원도 많고, 실직 수당과 노후 연금이 나오며 주택이 보장되기 때문에 거지가 없다는 곳이다. 그러나 거지 노파는 그 모든 혜택을 마다하고 구걸하는 길을 택하였다.

조건이 완벽한 양로원도 싫다 하고, 집과 가재도구를 마련해 주고 생활비를 대준다 해도 고개를 돌리고, 가족의 일원이 되어 의지하며 외로움을 덜 수 있도록 양모(養母)로 모시겠다는 사람이 나타났어도 받아들이지 않는다고 했다. 시 당국에서도 어쩔 도리가 없어, 본인의 뜻을 존중해서 하고 싶은 대로 하게 두었다고 한다. 보호받기보다 자유를 택한 그의 마음을 헤아렸음일 것이다.

처음 그 말을 듣고 의문에 빠진 나는 이렇게 지레 짐작을 했었다. 노파는 원래 거지 근성이 있는 게으름뱅이거나 괴팍한 성격이거나 모자라는 사람일 것이다. 그렇지 않고서야 그런 제안을 거절할 까닭이 있겠는가. 그러나 노파를 만나보고 시간이 흐를수록 그에게 가졌던 나의 부정적인 견해가 바뀌어졌다. 그는 어쩌면 물질의 애착이나 어떤 소속으로부터 벗어났을 때 몸과 마음, 시간까지도 자유로울 수 있음을 아는 사람이 아닐까 하고 호기심이 생겼다.

그는 은행 건물 바깥벽에 소파를 기대놓고 지낸다. 은행 곁에서 살며 어떤 생각을 할까, 여러 가지로 유추(類推)해 보았다. 노파는 자리에서 일어나 어디로인지 가려는 참이었다. 나이는 칠십 대쯤으로 건강하게 보였다. 내가 유심히 쳐다보자, 씽긋 웃는데 비굴한 구석은 전혀 없고 아무 것에나 거침없는 천진성이랄까 활달한 표정에 생기 찬 눈빛은, 소속이 없는 소외감을 뛰어 넘은 듯했다. 옷을 두껍게 껴입었을 뿐 아무 것도 딸린 것이 없었다. 그의 빈손에는 자유로움이 가득 채워진 듯 했다.

그가 정해놓고 자는 곳이라면 이불 뙈기 하나쯤 있을 만도 한데, 노파가 일어나자 아무 흔적 없이 빈자리뿐이었다. 뒤돌아볼 것 없는 단순한 생활이 홀가분한 듯이 훨훨 날 듯 팔을 내저으며 걷고 있었다. 이 세상을 떠날 때도 아무 미련 없이 저런 모습이 아닐지. 그의 뒷모습에서 무소유의 평화를 느낄 수 있었다.

마침 끼니때가 되어서 노파는 먹을 것을 구하려고 나서는 길인가 보다. 평화로운 뒷모습과는 달리 발걸음에는 어떤 의지가 엿보였다. 그것은 안일함에 빠지기보다 추위와 더위, 굶주림을 겪어보고, 그것을 해결하고자 구하고 찾는, 꿋꿋함이었다.

걸인 노파를 보자, 문득 그곳에 있는 양로원에 가보고 싶은 마음이 들어서 갔었다. 편리한 시설, 청결한 위생, 거기에 맞게 깨끗한 차림의 노인들이 무심코 텔레비전을 보거나 맥없이 책장을 넘기거나 우두커니 앉아 있었다. 착 가라앉은 적막이 무겁게 감돌았다. 아무 의욕도 없이 다 포기한 사람에게서 보이는 표정이다. 그 노파와 비교가 되었다. 마치 온실에서 피었다가 시들어 가는 꽃과 야생초의 차이를 느낄 수 있었다.

자유는 쉽고 편한 것을 좇는 자에게서 떠나 난관을 회피하지 않는 이에게 주어지는가. 그는 어떤 조건에 순응하기보다는 제약의 속박에서 용기 있게 벗어남으로 물리적 자유와 정신적, 시간적 자유까지 얻은 셈이다.

노파에게는 양로원의 생활이 타의로 인하여 주어진 것만 받아들이는 무력감, 매일 같은 사람들만 보고 만나는 변화 없는 생활의 무료함이 감옥 같을지도 모른다. 규칙을 싫어하고 통제를 거부하며, 모든 제도권의 억압에서 해방되어 자연인으로서 자기 삶을 감당하는 것이 그는 더 보람되나 보다.

남의 양어머니 노릇도 의존하는 것이 부담스럽고, 인습에 구애받는 것이 생리에 맞지 않을뿐더러, 거저 주겠다는 집도 노파에게는 신경 쓰이는 사슬일지 모른다. 노후를 편히 보낼 수 있는 여건을 버리고 저 고생일까. 보는 이에 따라서는 한심한 일이다. 그러나 행복이란 다분히 주관적이라면, 그에게는 거리의 삶터에서 갖가지 사건과 다양한 사람을 접촉하며 희로애락을 체험하는 자극적인 생활이 살맛나게 하는지도 모른다.

나는 어느새 그를 신비의 포장으로 씌워놓고 미화시키는 쪽으로 기울어졌다. 그는 어쩌면 조직 사회에 적응하지 못하는 결함이 많은 사람일 수도 있다. 그런 자를 무책임하게 과대평가를 하는 것은 아닐까.

자유가 아무리 가치 있고 생명력이 있다 해도, 나는 그것을 얻기 위해 모두 버리고 고난의 길을 택하고 싶은 생각도 용기도 없다. 다만 내게 직·간접으로 매인 부자유에서 놓여났을 때의 홀가분함을 막연히 향수(鄕愁)처럼 그리워할 뿐이다. 그래서 노파같이 비워낸 자리의 틈새를 통하여 대리만족을 받고 싶을 뿐이다.

그 걸인은 동정을 받기는커녕 외신기자들이 취재해 가고 관광객이 찾을 만큼 명물이 되었다.

북한의 평양에는 거지가 한 사람도 없음을 자랑한다고 들었다. 코펜하겐에는 거지가 존재하므로 거지 하나도 없는 도시보다 사람 사는 도시답지 않을지. 걸인 노파는 덴마크의 수치로 보이지 않는다. 오히려—자유—라는 깃발을 세계만방에 당당하게 흔들고 있었다.

내가 덴마크에 갈 때는 '키에르케고르'와 '안데르센'을 가까이 느껴 볼 기회가 되리라고 기대했었다. 그러나 그들보다 거지 노파가 더 실감 있게 다가왔다.

<철학과 현실> 1995년 가을

사랑의 집

그 천막집 안에 들어섰을 때 맨 먼저 액자 속의 두 손이 강한 인상으로 다가왔다. 한 손은 가냘픈 여자의 손이고 그 옆에는 마디가 굵고 건강한 남자의 손이다. 남자의 손이 여자의 손을 받쳐주고 있는 이 사진은 어떤 메시지를 전해주는 듯 했다.

두 손의 사진이 걸려있는 곳은 '사랑의 집'이라는 천막집이다.

이 마을은 꽃마을인지 쓰레기 마을인지 분간하기 어려울 정도로 쓰레기 더미가 여기저기 널려있고 꽃밭이 군데군데 가꾸어지고 있었다. 아름다운 것과 추한 것이 마주하고 꽃향기와 악취가 함께 풍기는 곳이다. 이런 둘레 속에 자리한 사랑의 집에는 꽃과 같이 아름답고 향기로운 사람들이 살고 있었다.

우리를 젊은 여인이 맞이해 준다. 산뜻하게 화장을 하고 흰색 바지에 T셔츠를 입고 있어 이 여인이 '사랑의 집' 주인이라고는 생각이 들지 않았다.

장애자를 20명이나 돌보는 입장이면 나이도 들었음직하고 또 무허가 천막집 안주인이라면 수더분할 것 같았다. 그런 환경에서 살고 있어 찌들었으리라는 내 선입감과는 달리 깔끔한 차림새 못지않게 밝은 표정은 뜻밖이었다.

가끔 '똑똑한 사람들'이 무슨 복지원이네 하는 것을 운영하며 물의를 빚었던 일도 생각 나, 혹시 그런 부류는 아닐까 하고 눈여겨보았지만 그런 구석은 찾아볼 수 없었다.

여기서 거느리고 있는 식구들은 서너 살 되는 아이서부터 서른 살이 넘어 보이는 층에 이르기까지 여러 층이다. 이들은 모두 머리를 깎고 있어 남녀 구분이 쉽지 않았다. 이 장애자들은 정신박약에 신체 부자유자까지 겹쳐 스스로의 몸 관리를 못하는 만큼 그렇게 할 수밖에 없었다고 한다.

그러나 자세히 보니 여자에게는 색고운 양말을 신기고 환한 색옷을 입혀 여자티를 내려고 신경 쓴 흔적이 보인다.

천막집에는 방 세 개가 있다. 작은 방 하나는 주인 부부가 쓰고, 두 개 방에 이들이 무표정하게 앉아 있는 게 마치 정물같이 보였다. 때로 의미 없는 웃음을 흘리기도 하면서.

많은 식구 중에 성한 사람은 부부뿐인데 이들 수족 노릇을 누가 다 한단 말인가. 청소, 빨래, 목욕, 이발, 시장 보기, 연탄 갈기 등 힘든 일은 이 여자 남편되는 목사님이 도맡아 하고 자기는 먹여주고 코나 뒤를 닦아주고 쓰다듬어주고 안아주는 등 힘 안 드는 일만 한다는 것이었다. 이들은 욕심도 없고 시기하거나 미워할 줄 모르기에 거두기가 수월하다고도 했다.

어쩌다가 노력 봉사하는 분들이 도와주러 왔다가 한번 해 보면 두 손 들고 만단다. 그렇다고 일손을 구할 형편도 못된다. 이들은 모두 친자로 되어 있어 부모로서 부양의 책임이 있기에 국가로부터 보조 받는 게 없다니 딱할 뿐이다.

실제로 와서 보니 모든 필수품을 구하자면 현찰이 더 필요할 텐데 우리 일행 몇이서 이곳에 오기 전에 무엇이 필요한지 전화로 물었을 때, 아무것이나 좋지만 김, 미역, 건어물 같은 반찬감이면 더 좋겠다고 말하지 않았던가.

현찰이 더 요긴하지만 오해를 받을까봐 그랬다는 것이다. 우리가 사랑의 집에 다다랐을 때 교회 권사님이라는 분들이 일 년 동안 뜬 털옷 두 보따리를 주고 나가는 중이었다. 한 올 한 올 뜬 정성이 배인 털옷은 사랑의 포근함이 깃들었기에 더욱 따뜻한 겨울을 날 것 같다.

이 부부에게는 자신들의 애는 없다. 못 낳은 것이 아니라 안 낳은 것이다. 아들딸이 이렇게 많고, 있는 자식에게도 부모 노릇 다 못해 주는데 애 낳아서 어떻게 감당하느냐고 했다. 물론 경제적인 것 힘든 것 말고도 자기의 핏줄이 있으므로 불쌍한 애들에게 줄 사랑이 줄어들지도 모르지 않느냐는 반문이었다.

어려운 고비도 하나님 은혜로 잘 넘겨왔고, 도와주는 분들 덕택에 잘 지내오고 있다는 것이다.

우리와 이야기를 하는 동안에 '엄마' 옆에 와서 한 아이가 이상한 몸짓을 한다. 제법 큰 사내아이가 옷에다 그만 변을 본 것이다.

이들은 엄마가 앉기만 하면 곁에 와서 손을 만지거나 다리를 쓰다듬는다. 엄마 역시 머리를 쓸어주고 손도 어루만져 준다. 엄마 피부와 닿으면 행복한 듯 한참 느긋해 있다가 자리를 뜨고 나면 딴 애가 번갈아가며 손길을 받는다. 나보다 몸집이 큰 머슴아가 엄마 차지를 못하고 맨 앞에 앉은 나를 향해 고개를 비틀대며 한걸음씩 기우뚱거리며 다가오고 있다. 차라리 어린애라면 좋겠는데 어떻게 받아들여야 할지 몰라 스스로의 마음에 갈등을 겪기도 했다. 당황한 내 표정에 눈치를 챘음인지 내 앞에서 방향을 조금 틀어 자기 엄마에게 안긴다. 그 일이 두고두고 가책으로 남아있다.

그 방을 나올 적에 액자 속의 목사님의 건강한 손과 그 부인의 사랑의 손앞에 묵념이라도 하고 싶었다.

<수필공원> 1989년 가을

껍데기

이태 전에 불원천리 느닷없는 부산행은 내 호기심의 발동이었다. 그렇더라도 그렇게 선뜻 나설 수 있었던 것은 옛 이웃인 영준이네가 거기에서 살고 있고 사촌언니 댁이 거기에 있어서였을 것이다. 영준이 아버지는 바쁜 중에도 차를 가지고 나와 전시장까지 나를 안내해 주었고, 부산 형부는 내가 회를 좋아한다고 횟집에서 저녁대접을 해주셨다.

언니 가족 중에는 형부를 비롯하여 의사가 넷이어서 각각 초대장이 왔는데도 가본 사람은 멀리서 온 나 뿐이었다. 남편과 아들애가 '인체의 신비 전시회'를 다녀와서 글 쓰는 사람이라면 색다른 소재를 얻기 위해 한 번 보아둘만 하다고 합세해 나를 부추겨 댔다. 하지만 나는 무슨 일이든 뒤로 미루기를 잘 해서 내일 내일하다가 그만 몇 달이 훌렁 지나가버리고 폐막을 사흘 남겨놓고 갔을 때는 예매가 이미 끝난 상태였다. 다음 전시회는 부산에서 한다고 해서 그나마 물 건너가지 않은 것만 다행이라 생각하고 돌아왔던 것이다.

드넓은 전시장에는 200여 구의 인체 표본들이 대부분 살가죽이 벗겨진 채로 서 있어 우선 섬뜩한 느낌이 들었다. 어느 것은 반쪽 또 어느 것은 사지가 나누어져 있었으며 갖가지 장기도 함께 전시되어 있었다. 나는 처음으로 사람의 몸속을 찬찬히 들여다보았다. 그러나 생명이 없는 인체들은 이미 사람이 아닌 유기물에 지나지 않았다. 거기서도 볼 수 없는 것은 마음이었다. 마음은 도대체 어디에 있었을까. 어떤 이는 머릿속(정신)에 있을 거라 하고 또 어떤 이는 가슴(양심) 속에 있을 거라고도 한다. 어디에 있든 생명의 소멸과 함께 떠났을 것이다. 사람의 속마음은 겪어봐야 알 수 있으나, 인상 즉 겉모습이 좋으면 좋은 사람일 듯싶어 덕을 톡톡히 보기도 한다. 그런 겉모습이 모두 배제된 이 표본들은 대체 어떤 사람들이었을까 도무지 감이 잡히지 않았다.

이들은 어느 시대 어느 곳에서 살던 사람들이었을까. 이들은 질병의 고통을 어떻게 대처하고 치유했을까. 병의 원인 또한 신의 노여움을 산 형벌로 인식하고 순순히 받아들여 아플 만큼 아프다가 죽음을 맞았을는지도 모른다.

대중목욕탕에 가면 모두 맨몸이어서 거기는 빈부도 신분 차이도 없는 권위 허물기의 장소가 된다. 하물며 이 전시장에는 실가죽도 살 냄새도 없어서 어떤 선입견도 끼어들 틈이 없다. 몸의 구조를 이루는 뼈와 실타래 같은 근육질, 굵고 가는 혈관들, 얽히고 설킨 신경망과 각종 장기들만을 적나라하게 보여줄 뿐이다. 이 곳 밖에서는 이런 중요한 것들은 살 속에 감추고 살갗이라는 껍질에만 관심을 갖고 치중을 하지 않던가.

소우주라고 하는 복잡하고 오묘한 인체, "오, 주님. 당신은 위대한 창조자이십니다.” 신비롭고 완벽한 창조물 앞에서 그동안 긴가민가 했던 절대자의 존재와 능력을 새삼 인정하게 되었다.

지구상의 모든 귀한 것은 껍질 속에 있다. 곡식도 과일도 야채도 껍데기는 가라—. 가장 저주받은 것이 알맹이가 없는 쭉정이라는 이름의 껍데기가 아닐까. 껍질은 알맹이를 보호하기 위해 있을 뿐이다. 그러나 사람만은 다르다. 몸을 위해 껍데기가 있는 것이 아니라, 껍데기의 과실을 위해 몸이 있는 것 같다.

특히 우리나라 사람들은 심하다 할 정도로 외모에 비중을 둔다. 사람의 오감 중에서 시각적인 만족도가 가장 쉽게 전달이 되고 가장 빨리 느낄 수 있어서일까. 방송사마다 미모의 젊은 아나운서들이 진을 치고 있다. 서구에서는 나이 들고 아름답지는 않아도 유머가 뛰어나고 깊이 있는 내용을 재치 있는 말솜씨로 시청자를 압도하는 이가 관록도 있고 인기의 생명력도 길다고 한다. 미국의 토크쇼의 여왕이라 불리는 ‘오프라 윈프리’가 그 좋은 예가 될 것이다. 그는 뚱뚱한 중년 흑인 여성이지만 개성 있고 인기 있는 최고의 진행자가 아닌가.

내가 아는 어느 철학자는 인생에 가장 소중한 것은 오래 가고 변하지 않고 눈에 보이지 않는 가치라고 했다. 이런 관념적인 것은 금세 즐거움을 주진 못하지만 그런 마음이 실행으로 피어날 때 그 감동에서 오는 기쁨은 오래 간다고 하였다.

세종문화회관 뒤편에는 뼈로만 된 인체 조형물이 서 있다. 발가락 뼈마디 하나도 빼놓지 않고 만들어진 그것은 예술품 같이는 보이지 않는다. 그 조형물은 아름답지는 않아도 그 너머에 숨겨진 의미를 생각하라는 의도로 만들어 놓은 것은 아닐는지. 어쩌다 그 조형물 앞을 지날 때면 쉽게 지나치지 못하고 잠시 생각에 잠긴다.

<에세이21> 2005년 가을

病床의 첫눈

수술한 지 일주일이 지나서야 겨우 몸을 추스르고 창밖에 눈길을 돌렸다. 창밖이 온통 흰색으로 어른거렸다. 잘못 본 게 아닌가 싶어 눈을 몇 번 깜박거리며 크게 떠 보았을 때, 언제부터 왔었는지 온통 하얀색으로 덮었고 지금도 소담스레 내리고 있었다.

입춘인 오늘에야 눈다운 눈이 내린 것이다. 겨울 들어서 두어 번 눈이 슬쩍 오긴 온 모양인데 아파트에 사는 나는 한 번도 만나지 못하고 말았다.

학교에서 돌아온 아들이 오늘 첫눈이 왔다기에 내다보니 어느새 다 녹고 흔적도 없었다. 왜 여태 첫눈이 안 오나 기다렸는데 그만 놓치고 만 것이다. 그래서 병원 입원실 창을 통해서 본 이번의 눈이 내게는 첫눈인 셈이다.

나는 유달리 첫눈을 좋아했다. 아침, 잠에서 깨어 방문을 열었을 때 온통 흰색으로 펼쳐진 첫눈은 눈부셨고, 박하사탕을 입에 물었을 때처럼 상큼함이 확 끼얹어 오는 것 같은 새로움이 가슴 설레 게 했다. 이처럼 첫눈 내린 아침의 감격은 권태로운 생활에 활력소를 불어넣어 주고도 남았다.

'첫눈'이라는 어감도 좋아한다. 누구나 첫 비, 첫 이슬, 첫 안개 이런 말에 무감각해도 첫눈이라는 말에는 새로움으로 설레고 들뜨게 한다. 첫눈은 일 년 중 겨울 한철에 한번 뿐이기 때문에 첫눈이라고 하는 것일까? 과일이나 꽃, 야채는 철을 가리지 않고 사시사철 대하게 되지만 눈만은 아직도 인위적인 영역 밖에 있기에 더욱 신선하게 느껴지나 보다.

해가 거듭할수록 공해 때문인지 눈의 양도, 눈의 횟수도 적어지고 있다. 그래서 눈 없는 삭막한 겨울을 보내려니 마음도 메마르고 몸도 더 무거웠다. 그러던 차에 병상에서 첫눈을 보게 된 것이다. 병상 침대 한쪽을 올려 등을 기대고 창밖을 보면 창경원이 환히 보인다. 한적한 창경원의 눈길을 걷고 싶은 마음은 굴뚝 같으나 몸은 천근이다.

눈은 실제 온도보다 시각적인 온도는 더 따뜻해 보인다. 쌓이는 눈을 보면 햇솜처럼 포근한 느낌을 준다. 느낌뿐만 아니라 실제로 보온효과도 있다고 한다.

눈은 열전도가 매우 적기 때문에 추위에 땅속에 있는 동·식물을 혹한으로부터 보호하는 역할을 한다는 것이다. 그건 호수나 바다가 밑에서부터 얼지 않고 표면부터 얼어 물속의 생명체를 보호해 주는 것과 같다. 자연의 섭리는 이토록 오묘해 그 질서에 감탄할 뿐이다.

감질나게 살포시 내리는 첫눈도 좋지만 펑펑 쏟아지는 함박눈도 좋다. 그런 함박눈을 대하면 인심 후한 옛 맏며느리에서 감도는 안정감을 느낀다. 보기에는 꽃처럼 큰 눈이 아름다운데 실제로는 깨끗하지 못하다고 한다. 눈의 형성과정을 이질 핵형성과 동질 핵 형석으로 나눌 수 있는데, 덜 추운 온도에서 만들어진 눈은 이질 핵형성으로 공기 중의 미세한 먼지와 수증기가 엉켜가면서 눈송이로 커지고 모양이 다양하며 아름답다. 그러나 기온이 아주 낮은 때는 동질 핵형성으로 순전히 수증기만 서로 엉켜 이루어지고 작고 단단한 둥근 모양에 깨끗한 눈이라는 것이다. 하지만 멋없이 쏟아지는 싸라기눈보다 흰 나비새끼가 공중 무희를 하듯 하늘거리며 풀풀 날리다가 새록새록 쌓이는 함박눈이 더 좋은 걸 어쩌랴.

작년 겨울 첫눈도 지각을 한 셈이었다. 기다리다 지쳐 있을 무렵에야 왔었다. 지각의 보상이라도 하듯 첫눈답지 않게 함박눈이 내렸다. 그날 마침 잔칫집에 가려고 미장원에서 머리 손질을 하고 나오는데 첫눈이 오는 것이었다. 머리 젖지 않게 하려고 우산을 받고 오면서 또 다른 걱정을 했었다. '농사지은 쌀을 시골에서 실어 오는 날 하필 눈이 흠뻑 와서 쌀 젖으면 어쩌나' 하고.

결혼 전에는 첫눈이 오면 생활에서 감정으로 리듬이 바뀌어졌다. 다른 일 다 제쳐놓고 그리운 사람들에게 편지를 썼다. 시심을 일깨우는 편지를.

병상에서는 마음이 생활 쪽보다 감상으로 기울어지는지, 작년에 첫눈 오는 날 우산 썼던 일이 떠올라 내가 그처럼 멋없는 여인이 되었구나 싶어 한심했다. 감상에 젖었던 시절의 첫눈을 보는 시선과 생활인으로서 보는 느낌의 거리를 재어본다.

한국에세이 2. 1988년 11월

『빛과 바람과 소리의 그림자』 '한국수필 추천작가 동인화'

갈증

목이 마른데 샘물이 바닥이 났다. 고향 집 곁에 있는 우물 같아 보인다. 가뭄에도 줄지 않고 장마에도 불어나지 않아 좋은 샘이라고들 하였던 샘. 그 샘이 말라 있자 더욱 목이 탔다. 아울러 언젠가 보았던 영화의 몇 장면도 펼쳐졌다. 소년들 몇이 물을 찾아 헤매다가 탈진 상태에 이르렀다. 나 또한 그들의 일원이 되어 물이 나올만한 웅덩이를 파 보기도 하고 물 흐르는 소리에 귀 기울이다가 이명이었음을 알고 절망한다. 극한상황임을 깨닫고 울부짖는데 남편이 흔들어 깨운다. 악몽에서 헤어나자 해갈이 되었음에도 꿈을 되살리며 물 한 컵을 단숨에 마셨다. 갈증 날 때 마실 물이 있다는 것은 얼마나 큰 만족감을 주는가.

우리나라도 이미 물 부족 국가로 지정된 상태여서, 옛말처럼 물 쓰듯이 펑펑 쓸 입장이 아니다. 아직은 그 심각성을 피부로 느끼진 못하더라도 앞으로 살아남기 위해서 대비책을 세워야 하리라.

우리가 지금 살고 있는 집으로 이사 오기로 한 것은, 순전히 깨끗한 물과 텃밭 때문이었다. 일백 몇 십 미터 깊이의 우물에서 암반을 뚫고 솟구치는 암반수가 맛과 수질도 우수할 뿐더러 그 물을 오랫동안 먹으면서 고질병도 나았다는 사람도 많았다. 일 년에 두 번씩 수질 검사를 거치는 양질의 물을 무상으로 먹고 풍부하게 사용한다는 것은 특별한 혜택이 아닐까.

물 못지않은 또 한 가지 보배가 우리들의 꿈 터인 텃밭이다. 이웃과 어울려 텃밭을 가꾸는 재미는 깨소금 맛이었다. 코앞에 밭이 있어 이 마을 사람들은 짬만 나면 그곳에서 놀이 삼아, 소일거리 삼아 시간도 잊고 고단함도 잊고 지낸다. 자기 손으로 심고 정성을 다해 보살피며 생명체의 변화되어가는 모습을 지켜보면, 자연의 질서가 느껴지고 절대자의 오묘한 섭리에 숙연해진다. 이렇게 해서 거둔 농작물을 이웃과 나누는 기쁨은 더 크게 안겨왔다.

우리 마을엔 나무가 울창한 숲속에 숨어있는 듯한 구조라서 운치가 있다. 하지만 잘라낸 나뭇가지와 낙엽을 계속 버려줘야 한다. 날마다 몇 수레씩 나와 텃밭을 깊이 파고 묻는다. 그렇게 시간이 지나면 다 썩어서 토양을 기름지게 해준다. 밭이 워낙 넓어서 옮겨가며 묻을 때 앞으로 얼마든지 받아 줄 수 있었다.

그런데 최근에 그 터전을 잃게 되어서 마을 사람들의 걱정이 이만저만이 아니다. 이 많은 수목을 처리하는 비용을 어떻게 감당하느냐고 하는 문제가 보통이 아니다.

처음 이 마을에 대한 소식을 듣고 부동산에 들렀을 때 중개인이 말했다. "여기는 아무나 사는 곳이 아닙니다. 가정의 수도꼭지마다 암반수가 펑펑 쏟아지는데 공짜나 다름이 없지요. 다른 사람들은 주말농장 한 뙈기를 경작하려고 차타고 멀리까지 다니는데, 집 곁에서 빌라 단지의 공동 소유인 너른 농지를 무상으로 지을 수 있다는 게 어딥니까." 이 말에 한 푼도 깎지 않고 집을 샀던 것이다.

그런데 그처럼 즐거움과 건강을 주던 텃밭도 우물도 다 잃게 되었다. 뜬금없이 텃밭에 수목원을 조성한다고 한다. 구청에서 주도하는 일에 주민은 어쩔 수 없이 따라야 하는 줄로만 알았다.

주민 대표의 선동에 떠밀리고 이사 갈 사람들이 합세하여 수많은 사람들은 울며 겨자 먹기로 수용을 당하게 되었다. 옆에 붙어있는 땅값에 비해 불과 3분의 1 가격으로 책정하였으니, 우리는 이래저래 억울할 뿐이다. 뿐만 아니라, 그때는 매일 나오는 나무 처리 문제나 우물은 계속 유지되는 것으로 알고 있다가 그게 아님을 나중에 알고 땅을 쳤다. 하지만 우리 힘만으로는 돌이킬 수 없었다.

내 고향의 샘물처럼 가뭄이나 장마 때에 물이 줄지도 불지도 않는 우물을 잃게 되어 속이 상해 걱정을 하던 중이어서 그런 꿈을 꾸었나보다.

게다가 심어 놓은 옥수수며 고추·토마토·오이·호박이 열매 맺고 있는데, 구청 담당자들이 다 거둬 치우라는 독촉이 추상같아 주민들의 분노를 더욱 부추겼다. 빨리 치우지 않으면 무단 경작으로 간주하여 갈아엎겠다는 공문도 왔다. 아직 토지보상금도 끝나지 않은 이도 있는데 그렇게 고압적으로 다그치기까지 하니 어이가 없었다. 지금 당장 수목원 조성을 하는 것도 아니고, 우선 유채꽃과 코스모스를 심기 위해 곡식을 없애라니 될 말인가. 세계적인 곡물부족으로 긴장하고 있는 터이고 우리나라는 곡물 수입액이 연간 약 50억 달러에 이른다고 한다. 그런 형편에 이제 뿌리를 뻗어 땅 맛을 알고 살

오르고 있는 고구마, 콩, 옥수수를 없애고 꽃을 심겠다니 그래도 되는 것인가 묻고 싶다.

연초까지만 해도 올해까지는 밭을 부릴 수 있을 것이라는 말이 있었다. 그걸 믿고 멀리 가서 닭똥을 몇 자루 사다가 깻묵, 한약재 찌꺼기, 과일껍질, 야채 다듬은 찌꺼기 등을 겨우내 모아 썩혀서 밑거름으로 할 셈이었는데 이 또한 헛고생이 아니었으면 좋겠다. 밭을 포기한 노인네들이 감기인지 몸살인지를 앓고 있다고 들었다. 꿈 터를 잃게 된 마당에다 이미 심어 자라고 있는 것마저 없애겠다는 말에, 의욕을 상실한 채 맥이 풀렸다고 한다. 이들은 몸살이 아니라 마음에 상처를 입어 맘살을 앓고 있음이 아닐까.

담당 직원은 성과를 올리려고 몰아붙이겠으나, 구청장님은 그처럼 잔인하고 무자비한 분은 아니라고 믿기에, 자라는 곡식을 거둘 때까지 기다려 주리라는 소망을 갖는다.

<에세이문학> 2009년 가을

사흘 밤

그 해 장마도 여름마다 따라다니는 예사 장마려니 여겼다.

그런데 연일 장대비로 내리꽂더니 여기저기서 물난리가 났다고, 정부당국에서는 비상대책이 발표되었으며 한강 수위에 시민들의 관심이 모아졌다.

"저기 봐 물이 밀려오고 있어요." 큰아이가 다급한 소리로 가리키는 쪽을 보았다. 온갖 잡동사니를 띄운 흙탕물이 밀려오고 있었다. '저걸 어째' 발을 동동거릴 뿐 나는 아무런 손도 쓸 수 없었다. 그저 자연의 거대한 힘 앞에 사람은 이처럼 나약할 뿐이었다.

그날부터 전기, 전화, 수도가 뚝 끊어져 버렸다. 이 세 가지가 끊긴 아파트 생활은 생지옥 같았다. 하늘에서는 비가 그칠 줄 모르고, 땅에서 물풍년인데 정작 필요한 물은 귀해서 멀리서 길어온 물을 한 방울이라도 아껴야 하는 딱한 사정이었다.

밤을 대비해서 초를 구하러 가게마다 다녔으나 이미 그것마저 동이 났다. 제과점이나 슈퍼마켓마다 빵, 라면, 과자 등 먹을 것이 텅텅 비어 있었다. 나는 초 하나 빵 한 조각도 구하지 못해 생존 경쟁에서

낙오자 같은 생각이 들었다.

집에 와서 초 한 토막을 겨우 찾아 놓고 안도의 숨을 쉴 수 있었다. 한 도막의 초가 이처럼 위안을 줄 줄이야.

날이 저물기 전에 저녁을 일찍 해먹고 거실 마루에 잠자리를 깔았다. 우리 네 식구는 오랜만에 한자리에 누워 얘기를 나누게 되었다. 불이 없어 TV도 볼 수 없고 아무것도 할 수 없지만, 대화에는 어둠이 장애가 되지 않을뿐더러 오히려 초점이 모아지는 역할을 해 주었다. 남편과 나는 어렸을 때 산야를 누비며 놀았던 얘기, 듣고 보고 행했던 가풍이며 집안 내력, 시골 인심, 온갖 세시풍습과 놀이 등을 애들에게 들려주었다. 두 아들녀석이 그처럼 재미있는 얘깃거리가 많은데 그동안 한 번도 들려주지 않았느냐고 항의까지 하는 거였다.

그러고 보니 그동안 겉돌아 가는 얘기만 했을 뿐 진지한 대화는 없었다. 가까운 사이니까 이해하겠거니 미루어 짐작하고 속마음을 펴 놓고 우리의 뜻을 전하는 것도 아이들 의견을 듣는 것도 생략하고 넘어갔던 때가 많았다. 따져보면 겨우 입버릇 삼아 들려준 소리라는 것이 빨리 일어나라, 공부해라, 골고루 먹어라, 지극히 일상적인 지시만 했을 뿐이다. 뭐가 그리 바빴을까? 그동안 TV에 시간을 너무 많이 뺏겼고, TV가 대화를 가로막아 식구들 사이를 떼어 논 게 아닐까.

이튿날 밤에도 주룩주룩 오는 빗소리를 반주삼아 애들과 주고받는 얘기는 명주실꾸리처럼 끝없이 이어졌다. 아직도 어린애로만 알고 있었던 두 아들 애가 아는 것도 많고 생각의 폭이 자랐음을 알게 되었다. 그러나 지식에 비해 자기 생각이나 의사를 조리 있게 말하는 데는 서툴다. TV로 인해 대화가 부족했던 까닭이 아닐까.

요즘 아이들은 웬일인지 떼 몰려 다니며 노는 것을 볼 수 없다는 내 말에, 모두 자기 집에서 공부를 하거나 TV를 보기 때문에 같이 놀만한 친구도 없다고 한다. 그리고 "TV가 친구보다 재미있고 배울 것도 더 많다"는 대답에 놀랄 뿐이다.

'철이 철을 날카롭게 하는 것같이 사람이 친구를 빛나게 한다.'는 성경말씀이나 '사람은 사회적 동물'이라는 말을 빌리지 않더라도 어떻게 사람이 사람을 멀리하고 산단 말인가! 사람이 살아가려면, 생각이 다른 이들과 적응하는 배움, 각각 개성이 다른 사람을 이해하는 배움, 조금씩 양보할 줄 알며 더불어 사는 지혜를 제쳐놓고 나는 애들을 지식 위주로만 끌어 올리려 했던 모양이다. TV에서 배울 것이 많다던 애들도 이런 지식을 말함일 것이다.

TV라는 마법 상자가 어른, 애 할 것 없이 오금을 못 펴게 한다. 애들에게는 친구보다 재미있고 부모보다 더 필요한 존재로 여길 만큼 그 위력이 대단하다고 해도 설마 했었는데 허를 찔린 기분이다. 한 사람이 일생동안 TV를 시청하는 시간이 오, 육년이나 되고 초등학교에서 중학교까지 9년 동안 6천 6백시간을 TV와 생활한다는 통계를 읽었다. 어른도 한번 보면 계속 보게 되는 마력 때문에 쉽게 자리를 뜨지 못하는데 어린이나 청소년은 오죽하랴. 그리고 TV 앞에 앉아 있으면 마치 시간에 날개를 단 듯 지나가는데, 여기에 어떻게 대화를 가질 시간이 비집고 들어가겠는가.

함께 먹고 같이 잠자는 가족이라 해도 대화가 없을 때는 모래에 물 부은 것 같이 마음들이 곧 흩어질 것이다. 모래에 물 부은 데다

시멘트를 섞은 역할이 바로 대화가 아닐지.

불 없는 사흘째 밤을 맞았다. 하루만 TV를 못 보아도 안달이 날 것 같던 애들이 며칠째 보지 못했어도 아무렇지 않고, 식구가 한자리에 모인 오붓함 속에서 갖는 대화를 즐기게 된 것이다.

밤이 깊어지자 천둥번개가 멎고 빗줄기가 숨을 죽인다. 검정 휘장을 쳐놓은 것 같던 하늘이 조금씩 열리며 구름 사이에서 달빛이 새어나와 우리 둘레의 어둠을 서서히 걷어낸다.

드디어 씻은 듯 환한 달이 떠올랐다. 우리 네 식구는 나란히 누운 채 옆 사람 손을 잡고 달을 보며 합창으로 노래를 부르며 단란한 시간을 보냈다. 앞으로도 일주일에 하룻밤은 대화의 날로 정하고, 그 날은 아예 전기 나간 셈 치고 불을 꺼야겠다.

이제부터라도 가정에서 대화의 방법을 터득하게 하여 어떤 문제가 있을 때 부모에게 스스름 없이 터놓도록 해야 되지 않을까.

드나르의 『홍당무』에서 열등감에 빠진 천덕꾸러기 막내가 어느 날 부모와 처음으로 긴 대화 끝에 화해하고 행복을 찾지 않았던가.

1984년에 있었던 장마에 피해가 많았지만 그 속에서도 건져진 수확은 있다. 오랫동안 중단되었던 남북적십자회담이 열려 지구 끝보다 더 멀게 느껴졌던 서울과 평양 사이가 대화로 인해 갑자기 가까워졌고 이산가족이 일부나마 오고 가서 만날 수 있었던 꿈같던 일도, 우리 가정에 대화의 장이 마련된 것도 그 장마 덕(?)인 셈이다.

말을 주고받는 건 씨줄과 날줄 같아 진실하고 솔직한 대화는 튼튼한 베로 짜여질 것이고 오가는 말이 부드럽고 아름다우면 비단이 될 것이다. 처음에는 서툴러 자기주장만 당기다보면 끊기고 흠집 있는 베가 되겠지만 차차 능숙해져 상대의 반대 의견이나 다른 뜻에도 귀 기울일 줄 아는 지혜를 터득한다면, 조화를 이루어 고운 무늬가 새겨진 베가 되어 사랑의 포대기로 쓰일 것 같다.

이 장마로 인해 꽉 막혔던 남북 간에 소통의 계기가 되고 우리 가정에도 모처럼 마련된 대화가 계속 이어져서 가족에게 탄력 있는 버팀목이 되어주었으면 한다.

불 없이 보낸 사흘 밤은 두 아들에게 알토란같은 추억이 되리라.

<한국수필> 1988년 봄

새로운 땅으로 일어서는 고향 길

고갯마루와 하늘이 맞닿아 막혔던 시야가 그때 확 트이면서 속이 시원해지는 상쾌함을 맛본다. 짙푸른 해송 밭이 질펀하고 쪽빛 물이 넘실대며 파란 하늘이 펼쳐진다. 그 바다를 등진 언덕과 앞동산을 배경으로 동 서편으로 갈라진 마을이 이마를 맞대고 있다. 이곳이 내 고향 '장신리'이다.

마음이 닳고 감정이 무디어진 지금도 고향 가는 길에는 설렘이 동반한다. 다녀올 때는 매번 실망하면서도 다음 귀향길에는 깡그리 잊은 채 그저 좋았던 옛 생각만 안고 마음이 앞서간다.

고향에 계시는 집안 어른들을 헤아리며 잡수실만한 것을 살까 하고 가게를 찾아갔다. 이웃 동네와 경계선인 '잿배기'에 가게가 있고 그 주인은 삼십 년이 넘도록 바뀌지 않아서 나를 반긴다. 장사를 치울 듯 먼지 낀 목판에는 몇 가지 안 되는 물건들이 두서없이 널려 있고, 깨진 유리창으로 찬바람이 들어와 을씨년스럽기 짝이 없다. "누님 오랜만이요." 하는 소리에 자세히 보니 어두컴컴한 구석에서 막걸리 사발을 앞에 놓고 있는 노총각이었다. 그는 내게 먼 친척 동생이다. 그의 북데기 같은 머리가 반백이 된 것을 보는 순간 가슴이 철렁 내려앉는다. 그는 총각으로 마흔 살이 넘었다 .

"누님 서울에서 사신다지요. 그곳에는 사람이 발에 걸려 다닐 수가 없다면서요. 그렇게 서울이 좋은가요." 그는 이미 게슴츠레한 눈에 혀 꼬부라진 소리로 횡설수설이다. 저러다 폐인이 되면 어쩌나 걱정이 되었다. 측은함을 감추고, 머리 염색도 하고 자신을 가꾸면서 좀 더 나은 삶을 위해 노력해야지 대낮부터 혼자 술에 취해서 그 꼴이 무어냐고 나무랐다. 그는 헛웃음만 웃었다. 꿈도 소망도 없는 농촌 생활이 어떤 것인지 알기나 하느냐는 듯.

농촌 총각도 요령 있고 야무지면 이웃 처녀 도시로 가기 전에 옷소매 붙들어 내 사람 만들거나, 도시로 나가서 갑부 아들인 양 허세부려 꼬여와 산다는데, 그는 그럴 배짱도 없어 총각귀신 면하기 어렵게 생겼다. 정녕 농촌 총각들 혼사 길은 언제쯤 뚫릴지 답답하다.

먼저 큰댁으로 향했다. 언제 이 집이 수십 명의 식솔들이 북적거리던 종가였던가, 믿기지 않을 만큼 절간 같았다. 친척 댁에 들렀을 때 집집마다 빈 소라껍질처럼 헛바람이 돌았다. 어른들이 나를 반기며 서로 당신 집에 와서 묵으라고 하셨다. '손머리' 언니 댁에는 언젯적 것인지 곰팡이 핀 시루떡과 바짝 마른 인절미가 쟁반에 시답잖게 놓여 있다, 그것을 개밥 끓이는데 넣겠다면서, 먹을 입이 많고 입맛 좋아 쓴 것 단 것 없던 시절이 살맛났다고. 그때를 그리워 하셨다. 우선 사람이 귀해서 못 살겠다고 뭐니뭐니해도 사람이 첫째지 다른 것은 뒷전이라고 덧붙인다.

다음날 아침 내 유년의 꿈이 출렁이던 바다를 향해 나섰다. 조부님께선 선비의 향기라고 귀히 여기며 베개 속에 넣던 만형자는, 이 가을에 바닷바람에 향기를 날리고 있겠지. 만형자는 이웃 마을 장원리 앞바다 솔밭에 군락을 이루고 있어 따러 가는 길인데. 장원리 막다른 집에서 그만 길이 막혔다. 그 집은 빈집이었다. 녹슨 자물쇠가 방 문고리에 잠겨 있다. 자물쇠는 이 집을 아주 버리지 않았다는, 그리고 언젠가는 다시 오겠다는 약속 같아서 조금은 마음이 놓였다.

빈집은 빈들이나 빈 그릇보다 더 스산하다. 이 집에도 어느 때는 아기 울음소리와 식구들의 웃음소리가 집안에 가득 찼을 것이다. 사람이 태어나고 죽고 시집 장가를 가고 활기가 넘쳤을 집, 불을 밝히고 누군가를 기다리고 그 불빛을 찾아오는 이가 있고, 흩어진 가족이 모이는 집, 그래서 집은 다른 부동산이나 동산과는 그 의미나 가치가 달라야 한다고 생각된다.

빈 집 감나무 아래는 농익어 떨어진 홍시가 깔려 있다. 금방 떨어진 듯한 홍시 하나를 맛본다. 참 달다. 남색과 붉은 색 플라스틱 슬리퍼가 짝짝이로 마루 밑과 토방에서 뒹굴고, 마당가 잡초 속에는 늙은 호박이 숨어 있다. 이 집사람들은 언제 떠났을까. 길섶에 덮인 수풀로 보아 오래된 것 같고 호박을 보아서는 얼마 되지 않은 것 같아 종잡기가 어렵다. 어쩌면 지난 봄에 잠시 다녀가면서 호박 모종을 했는지도 모른다. 먹든 못 먹든 또 누가 먹든 상관없이 기회 닿을 때마다 파종을 하는 것이 농부니까.

전에는 바다로 통하는 길이 이 집 앞으로 해서 논두렁으로 이어졌는데 집 앞 논이 농사를 짓지 않아 빈 병이며 깡통 신발짝 같은 것이 버려져 길이 막혔다. 하는 수 없이 나는 바다로 가는 길을 포기하고 돌아서 오다가 어떤 아낙을 만났다. 왜 길이 없어졌느냐고 묻자 "길이 없어지긴, 누가 훔쳐 갔겠오. 발이 달려 도망 갔겠소, 사람이 안 댕깅게 맥혔지. 사람이 살면 없던 길도 생기는디 보면 알 것 아니요." 퉁명스럽긴 해도 맞는 말이었다. 도시는 사람이 너무 많아 길이 막히고 시골은 사람이 없어 막힌 길이다.

농사가 경제성이 없으니 농촌 인구가 줄어도 괜찮다는 사람도 있고, 농사를 소홀히 했다가 식량을 무기화 할 때 큰 코 다치고 환경문제도 따르니 농촌을 살려야 한다고 맞서는 사람도 있다.

내가 고향에서 빈 집 죽은 땅에 사람이 다니는 길도 막히고 총각 혼사 길도 막힌 것을 본 지 5년이 되었다. 갑자기 터진 IMF 한파로 도시에서 발붙일 곳 없는 사람들의 귀농자가 늘었다고 한다. 한편 씁쓸하고 한편 다행이다.

고향 길 앞 잔등에 오르기 전까지는 앞이 막혔다가 고갯마루에 오르면 갑자기 신천지가 펼쳐지듯, 농촌 또한 고비를 넘겨 도시에서 일자리를 못 찾은 발걸음을 불러들이고, 그들 또한 노숙자라는 수렁에서 발을 빼어 귀농자가 된다면 활기찬 농어촌이 될 것이 아니가. 지금 그곳에는 고향 떠나 잠시 환각에 출렁거렸던 마음을 달래며 옛 이웃들이 돌아가고 있지 않을까. 그리하여 빈집에는 불이 밝혀지고 막힌 길은 바다를 향해 다시 일어서고, 너그러운 고향 땅은 오랜 방황에 지친 귀향인들을 자애롭게 받아 안을 것이다.

<토지> 1998년 5월 한국토지공사

天池에 비친 학

하늘을 뚫을 듯 쭉쭉 뻗은 자작나무의 군락지를 벗어나자, 전나무·낙엽송·가문비나무 등 침엽수가 밀림을 이룬 채 시야에 밀려든다.

애국가를 부를 때마다 입에 올렸던 백두산, 흰 그릇에 파란 물을 담은 천지를 머리에 이고 있는 백두산을 향해 우리를 태운 버스는 달리고 있었다.

몇 년 전만 해도 갈 수 없는 곳이어서 얼마나 동경했던가. 이번에 일본을 경유하고 중국을 거쳐 돌아가는 먼 길이었지만, 백두산 영봉에 올라가 천지를 보게 되어 꿈만 같다. 어젯밤부터 오늘 날씨가 맑을지 걱정도 되고, 마음 또한 설레어 쉽게 잠을 이루지 못했는데도 새벽에 잠을 깼다. 짧은 잠 속에서도 온통 천지 꿈만 꾸었다. 행여 잊힐세라 꿈을 되새기고 아무한테도 꿈 얘기를 안했다. 혹시 마(魔)가 끼어 산통 깨질까 봐서다.

백두산 가는 길 양편에 쫙 깔린 온갖 풀꽃들이 우리를 맞아주고, 길 옆 도랑에서는 차 소리에 놀란 나비 떼가 수도 없이 무더기로 날아오르는 모습은 장관이었다.

백두산 노정에서 지프차로 바꾸어 탔다. 국방색이 바래고 덜덜거리는 군인 지프차가 뒤뚱대며 힘겹게 산길을 오른다. 그 지프차에는 문인협회 이사장인 황명 선생과 성춘복 부이사장님, 소설가 송원희 선생, 시인 조순애 선생과 나 여섯 사람이 탈 수 있었다. 운전기사가 조선족이어서 반가웠다. 그는 동포 3세로 차정비를 맡고 있는 군인이란다. 우리 뒤에 오던 지프차 몇 대가 추월해 가는데도 느긋한 목소리로, 성급하게 달리면 엔진도 쉬 망가지고 사고 위험도 있다며 우리를 안심시킨다. 나와 같은 차를 탄 분들이 모두 원로 문인들이어서 그를 채근하기는커녕 안전 운행을 칭찬해 주며 화기애애한 가운데 갈 수 있었다.

위로 오를수록 미끈한 나무는 보이지 않고 비뚤어지고 뒤틀린 잡목들뿐이다. 아마 춥고 비바람 센 환경 탓인가 보다. 모진 풍상을 온몸으로 안고 견디느라 뒤틀리면서도 강한 생명력으로 버티는 잡목지를 지나자 산에는 나무 한 그루 없이 고랭지 풀만 보인다. 지프차에서 내려 걸어서 오르는 정상은 길도 없이 바위와 모래흙이어서 다리가 팍팍하고 숨이 차오른다. 변화무쌍한 이곳 날씨가 걱정되어 빨리 오르려고 안간힘을 썼다.

거기엔 참으로 장엄하면서도 고요하고 도도하면서도 환상적인 천지가 있었다. 시리도록 푸른 물이 아름다운 자태로 큰 물그릇에 담겨있지 않은가! 하나님이 우리나라를 사랑하사 특별히 맘먹고 지은 신비의 예술품, 이 나라 가장 높은 곳에 열여섯의 봉우리로 아름다운 물 그릇 빚으시어, 삼천리강산 메마르지 말라, 온 겨레 세세토록 목마르지 말라고. 넉넉한 물 그릇 점지하셨나 보다.

그 고요함 속에 비밀의 열쇠 숨기고 높은 곳에 홀로 덩그러니 있는 외로움이여 거룩함이여—.

이 시대를 불감증의 시대, 오늘을 사는 사람을 무감동의 인간이라고 하지만 누구나 천지를 보고는 감탄사 한마디쯤 자신도 모르게 튀어 나오고야 말 것이다. 천지가 주는 감동은 아름다워서만은 아니다. 장대함·엄숙함·신비함이 분단의 상처 위에 포개어져 있기 때문이 아닐까.

남빛으로 채운 물그릇 한 바퀴 훑어보고 미동도 않는 물살도 한쪽에서부터 씻어보고는, 반대편 저쪽에는 북한이지 생각하자 가슴이 두근댔다. 그곳에 고향을 둔 사람들 감회는 오죽하랴….

찬찬히 뜯어 볼 겨를 없이 사진 찍기에 바빴다. 초를 두고 변화무쌍한 이곳 기상이 언제 달라질지 모르니까 이 바쁜 상황에도 흰 모시옷이 유난히 눈에 띈다. 어젯밤 꿈 생각이 나서 눈여겨보았다. 우리 일행인 시인이 모시옷 입고 절을 하고 있었다. 경건함으로 영산영수를 뵈려고 여행길에 모시옷을 챙겼으리라. 아닌 게 아니라 사진을 네 판째 찍을 때 어느새 안개가 몰려와 파란 물빛은 안개의 치마폭에 감싸여 숨어 버렸다. 언제 안개가 걷힐지 한사코 기다릴 수 없고 2,700m에 이르는 높이라 산소 부족인지 숨쉬기도 거북해서, 일행을 따라 미련을 남겨놓은 채 내려와야만 했다.

일행 중에 마지막으로 백두산을 내려온 분은 최 선생이었다. 그분에게 이번 여행은 무리였다. 혼자 식사도 못할 만큼 한쪽의 부실한 몸으로 백두산까지 간다는 것은 보통 의지가 아니고는 엄두도 못 낼 일이다. 여행 중에 병이 도질까 무슨 탈이 날까. 우려하면서도 기필코 나서고야 만 것은, 영영 디뎌보지 못할 것 같은 고향을 저 너머 함경도에 두고 있기 때문이다. 먼 발치로나마 고향의 하늘과 산이라도 볼 열망으로 이번 여행을 결심했단다. 그분은 지팡이에 의지한 채 고향 하늘을 보며 무슨 생각을 했을까. 그곳에 있을 형제자매·친척·친구·산천에 그리움의 불 지르며 돌덩이 같은 한을 얼마나 풀었을지— 내려올 때 미끄러지고 넘어지면서도 자꾸 뒤돌아보다가, 가이드의 부축을 받아 간신히 내려오는 모습은 처절함, 바로 그것이었다. 최 선생께서 쉽게 발을 떼지 못하는 것은, 나의 감상적인 안타까움과는 전혀 다른 뼈아픈 요소였을 것이다.

지난 밤 꿈도 그랬다. 우리가 백두산에 올랐을 때 안개가 자욱해서 천지를 볼 수 없었다. 그때 학 한 마리가 천지 위를 날자 학이 날아간 자리마다 안개가 걷히는데, 학의 날개가 점점 커져 큰 날개로 몇 번 왔다 갔다 하니까 드디어 천지가 파란 얼굴로 드러났다. 이 학의 날개를 붙들고 있으면 천지 건너 북녘에 내려 주겠지. 그곳에 숨어서 거기 실상을 엿보고 싶다는 호기심이 생겼다. 하지만 먼저 최 선생께 양보할 수밖에 없었다. 그런데 최선생이 그 학을 타기도 전에 꿈을 깨고 말았다.

우리보다 먼저 온 B조는 비가 와서 천지를 못 봐 실망이 컸다는 소식을 듣고 우리도 그럴까봐 걱정을 했으며, 문우로부터 그분에 대한 얘기를 들었기에 그런 내용의 꿈을 엮게 되었나 보다.

모시옷을 보려고 학 꿈을 꾸었고, 그분 정성에 힘입어 우리가 천지를 보게 된 것이 아닐까 하고 내 나름대로 꿈 해석을 해 보았다.

천지는 자기 모습을 사람들에게 잠깐씩만 보여주어 감질나게 하지만, 그래서 더 신비로운 것은 아닐지. 그것은 어쩌면 천지를 인간으로부터 보호하려는 신의 뜻인가도 모른다. 우리가 보고 싶을 때 아무 때나 쉽게 볼 수 있다면 이만큼 감동도 따르지 않을뿐더러, 늘 맑은 모습으로 머물러 있으면 사람들이 가만히 놔두기나 할 것인가. 뱃놀이를 하며 문명의 찌꺼기로 천지를 메워 오염시킬 것은 뻔하다. 그래서 인간과 거리를 두고 슬쩍슬쩍 보여 줌으로써 神을 경외(敬畏)하고 자연 앞에 겸허해지라는 하나님의 섭리인 것 같다.

<월간 통일> 1992년 1월

6.

빛의 세계

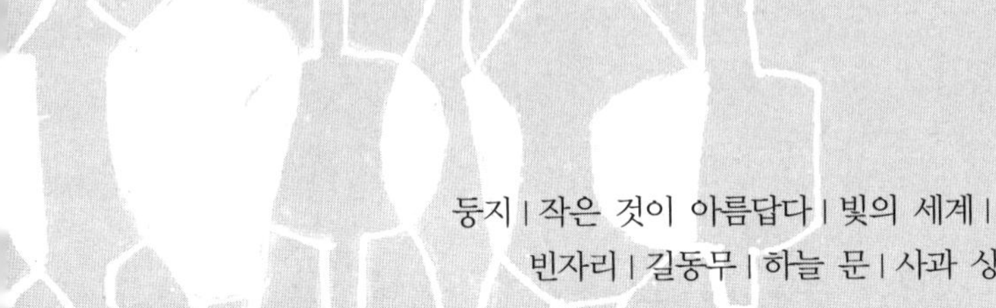

둥지

할머니의 제삿날은 진달래가 흐드러지게 피는 봄날이었다. 이때만 되면 나는 사촌들과 어울려 앞산이나 바닷가 솔밭 사이를 누비며 진달래꽃 따는 일을 즐겨 했었다. 찹쌀가루 반죽에 진달래꽃과 쑥 잎을 곁들여 참기름에 지지는 화전(花煎)을 할머니께서 솜씨 있게 만드셨고 또 즐겨 잡수셨기 때문에 며느리들이 제삿날 제수 목록에 화전을 빼놓지 않았다. 할머니 제삿날 한나절은 마음껏 쏘다닐 수 있어 그날을 몹시 기다리기도 했다.

내가 열 살쯤 되었을 때다. 그날도 사촌들과 바닷가 솔밭 사이사이에 분홍 치맛자락을 걸쳐 놓은 듯 무더기로 핀 진달래꽃을 따고 있었다. 서로 많이 따려고 흩어져 따고 있는데 큰 소나무가 자빠져 있는 곁에서 무엇인가 푸드득 날갯짓을 치며 날아올랐다. 나는 소스라치게 놀랐다. 새 한 마리가 나뭇가지 위에 앉아 나를 내려다보고 있는 게 아닌가.

둘레를 자세히 살폈다. 누워있는 소나무가지 사이에 검불과 개펄로 튼 새 둥지가 거기에 있었다. 조심스레 들여다보니 그 안에 하얀

새알 다섯 개가 오롯이 있었던 것이다. 새들은 대개 나뭇가지 위에 둥지를 트는데 하필 누워있는 가지에다 틀어 놨을까? 잔뜩 긴장한 나는 조심스레 새알 두 개를 꺼내 살짝 쥐어 보았다. 그 순간 조금 따뜻하고 매끄러운 촉감으로 전해오던 그 환희….

그러나 그 기쁨을 오래 간직하기엔 나무 위 어미 새가 마음에 걸렸다. 가만히 제자리에 넣는데 내 손에 닿는 보드라움, 깃털보다 더 포근하게 된 검불이 깔려져 있었다. 그건 마치 어머니의 포근한 품속으로 연상될 만큼 ―. 새끼를 위한 어미 새의 사랑은 손도 아닌 입과 발만으로도 거친 검불을 이처럼 부드럽게 할 수 있구나, 하는 그 놀라운 모성애에 감동했다. 새 둥지에 대한 비밀을 내 것으로 소중이 간직한 채 사촌들에게도 숨겼다.

다음날 마음을 조이며 둥지가 있는 곳으로 조심스럽게 가 보았다. 웬일인가. 새알은 세 개 뿐이었다. 누가 꺼내갔을까. 고개를 갸웃거리며 찬찬히 들여다보니 깨진 껍질이 부스러져 있었다. 새는 침입자에 대한 분노를 내가 만진 알에 퍼부었나보다. 생각하면 가슴이 철렁 내려앉고 나의 경솔한 행동이 몹시 후회가 되었다. 이 날은 둥지에 손을 대지 않고 손에 닿던 새알의 그 신비한 촉감을 포기한 채 돌아서고 말았다. 그 후에도 내 마음은 줄곧 그 둥지에 있었지만 꾹 참았다. 내 발길이 잦으면 남은 알마저 깨버릴 것 같아서이다.

나는 그 무렵 새둥지 꿈을 꾸었다. 뱀이 둥지를 휘감고 새알을 삼키는 꿈이었다. 다음날 학교 갔다 오는 길에 그곳에 들렀다. 그대로 있었다. 둥지에서 야릇한 느낌이 감돌아 가슴이 두근거렸다. 거기엔 새가 빨간 살빛도 아직 못 가린 아기 새 세 마리가 서로 엉켜있는 광경에 반가움과 경이로움으로 떨고 있는 자신을 보았다. 먹이를 구하러 나간 어미 새가 날아와 내 위를 맴돌며 이 가지에서 저 가지로 파닥이고 불안해하는 것 같았다.

그 후로는 다시 그곳에 가지 않았다. 대신 그 둥지가 궁금할 땐 바닷가 모래밭에 나와 젖은 모래에 내 손을 파묻고 자꾸 다독거린 뒤 가만히 손을 빼면 모래둥지가 된다. 내가 만든 모래둥지를 들여다보며 장차 시집가면 이렇게 아기자기한 둥지 속에서 신랑과 정답게 살며 아기를 낳아 길러야지 하고 아련한 꿈을 키웠다.

그런데 결혼해서 신혼살림을 차린 보금자리는 내가 소녀 때 짓던 모래둥지 같은 단칸방이었다. 부엌도 마루도 안집과 함께 쓰도록 되어 있고 밀창 하나로 주인집 안방과 가름하고 있어 신혼의 단꿈을 펼치기엔 항상 불안했다. 그때마다 내가 어린 날에 침입했던 둥지를 지켜보던 엄마 새의 긴장됨을 공감할 수 있었다. 내 집 따로 없어도 남편 직장 따라 자주 이사를 해야 되기에 집 사놓고 신경 쓸 필요 없다는 명분이 있어 남에게는 초라해 보이지 않았고 우리에게는 자위의 구실이 되어서 다행이었다.

이래서 여러 해를 내 집 없이 지냈는데 아이를 낳아 기르다 보니 정말 난처한 일이 많이 생겼다. 더구나 짓궂은 사내 녀석이어서 싹 닦아놓은 안집 마루에 맨발로 다니다 올라서는가 하면 꽃밭에 있는 꽃들을 따버리기도 했다. 아기가 하고 싶은 대로 할 수 있는 내 집, 남의 눈치도 간섭도 받지 않고 침해당하거나 방해받지 않는 그런 자유스런 우리 가족만의 둥지가 절실했다.

더욱 안타까운 것은 남편이 어쩌다 얼큰히 취해 밤늦게 들어올 때마다 마음이 졸여 대문 앞에서 서성이며 남편이 오기를 기다렸다. 다른 이들이 잠든 깊은 밤에 초인종을 울려 주위 사람 잠 깰까봐 지키고 있다가 골목에 인기척만 있으면 ―당신이에요― 하고 문을 열어보기를 몇 차례, 그러노라면 드디어 남편이 온다. 온 세상이 자기 것 인 양 지구를 통째로 삼켜도 양이 안찰 듯 배짱 큰 남자가 되어 쾌재를 부르는 것이다. 이렇게 기분 좋게 취했을 때 그 순간만은 욕구불만도 해소되고 직장의 상관도 여지없이 발아래 깔아뭉개며 "내가 왕이다"고 외치고 싶은가 보다. 그처럼 충만된 그의 감정을 고스란히 받아줄 내 집이 몹시 갖고 싶었었다. "쥔집 들리겠어요. 조용히 하세요." 이렇게 달래어(?) 남편의 기분을 삭게 했다. ―가난은 인격을 위협하고 돈은 가진 자의 가치를 창조한다.―는 말을 실감하며 남편의 술 기분을 잡치게 했던 것이다.

그래도 내가 살고 싶은 집을 머릿속에 그리노라면 행복했다. '비둘기처럼 다정한 사람들이라면 산새들새 노래하는 옹달샘 가에 장미꽃 넝쿨 우거진 그런 집을 지어요.' 이러한 가요 가사를 생각하며 강이 내려다보이는 언덕에 아담한 집을 지어야지, 서재가 있는 이층 창밖으로는 오동나무를 심어 책 읽는 틈틈이 오동잎 사이로 보이는 강물에 눈길을 주면 눈의 피로도 풀릴 거야. 이렇게 장만할 집을 그리며 지금은 잠깐 쉬어가는 간이역이라 여겼기에 견딜 수 있었다.

내 집 마련한 지 십년이 되었다. 불안도 불편도 없이 지내면서 가끔씩 긴장하며 살던 뒷방만한 방, 그 신혼의 둥지가 그리워지는 것은 웬일일까? 그러고 보면 사람의 마음은 퍽 변덕스러운 것인가 보다.

월간 <주부클럽 저널> 1985년 5월

작은 것이 아름답다

제비꽃과 민들레는 흔한 야생초이다. 그래서인지 이 꽃들은 사람들로부터 별로 눈여김을 받지 못하는 것 같다. 꽃을 좋아하는 사람도 제비꽃이나 민들레를 화분에 심어 가꾸거나 화단에 꽃모종하는 걸 보지 못했다. 하지만 이 꽃들은 음지양지 가리지 않고 어디서나 잘 산다.

지난 봄날이었다. 모임이 있어 급히 나가는 데 아파트 앞뜰에서 동네 반장 일을 보시는 할아버지가 꽃밭에서 무엇인가를 자꾸 뽑아 던지고 계셨다. 그것은 제비꽃과 민들레였다. 가던 길을 멈추고 한참을 들여다봤다. 찬찬히 뜯어볼수록 은은하고 잔잔한 아름다움이 우러나고 있었다.

오랫동안 보지 못해 잊혔던 꽃들을 대하자 반가움이 솟았다. 내 고향에는 길 가장자리나 울타리 밑에 흔한 것이 민들레이고, 동산에 지천으로 깔려 있던 제비꽃이 아니던가. 내가 살고 있는 아파트에서 버스 타러 나가는 길목이나 전철역까지 가는 길 언저리가 모두 시멘트포장이 되어 있어서 풀꽃을 대할 기회가 없었던 것이다.

이 꽃들이 가깝게 피어 있는데도 뽑아내는 날에야 보게 되다니 이 작은 꽃들은 장미꽃에 가려 움츠리고 있었기에 눈에 띄지 않았나 보다. 아직 뽑히지 않고 남은 자리가 방석만 하다. 나는 그 할아버지께 이 꽃들도 나름대로 고우니까 남은 것은 그냥 두었으면 좋겠다고 했다. 반장 할아버지는 어이없는 표정으로 "아 이것은 풀이 아니요, 이런 것은 다 뽑아내고 오늘 좋은 꽃을 사다 심기로 반상회 때 결정하지 않았소?" 하는 거였다.

나는 모임에 나가서도 제비꽃과 민들레에 생각이 쏠려 있어 사람들 얘기는 귀에 들어오지 않았다. 반장 할아버지가 내 부탁을 흘려듣고 다 뽑았을까봐 조바심이 들었다. 서둘러 와 본 화단에는 아닌게 아니라 민들레나 제비꽃은 흔적도 없었다. 그 대신 피튜니아가 여러 가지 고운 색으로 장식하듯 간격 맞추어 심어있었다.

꽃밭에서 마무리 손질을 하던 그 할아버지는 나를 보자, 풀꽃을 거기 두어 보았자 어울리지 않은 뿐더러 눈여겨 볼 사람도 없을 것 같아 뽑아버렸다고 한다.

그런데 웬일인지 아파트 화단마다 장미와 피튜니아로 채워졌다. 꽃도 유행을 타는지 관공서 앞뜰에도 학교, 공원, 전철역 앞 어디에나 눈만 돌리면 피튜니아다. 굴러온 돌이 박힌 돌을 뽑는다던가.

어디 꽃뿐이랴, 의식주를 비롯해서 문화 전반에 걸쳐 침식당하지 않은 것이 무엇이 있단 말인가. 그래서일까 뽑힌 꽃이 애틋한 연민으로 다가왔다. 그 다음날 행여 풀꽃이 남아 있으려나 하고 꽃밭 구석구석을 살폈다. 호박덩굴 뒤에 바가지 엎어놓을 자리만큼 민들레와 제비꽃이 남아 있었다. 호박잎에 가려 뽑히지 않은 것 같다. 다행이었다. 그전에는 화단 옆으로 수없이 오가면서도 바쁜 마음에 눈에 들어오는 꽃마저도 무심히 보아 넘겼을 뿐인데 그 뒤로는 틈만 나면 호박잎에 숨겨진 풀꽃을 들여다보는데 재미를 붙었다.

큰 단추만한 납작한 민들레 노란 꽃, 갸름하고 봉긋한 모양에 적자색 감도는 제비꽃, 이렇게 가냘픈 풀꽃에 생명의 숨결이 또렷했다. 영국의 사상가 슈마허가 쓴 책명이기도 하지만 '작은 것이 아름답다'라는 말이 새롭다. 이 자잘한 꽃을 한참 보고 있노라면 삭막해진 마음도 비단자락이 되어지는듯했다.

피튜니아는 지는 모습이 추한데 비해 제비꽃은 깨끗이 지고, 민들레는 흰색 깃털 같은 꽃씨로 한번 더 꽃을 피운다. 둥그렇게 부풀린 씨 꽃은 바람이 불면 날아갈 듯 긴장된 모습이다. 곧 터뜨려질 비누방울처럼, 씨를 다 털고 난 민들레 꽃 대궁도 아름답게 보였다.

민들레는 사람들의 발길에 밟혀도 꽃을 피운다. 우리 민족성을 닮은 것이 아닌지. 뽑히고 또 뽑혀도 봄이 되면 어느 구석에서고 돋아나는 풀꽃이다.

<수필공원> 1989년 봄

빛의 세계

우리 마을 울타리에서부터 시작되는 흙길 산책을 나는 좋아한다. 산책길을 한 바퀴 돌아오자면 논배미를 만나는데, 가을에 그곳을 지날 땐 기이한 모습에 발을 멈추게 된다. 한쪽의 벼가 마치 병든 것처럼 색깔도 다르고 영글지 않은 쭉정이뿐이기 때문이다.

언젠가 위를 올려다보고서야 그 까닭을 알게 되었다. 곁에 서 있는 가로등의 불빛이 비친 자리가 둥그런 모양으로 못 쓰게 된 것이다. 밤새 켜진 불빛은 식물의 수면과 휴식에 방해가 되어 열매 맺고 영그는 데 저해 요소가 되었나 보다. 같이 밭농사를 짓던 이웃 할머니 한 분도 찻길 옆에 심은 들깨가 열매가 없다고 하시더니 그것도 바로 가로등 불빛 때문이었던 것이다. 그래서 어떤 이는 불빛을 검정 비닐로 차단했다고까지 들었다.

하지만 축산가에서는 닭장에 불을 환하게 켠다고 한다. 닭이 밤도 낮으로 착각하고 밤낮없이 알을 낳게 하기 위해서다. 사람에게 이익이 된다면 자연의 이치나 순리를 거역하는 일에 서슴지 않을 만큼 잔인해지는가 보다.

햇빛은 모든 식물이 환호하며 받아들여 제 씨를 만들고 열매를 살찌우고 잎마다 갖가지 영양소를 채우게 한다. 어디 그뿐인가, 사람이 햇빛 없이 얼마나 살 수 있을지 생각하면 아찔해진다.

하지만 빛뿐 아니라 어두운 밤도 신이 모든 생물에게 주신 소중한 선물이 아닐까. 사람에게는 햇빛도 어둠도 필요한 것이어서 하나님은 낮과 밤을 만드셨을 것이다. 인간도 밤에 잠자는 동안 새 세포가 만들어진다고 하지 않는가.

너무 밝은 전깃불에 밀려서 아름다운 달빛과 별빛이 무력해지며 밤하늘이 멀어지고 꿈과 상상력도 줄어드는 건 아닐까. 고대 아일랜드의 시인 학교에서는 젊은 시인들에게 주제를 준 뒤 창문도 없고 빛이 새어 들 틈새도 없는 조그만 방에 들어가 하루 종일 시만 쓰도록 했다고 한다. 눈에 보이는 것에 얽매이지 않을 때, 인간은 본성을 되찾고 상상력은 확대되며 영감을 건져 올리기가 수월해지기 때문일 것이다.

자연의 빛이 아닌 인공적인 빛을 만들어내는 데 드는 비용이 미국에서만 연간 10억 달러가 넘는다고 한다. 20년 전쯤에 가 봤던 미국 라스베이거스의 휘황찬란한 불빛이 떠오른다. 그 빛들은 눈부시게 화려하지만 은은한 아름다움이 배제되고, 흥청대며 출렁거려 정신이 혼란스러웠다. 밝은 태양이 떠오르자 간밤에 그처럼 요란했던 불빛 놀음은 막을 내렸고, 그 많던 사람들도 온데간데없어 허무한 폐허의 도시 같아 보였다.

내가 세상에서 본 가장 아름다운 빛은 고향 바닷가에서 40년 전에 목격한 바로 그 색채였다. 우리 고향은 언덕 아래로 동네가 바다를 등지고 있어 마을이 끝나면 작은댁 모시밭이 나타나고 그 밭 끄트머리를 벗어나면 솔밭 사이로 바다가 보인다. 그런데 어느 여름날 밤 바다 여기저기서 불빛이 비쳤다. 처음 보는 현상에 우리들은 놀라움과 기대감에 전율했고, 조카 '종욱'이는 이순신 장군이 수많은 군함을 이끌고 적진을 향해 출격을 하는 장면 같다고 감탄을 하였다.

마침 밀물이어서 파도가 한창 몰아치고 있었다. 파도는 커다란 불덩어리였다가 가지각색의 옥구슬로 부서지고 다시 밀려와 부서졌다. 넓은 바다에 온갖 보석을 쏟아 놓은 듯이 보였다. 대자연이 펼치는 향연은 장관이었다. 어디에 눈을 주고 어디에서 눈을 떼야 할지 모를 만큼 그 광경은 꿈속에서 천국 언저리를 헤매는 듯했다.

여름에는 하루가 멀다 하고 밤마다 바닷가를 나갔으나 그처럼 기이하고 오묘한 장면은 처음 보았고, 황홀감에 압도당해 숨이 막힐 것 같은 체험도 처음이었다. 물기가 있는 조약돌에서는 오색 빛이 반짝이고 물 묻은 모래톱은 보석 가루처럼 보였다. 바닷가를 거닐자 신발을 따라오는 형형색색의 보석 가루가 살아 움직이는 것 같았다. 썰물에 미처 빠져나가지 못한 물고기 새끼들이 가장자리에서 파닥거리는데 어떤 금붕어가 그만큼 고울까. 각종 뼛가루가 인(燐)이라는 이름으로 물속에 녹아 있다가 그 어떤 자연 조건과 맞아떨어질 때, 즉 날씨가 꾸무럭하고 달빛이 흐릿한 날 밤에 그런 현상이 일어나는 것으로 안다. 자연이 빚어낸 작품 그 아름다움을 언어로는 표현할 길이 없어 보석이나 금붕어에 비유했을 뿐이다.

세계적으로 아름답기로 손꼽히는 몇 곳을 가 보았지만, 고향 바다에서 자연이 빚어낸 아름다운 빛의 극치를 본 내 눈에는 차지 않았다. 그 옛날의 바다에서 본 절경을 다시 볼 수 없다는 것이 참으로 안타깝지만, 한편 고향 덕에 절묘한 풍경을 한 번이라도 만나게 된 것은 큰 행운이었다. 그런 감동이 내 가슴에 한 켜씩 쌓여서 발효되어 살아가는 데 힘이 되어 준다.

<에세이21> 2009년 겨울

착각

나는 요즘 들어 사람의 정신세계에 대해서 많이 생각하게 되었다. 새삼스레 의식구조에 관심을 가지게 된 것은 어처구니없는 체험을 하고부터이다.

문제의 그날, 전철 안에서 이 선생님이 그려준 약도를 펴 보았을 때 약도에 쓰인 12시라는 숫자에 깜짝 놀랐다. 이게 무슨 시간을 나타낸 것일까, 급히 가방에서 팜플렛을 꺼내 보았다. 거기에도 출발시간이 12시로 되어 있는 것이다. 12시 40분인데 어찌된 일일까. 머리를 얻어맞은 듯 멍한 채 갈피를 잡을 수 없다. 벌써 시간은 12시가 다 되었다. 세미나에 갈 수 있을 것인가, 차가 기다려 줄지 조급한 마음뿐이다.

그 장소에 갔을 때는 12시 28분, 차는 이미 떠나고 없었다. 거기서 차를 놓친 몇몇 문우를 만났다. 그분들은 오는 동안 차가 밀려서 늦었을 뿐 나처럼 시간을 착각한 사람은 없었다. 나는 평소에 약속시간에 늦을 때가 많아 남편한테 시간관념 흐리다고 자주 질책을 당한다.

시간에 철저하지 못하는 것은, 정확성을 요구하는 공적인 사회생활에 익숙지 않아 주먹구구식으로 대충 넘어가는 습관 때문이리라. 또한 자기중심적이고 낙천적인데다 여유와 자유를 추구하는 느긋한 성격 탓도 있을 것이다. 그런 습관으로 늦었을 뿐 이처럼 시간을 착각하기는 처음이다.

그날도 남편이 출발 시간을 묻기에 12시 40분이라고 확실한 대답을 하지 않았던가. 내가 철통같이 믿었던 12시40분이란 도대체 어디에 근거를 둔 것일까. 이 선생님으로부터 들었고 약도를 받았으며 배달된 팜플렛을 받은 일 외에는 다른 정보를 접한 일이 없었다. 그런데 왜 12시 40분으로 단정하고, 약도에 쓰인 시간이나 팜플렛의 시간을 왜 한 번도 확인해 보지 않았던가, 꼭 무엇에 홀린 것 같고 꿈속을 헤매는 듯싶다.

이 선생이 약도에 12시로 적어 주면서 40분으로 말했을 리 없는데 나는 그렇게들은 것으로 믿고 있었으니 알 수 없는 노릇이다. 왜 그랬을까…. 12시라고 듣는 순간 12시 40분이었으면 좋았을 것을 바랐나 보다. 그리고 내 희망시간을 은연중에 정해진 시간으로 인정하고 싶어 약도나 팜플렛에 적힌 시간을 확인하려고 하지 않았나 보다.

이 뇌의 오묘한 구조는, 의식·무의식·초 의식에, 자율신경·지각신경까지 동원되어 이루어내는 그 독선에 놀라지 않을 수 없다.

왜 굳이 12시 40분을 고집했을까. 아파트 열쇠를 잃어버려 우선 하나로 애들과 내가 교대로 사용하는데, 그 날이 토요일이어서 막내한테 열쇠 건네주고 가려면 12시 40분이 적당하겠고, 또 내가 끼니를 거르지 못하는 버릇으로 점심을 먹고 가려면 12시 40분이 편리하겠기에 그랬을까. 그리고 전에도 세미나에 갈 때마다 사람들을 기다리느라 거의 한 시간 정도 늦게 떠났기에 이번에도 그러려니 하고 12시라고 듣는 순간 12시 40분쯤이면 타겠구나 생각한 것을 정해진 시간으로 착각한 모양이다.

내 안에서 나를 철저히 맹종하고 보호하려는 정체는 무엇일까? 내 마음과 정신, 혼과 영은 어떤 관계를 하고 있을까. 이런 걸 생각하면 신비롭다 못해 겁이 날 정도다.

그때 지각했다고 여기는 것은 외부로부터 요인이 아닌데도, 자아의식은 그걸 부인하려고 한다. 이렇게 내게 무조건 순종하려는 이기적인 정신이, 외부의 억압된 작용에 의해 잠재의식 속에 남아 있다가 어떤 계기에 돌출하여 이번처럼 엉뚱한 결과를 가져오나 보다.

이런 일이 때로는 내 의지에 의한 삶을 방해하는 인자가 될 수도 있겠고 객관성 없는 그런 아집은 사회생활에 막대한 지장을 주기도 할 것이다. 그처럼 이해의 영역을 벗어난 자율신경의 미숙한 운영 때문에 보편적인 나의 의사와는 상관없이 뇌리의 진채 원리에 의해 생긴 실수를 방지할 수는 없을까?

이런 오류는 아무래도 선(禪)이나 선단 법(仙丹 法), 요가 같은 것으로 빗나가는 자율신경을 컨트롤해야 할 것이라고 말하는 사람도 있다. 하지만 내 생각은 깊은 명상이나 기도로 의식을 조절하고 사색으로 감정을 다스리는 것이 상책일 것 같다.

지금도 그 때 일을 생각하면 혼란이 온다.

『가슴을 여는 별이 되어』 한국수필 추천 작가동인회

어떤 姑婦

언니 시어머니한테서 장거리 전화가 왔다. 처음 있는 일이어서 어리둥절하며 전화를 받았다. 목 메인 소리로 "언니가 보고 싶어 동생이라도 대신 보았으면 하고 전화를 했어요. 바쁘겠지만 한번 다녀가지 않겠어요." 그분은 끝내 울먹이며 전화를 끊었고, 나 역시 터지는 울음을 참지 못하고 말았다.

대개 시어머니와 며느리 사이는 미묘한 감정으로 거북하게 지내는 이들이 많고 심하면 원수처럼 여기기도 한다. 그러나 언니와 그 시어머니는 보기 드문 화목한 고부로 소문이 나 있었다.

피와 살이 섞이지 않은 남남끼리 인연이 되어 수십 년 간 한솥밥 먹으며 살다보면 못마땅하고 싫을 때도 많을 텐데, 어찌된 일인지 언니는 '우리 시어머니 사리 밝고 인자하시다'고 자랑하는가 하면 그 분 역시 '우리 며느리 덕스럽고 이해심 많다'고 칭찬을 하시는 분이다.

언니 댁은 농작물을 많이 하고 누에도 치기 때문에 늘 일에 쫓기지만, 후한 인심이 항상 그곳에 머물러 있어 찾는 이를 기쁘게 해준다. 인정이 고프고 마음이 말라 있을 때 그곳에 가면 윤기 도는 가슴으로 바뀌어 진다.

언니 댁은 마늘농사도 많이 지어 친인척, 이웃들에게 한두 접씩 나누다 보면 수십 접이 나간다고 한다.

몇 년 전에 언니 댁에 갔을 때 일이다. 내게 마늘을 주려고 하던 언니가 시어머니가 옆에 계시지 않자 시어머니를 찾는다. '언니도 이제 손자까지 보았는데 지금도 마음대로 못하고 시어머니 허락을 받아야 되느냐'고 물었다. 언니는 나를 나무라는 표정으로 노인 양반이 애써 가꾼 것인데 당신이 주고 싶은 사람에게 주고 요리조리 갈무리하는 재미가 있어야 하지 않겠느냐고 한다.

—바로 그것이구나— 고부간에 화목하게 지내는 비결은 맛있는 음식대접 편하게 모시는 것 이상으로 누릴 수 있는 자유, 적당한 일거리, 그리고 어느 정도의 권한을 부여해 드리는 것을 가장 큰 보람으로 여길 것이라는 깨달음이 왔다.

시어머님이 밖에서 들어오시더니 "더 쉬어가지 않구 벌써 가려구요. 마늘 짐은 꾸렸어?" "아직 안 꾸렸어요." 언니보고 마늘 몇 접 가져 오라고 하자, 마늘 두 접을 갖다 손질하는데 마늘이 너무 잘다고 하며 당신 손으로 굵은 걸로 한 접 더 가져 와서 짐을 꾸리신다. 그 시어머니의 그 며느리다. 이래서 내 마늘 짐 보따리 속에는 화기애애한 고부간의 정이 넘치고 있었다.

언니는 어디 다녀오거나 장을 봐올 때 보따리를 시어머니 방에 먼저 가지고 가서 풀어놓고 시장에서 있었던 얘기며 값은 어떻다는 등 오순도순 정답다.

형부가 연수차 외국에서 여러 해 동안 있을 때도 언니는 시어머니 곁에서 살림을 지켰다.

한번은 내가 갔을 때 "사돈, 내 약까지 다 사왔오. 좌우간 고맙구려." 나는 당황하지 않을 수 없었다. 그 영양제는 언니 먹으라고 언니 방에 두었는데 언니는 시어머니께 사온 것처럼 하고 드린 것이다. 언니 시어머니께서는 당신이 먹은 거나 다름없다고 하며, 활동을 많이 하는 언니가 먹어야 한다고 되돌려 주시는 게 아닌가. 그래서 약은 본래 임자에게 돌아가고 고부간에 정만 두터워진 셈이다.

흔히 같이 사는 맏며느리보다 따로 사는 며느리를 더 생각하고 그들이 뭐라도 해오면 그것만 생색을 낸다는데 안사장께서는 정 반대이시다.

형부 아래로 두 아들을 서울 일류학교 보내어 좋은 직장 갖고 잘 살고 있는데, 작은 며느리 못마땅해 하는 것 중에 하나가 돈 걱정 하는 점이라는 것이다. "너희들은 매달 뭉텡이 돈 만지면서도 내가 올 때마다 돈 걱정을 그리 하느냐. 너희 보고 뭘 해 달라고 하느냐. 용돈을 달라고 하느냐. 네 큰동서는 돈 귀한 농촌에서 살아도 내 앞에서 돈 걱정 하는 소리를 여태 내 귀로 들어보지 못 했다. 부모 앞에서 돈 걱정하는 것도 불효니라. 매사에 네 맏동서 본을 받아라." 이렇게 나무라며 큰며느리 칭찬만 하신단다.

언니는 입버릇처럼 우리 시어머님 안 계시면 못 산다고 했다. 그 넓은 농토 가운데 어느 밭에 무엇을 심어야 할지, 무슨 씨앗이 어디에 있는지 모르고, 시어머니께서 알아서 하시는데 그 일을 언니는 자신 없고 형부도 집안일이나 농사일은 뒷전이어서 시어머니 안 계시면 못 산다고 입버릇처럼 뇌었고, 그 시어머니 역시 며느리 없으면 못 산다고 하셨단다. 나들이옷이 어디 있으며, 허드레옷이 어디 있는지, 속옷도 어디에 있는지 모른 채 철따라 며느리가 꺼내주는 옷 입고 살 뿐더러, 이 며느리 없이 살지 못할 것이 어디 한두 가지냐고 하면서 며느리의 성인병을 무척 걱정하셨다고 한다. 그처럼 아끼던 며느리 앞세웠으니 오죽하랴. 언니가 탄 효부상이 무색하게 그렇게 애통해 하시는 시어머니 곁을 떠났으니 불효가 아니고 무엇이랴.

언니 고부간의 사랑까지 마늘 짐 속에 싸가지고 왔던 보따리를 풀기도 전에 언니가 뇌출혈로 세상을 뜬 것이다. 되짚어 내려갔을 때 누구보다도 그 어른의 애통하심은 모두를 울리고 또 울렸다. '너 없이 못 산다고 그렇게 일렀건만 나를 두고 먼저 가다니, 보고 싶어 어찌 살 거나.' 하며 서러워 하셨다.

언니가 정을 끊으려 하는지 꿈에도 나타나지 않으니 언니대신 나라도 보고 싶다는 전화다. 아름답고 슬픈 언니 고부간의 정이 울컥 가슴을 메운다.

<문학공간> 1991년 8월

빈자리

"이모. 외갓집 뒤뜰 언덕에 백일홍 나무 있었지. 그게 팔십만 원에 팔렸어."

지금 막 서울에 도착했다는 조카는 그 소식만을 전하기 위해 온 것처럼 안부도 제쳐놓고 그 말만 하고는 전화를 끊었다.

우리 큰댁의 후원에는 감나무, 앵두나무, 무화과나무가 열 그루도 넘게 있는데 언덕 맨 위에는 과일 하나도 맺어주는 일 없는 두 그루 나무가 있다. 그게 벽오동나무와 백일홍나무이다.

경사스러움을 상징하는 상상의 새 '봉황'은 대나무 열매를 먹고 예천(醴川)을 마시며 오동나무에만 깃들인다는 말이 있다. '언치새'도 오동나무에 즐겨 앉고 고련나무 열매를 먹고 맑은 샘물만 마신다고 들었다. 그래서인지 오동나무가 눈길을 끌었다. 이 오동나무에서 몇 걸음 사이를 두고 백일홍나무가 친구처럼 다정하게 있었다. 자잘한 자색 꽃이 고운 백일홍 꽃은 오래 필 뿐더러 나무 등걸은 알몸처럼 반들거렸다.

나와 사촌들이 어려서는 이 나무를 안고 돌며 간지럼을 태우고 나무가 몸살이 날 정도로 귀찮게 굴었다.

백일홍나무에 얽힌 추억은 우리들만의 것은 아니다. 청춘과수댁이 된 대고모님과 애를 낳지 못한 숙모님은 글을 좋아하셨다. 달 밝은 밤이면 백일홍나무와 오동나무 사이를 오가며 시조나 가사 한시 등을 목소리에 음률을 구성지게 넣어 읊으며 공허함을 메우셨다고 들었다.

대고모님과 숙모님이 팔짱을 끼고 걸으며 귀글(句文) 바깥짝을 한 구절 선창한다. 그러면 그때 처녀였던 큰댁 큰언니와 또래인 당고모는 어깨동무를 하고 뒤따라 거닐면서 귀글 안짝을 후창으로 받아 읊었다고 한다. 그러면 큰댁 후원 담 밖에서 물 긷던 아낙들이, 뜻은 몰라도 얼마나 듣기에 좋았던지 물동이를 머리에 인 채 무거움도 잊고 발을 멈추고 들었다는 것이다.

대고모님은 열네 살에 홀로 되셨다. 예식만 올렸지 신행도 하지 않은 상태에서 두 살 아래인 신랑이 세상을 뜬 것이다. 처녀나 다름없는 분이 시댁가문, 친정가문에 흠이 될까봐 천정에서 수절하셨다. 명필에 문장가여서 사돈서는 물론 제문, 비문까지 맡아 쓸 만큼 글에 재미를 붙이며 고독을 달래신 것이다. 그 대고모님이 달밤이면 백일홍나무를 찾은 것은 백일홍의 전설 때문이었을까? ―멀리 떠난 남편이 살아 돌아오기만을 고대하던 부인이, 남편이 탔던 배가 돌아오는데 죽어 오는 줄 알고 자살을 했다는― 애달픈 전설에, 대고모님의 한 많은 생을 위로받고자 하셨는지 모르겠다.

대고모님과 숙모님은 고인이 되셨지만 그때 풋내기 소녀였던 큰언니는 일흔 살의 할머니가 되어, 백일홍나무가 팔려간 것을 못내 안타까워 하셨다.

이 모든 사연을 지켜본 목 백일홍이 지금은 뉘집 정원에 있는지. 잘 다듬어진 이웃 속에 구색 맞추기로 한자리 끼어 있을까. 자리바꿈에 몸살이나 안 났는지 모르겠다. 어디서고 잘 살아 꽃을 피우고 큰집에서만큼 관심과 사랑을 받고 있으면 좋으련만….

큰집 제사에 사촌들과 조카가 모이면 언덕에 있는 백일홍나무에 걸터앉거나 기대고 많은 얘기를 나누었었다. 음악에서부터 문학, 종교에 이르기까지….

사업차 올라온 조카가 그 백일홍나무에 대한 자초지종을 들려주고 갔다. 백년 가까이 묵은 목 백일홍이 있다는 걸 나무장수가 어떻게 알았는지 와서 팔라고 하더란다. 농사에서 얻어지는 수입뿐인 큰집 큰오빠는 농사지어봤자 비용 다 제하고 나면 한숨만 남는다. 그런데 논 몇 마지기에서 얻어지는 수입에 버금가는 팔십만 원에 목 백일홍을 사가겠다니 오빠 마음이 흔들린 모양이다.

고향마을에서 처음 보는 중장비인 포크레인이 동원되어 요란한 소리를 내며 나무를 캘 때, 온 동네 구경거리였다. 그 나무는 서울 어느 돈 많은 집에 사백만원에 되팔려갔다고 한다.

심어서 구십년 동안 지켜온 집 몫과 단 하루 시간을 들인 장사꾼 몫을 비교해 본다.

나무를 판 큰댁 오빠가 학창시절 작은 집 오빠들과 백일홍나무 아래서 찍은 사진이 인상에 남는다. 각각 기타, 아코디언 그리고 하모니카를 불고 켜며 셋이서 백일홍을 배경에 넣은 사진이다. 그 나무를 팔면서 큰집 오빠는 무슨 생각을 했을까? 나무 등걸이 마치 육체미 선수들의 근육처럼 뒤틀려 비스듬히 자란 품이 동양화 같고 예술적으로 생겼다고 백일홍을 '예목'이라고 하고, 쪽 곧게 자란 아름드리 벽오동나무가 널따란 잎으로 그늘을 드리우는 게 귀티가 난다고 '귀목'이라 이름 붙이던 정서적 안목도 있는 오빠였다. 하지만 이제 고령의 생활인으로 생활에 도움을 주지 못하는 생산성 없는 백일홍이기에 팔기는 했지만 오빠의 마음은 서운했을 것이다.

연세가 아흔이 되신 큰어머니는 백일홍 캐는 날 혀를 차며 "사당 뒤에서 저 요란을 떠는데 사당에 계신 조상님들은 뭐하시나 몰라. 선몽이라도 하여 막을 일이지. 당신들 곁에 든든하게 있던 나무를 뿌리째 뽑는데도 그냥 두다니!" 하며 못마땅해 하셨단다.

울안에 있는 나무를 함부로 베면 지벌 맞는다고 옛 어른들은 큰 나무 없애는 걸 조심했었다. 그런데 사당 뒤에 벽오동나무와 백일홍이 수호신처럼 버티고 있던 것이어서 더욱 언짢으셨나 보다.

"서울 사람들은 어린나무 심어 키울 생각은 않고 왜 큰 돈 주고 늙은 나무를 사간대야. 사람은 젊은 사람만 데려가며 나무는 늙을 걸 좋아하다니 이상하구만." 큰어머니의 푸념은 조상님에게서 이내 서울사람에게 떨어진 것이다.

그 나무가 있을 적에는 표가 안 났는데 빈자리는 금세 눈에 띈다. 내내 있던 자리가 비어있어 나무 사이의 공간이 휑뎅그레 하고 홀로 남은 오동나무도 쓸쓸하게 보인다. 말도 활동도 못하는 나무 한 그루가 이처럼 썰렁한 터를 남길 줄이야. 하물며 사람이 살다 간 자리는….

큰집 오빠는 이 빈자리에 다른 나무를 심겠다고 하셨다. 그러나 내 생각은 달랐다. 흉터처럼 볼썽사나운 빈자리를 보면서, 우리에게 진정 소중한 것이 무엇인가 깨닫게 해줄 것만 같아서다

<한국문학> 1992년 가을

길동무

산책할 때 늘 같이 가는 친구가 있다. 뜻이 통하고 종교가 같은데다가, 나의 권유로 '성숙한 사회' 회원이 되어 더욱 친밀감을 갖는 사이가 되었다.

이렇듯 서로의 생각을 이해하는 사람과 함께 걷는다는 것은 즐거운 일이 아닐 수 없다. 이처럼 좋은 길동무와 한 단지에 산다는 것 또한 축복이다. 그 길동무가 여행 중일 때 빈자리는 허전했고 다른 이웃을 따라갔다가 포기하고 말았다.

그 다른 이웃은 나보다 젊어 걸음도 빠르고 오름길도 거뜬할 만큼 산행이 숙달된 사람이라서 동행하려니 호흡부터 딸렸다. 그는 앞서 가다가 나를 기다리고 나는 허겁지겁 따라가려니 숨이 찼다. 그에게 미안하고 부담스럽기까지 했다. 그런 상황에서, 주변을 돌아보고 아름다운 소리를 들으며 대화를 나눌 겨를이 있겠는가. 먼저 가라고 보냈을 때 홀가분했다.

내 길동무와는 나이도 엇비슷하고 보폭도 어금버금해서 동행이 편한데다 대화도 죽이 잘 맞아 활기가 넘친다. 어쩌다 사정으로 빠질 때 말고는 매일 아침이나 해거름에 한 시간에서 두 시간 정도를 같이 걷는다. 가슴이 따뜻하고 생각이 반듯한 사람과 동행한다는 것은 인생에 있어 중요한 부분을 차지한다고 본다.

세상을 살면서 행복이나 불행을 가름하는 것은 대부분 만남에서 비롯되는 것이 아닐까. 인생의 동반자인 부부와의 만남, 부모 자식 간의 숙명적인 만남, 동기간에도 어떤 만남이냐에 따라 우애와 화목한 집안을 이루거나 아니면 불화가 지배하는 관계가 될 것이다. 친구이거나 자주 보고 만나는 이웃과의 만남 역시 마찬가지일 듯하다.

몇 년 전부터 좋은 길동무가 생겼다. 같은 빌라 단지에 살지만 공간적으로 가까운 이웃은 아니다. 거의 날마다 들길을 거쳐 산길을 동행하는 것으로 부족해 틈만 나면 통화를 한다. 텃밭을 가꾸고 거두는 것까지 공유하므로 기쁨과 보람을 함께하는 소중한 사람이다. 길동무는 말동무가 되어 때로는 일상적인 이야기도 나누고 마음도 나누고 음식도 나눈다. 서로에게 중요한 일이 있거나 걱정거리가 생기거나 가족 중에 누가 아프기라도 하면 둘이 손잡고 기도를 한다. 하루를 탈 없이 살았음을 감사하여 기도를 올리기도 하지만, 얼마 전에 있었던 교포 학생의 총기살해 사건이 났을 때나, 아프가니스탄에서 봉사활동에 참가했던 우리나라 젊은이들이 탈레반 무장단체에 의해 납치당했을 때도 산길에서 석양빛을 받으며 둘이 손잡고 기도를 했다.

우리의 산책 코스인 산언저리에 판판한 공간에는 나무 그늘이 있어 교회에서 행사가 있을 때 자주 이용하고 다른 모임도 이 장소를 잘 활용한다고 들었다. 다른 사람들도 산에 오르내리며 이곳에 들러 가장 자리에 둥글게 나 있는 좁은 길을 몇 바퀴 돌다 간다. 어느 비

개인 날 우리가 갔을 때 누구인가 그곳을 난장판으로 만들었다. 음식의 오물이 이처럼 혐오스런 모습이 된다는 것을 비로소 알게 되었다. 돼지고기 구워먹다 남은 비계덩이며 된장이며 야채며 술병과 휴지 뭉치와 면장갑과 석쇠가 뒤범벅으로 물에 젖은 채 뒤죽박죽이 되어 있었다. 아마 천둥번개를 동반한 소나기에 쫓겨 슬리퍼도 챙겨 신지 못하고 도망친 모양이다. 이제 이곳에 발길을 접어야할 듯, 서로 마주 보는 눈빛이 꼬드긴다. 심난하다고 회피하라고. 썩는 냄새에 파리가 꼬이고 구더기가 득실거릴 것을 상상하면서 동병상련으로 통했으리라.

하지만 우리는 마음을 바꾸어서 의기투합해 치우기로 했다. 쓰레기는 음식물과 대충 분리해서 멀찍이 모아 두었다. 둘이 정신없이 치우자 말끔했다. 본능적으로 보기 좋은 것만 찾는 눈은 그냥 지나치자고 속삭였지만, 성실한 손이 그 유혹을 이기고 기꺼이 더러운 것들을 향하게 했다. 길동무가 없다면 엄두가 나지 않아 눈의 지시를 따랐을 테지만 동행인 덕에 용기를 얻어 해내었다. 그래서 그곳에 애착심이 드는지 오고 갈 때 그냥 지나칠 수 없다.

푸른 힘이 한창 뻗어나는 여름철에는 놀이터 겸 운동장 그 가장자리에 생긴 좁은 길, 길섶에서 잘 자란 풀들이 길을 덮어왔다. 그러자 잎사귀에 맺힌 이슬이 걷는 이들의 옷을 적신다. 누가 풀을 베어 낸다면 여러 사람들의 옷이 보송보송할 텐데. 그러나 할 만한 사람은 보이지 않았다.

나는 아직까지 독거노인을 돌보거나 수발을 든 적이 없다. 그런 자원봉사자를 보면 존경스럽고 나 자신이 부끄러웠다. 모처럼 갖게 된 봉사의 기회가 아닐까 하고 낫을 가져와 풀을 베어냈다. 여름 동안 두 번 베어내자 이제는 기세가 수그러들어 더 이상 서툰 낫질을 하지 않아도 될 듯싶다. 그 일도 협력하는 동행이 있어 가능했고 신바람을 내며 할 수 있었다.

길동무와 나는 다른 점도 있다. 그녀는 자신을 관리하는 것이나 준비에 철저해서 빈틈이 없다. 전직 교사답게 삶의 자세나 생활습관이 교과서 적이다. 배울 것은 그 뿐만이 아니다. 남을 비난하거나 흉보는 것을 듣지 못했다. 그리고 남과 나누는 기쁨을 아는 사람이어서 그런 기회를 찾고 만드는데 열심이다. 애써 지은 농산물도 좋은 것은 이웃과 나누고 흠 있고 시든 것은 자기 차지가 된다. 또한 수십 년 된 장롱을 지금까지 쓸 만큼 알뜰하고 소박하게 살고 있다. 그의 부군 역시 성품이 검소한데다 성실하여 늦은 밤까지 일해 벌어서 모교 발전을 위해, 또 사회 구석구석에 쾌척을 하는 분이다. 이 부부를 보면 성숙한 사회를 만들어 가는 사람들이 바로 이들이라고 생각된다.

반면 나는 대충대충 생각하고 무엇이든 준비 없이 미루기를 좋아해서 낭패를 본 일이 많다. 비근한 예로 문예 진흥 기금 신청만 해도 그렇다. 전에는 원고에 이름을 써서 애당초 탈락했고 올해는 10월 말일에 마감인 것으로 착각하고 가을걷이에 정신을 팔다가 작품을 챙기려고 오랜만에 컴퓨터를 열어 봤을 때 이미 마감이 끝난 뒤였다. 무엇이나 치밀하지 못하고 건성인 자신을 탓하며 그날 밤 뜬눈으로 밤을 새웠다.

본받을 만한 길동무를 만나게 되어 내 삶이 풍요로움뿐 아니라 나의 나쁜 습관을 고칠 기회가 되었으면 한다.

<성숙한 사회> 2008년 1,2월

하늘 문

문은 열기 위해 있는가, 닫기 위해 있는가, 사람이 들어가기 위해 아니면 나오기 위해 있는가 하는 어리석은 의문이 수술실 문 앞 에서 잠깐 들었다.

물론 사람이 드나들기 위해 여닫게 되는 너무나 상식적인 문의 개념이지만 하늘 문이 있다면 그 문만을 들어가기 위해서만 존재할 것 같았다.

수술 전날까지만 해도 조금도 겁이 나지 않았다. 수술이 잘못되거나 마취로 인한 사망이 있을 거라고는 전혀 생각지 않았기 때문이다. 오히려 수술만 하면 병원과는 멀어질 것이며 훨씬 홀가분하리라고만 믿었던 것은 낙천적인 내 성격에 기인한 것이리라.

그러나 수술 전날 밤 관장을 해서 지쳐있던 나는 뭔가 괴이쩍은 느낌을 남편으로부터 감지할 수 있었다. 간호사가 보호자를 불러서 갔다 온 남편이 불안감을 숨기려는 듯 당황하는 낌새가 표정에 나타났다.

대학병원 2인용 입원실에 나와 함께 있던 여자가, 수술 중에 죽는 일이 있어도 책임을 묻지 않겠다는 서명을 해서 그럴 거라고 귀띔을 해준다. 그래서야 그런 일도 있겠구나 생각하니 기막혔다. 전혀 예상하지 않았던 일이다. 혹 잘못된다면! 이렇게 마감하기는 내 생이 너무 허술했다. 생활 또한 정돈되어 있지 않다. 뿐만 아니라 성취해야 할 꿈도 남아있고 해야 할 일도 많이 있다. 그리고 두꺼운 각질을 쓰고 있던 신앙에도 문제가 많았음에 놀랐다. 하늘 문을 통과할 자신도 없다. 그렇다고 급박한 상황에 처한 입장에서야 용서를 빌 만한 염치도 용기도 없다. 그것은 어쩌면 살 가능성이 더 많기에 미루어 본 오만이 아닐까? 확실한 죽음 앞에서도 그럴 수 있을지 모르겠다.

이날 밤 참으로 경건한 마음 자세로 내 삶을 돌아보았다. 모처럼 자신을 저만큼 떼어놓고 바라볼 수 있는 계기가 된 것이다. 시행착오에 후회뿐, 神 앞에서나 사람 앞에서 자랑할 만한 게 하나도 없음에 전율했다.

누구에게 크게 잘못한 것은 없는가 돌이켜 보고 또 갚을 것은 없는가 샅샅이 생각했다. 다행히 꾼 돈이나 외상 진 것은 없으나 마음의 빚은 있었다. 여러 가지로 고맙게 해준 분들이 많은데 보답도 하기 전에 내 의사와는 관계없이 이렇게 떠난다면 착잡하기 이를 데 없다. 마음에 걸리는 일이 어디 그 뿐인가. 아직 책 한 권도 내지 못했다. 내 인생의 끝은 멀리 있는 것으로 알고 계획도 멀리 세우지 않았던가.

오늘로 정녕 내 삶의 끝이라면 내 사랑하는 가족들, 내 자리는 누가 지켜줄 것이며 남편은 어떤 모습의 삶을 이룰지, 아이들은 어떤 사람으로 되어 있고 앞으로 생길 손자들은 누구를 닮았을까? 이런 생각을 하고 있으니 아쉬움에 눈물이 감당할 수 없이 흐른다.

내 인생의 정상(頂上)은 어디에 있었던가, 내게는 죽음이 정상이란 말인가. 흔히 등산하는 이들이 정상에 도달하려는 일념으로 고운 새 소리도 듣지 못하고 주위의 아름다운 풍광도 무시한 채 오르는 과정을 즐길 여유 없이 오직 정상만을 향해 올랐을 때 성취감 못지않게 허탈감도 느낀다고 한다.

나 또한 죽음이라는 목표를 향해 오르면서 둘레의 아름다움도 느낄 겨를 없이, 생각하고 즐길 여유도 놓치며 앞도 뒤도 돌아보지 않고 과정을 생략한 삶, 내 생이 멀었다고 게으름 피우며 목표도 멀리 두었기에 튼튼한 신발도 넉넉한 도시락도 그대로인데…….

나는 너무나 죽음에 대한 준비가 없었다. 이룩해 놓은 것은 더욱 없다. 사람마다 태어나는 순서는 있어도 떠나는 순서는 없는 것을 가끔 대하면서도 그런 것은 나와 상관없는 일, 나한테만은 피해가는 화살로 착각하고 교만했었다.

자기의 생을 언제 마감할지 안다면 더러는 욕심을 버리고 마음을 맑게 걸러서 참되게 살려는 이도 있을 것이고 또는 알찬 삶을 위해 계획을 세워 실천하며 열심히 사는 이도 있을 것이다. 죽음을 맞을 준비를 하면서—.

시트 한 장에 몸을 가리고 수술실에 실려 갈 때 마치 내가 딴 세계로 옮겨가는 느낌이 들었다. 하늘가는 길은 홀로 가는 길이기에 고독할 거야. 꽤 긴 복도를 지나는 동안 눈을 감은 내 앞에 여러 개의 길이 떠올랐다. 바위 고갯길, 수문다리, '똘채'의 돌 징검다리, 초등학교 다닐 때의 산길, 그 산길에 있는 바위 고개는 겨울이면 미끄러워 마음 졸이며 곡예를 하듯 넘어 다녔다. 바위 고개를 넘고 나면 수문

다리를 건너야 하는데 난간이 없는 다리를 지날 적마다 어지럼증과 다리 아래 물로 빠질 것 같아 발바닥이 간지러워 오금을 펼 수 없었다. 그래서 산길로 가려고 하면 뱀이 득실거리고 또 바닷길로 갈 때는 '똘채'라고 하는 샛강을 건너야 한다. 이 똘채를 지날 때는 돌 징검다리를 딛고 다녔다. 그러나 들 물일 때면 징검다리는 흔적이 없이 바다와 강이 하나로 터져 물이 가득했다. 그 망막함, 막힘없이 전개되는 넓은 바다, 몸도 마음도 기댈 언덕 하나 없는 그 허허로움, 아득한 묘망(渺茫)의 시야를 감당할 수 없었던 외로운 길들이 눈앞에 스친다.

어떤 문 앞에 섰을 때 눈을 떴다. 문득 하늘 문이 생각났다. 어떤 이가 죽어서 장사 치르기 직전에 살아났는데 그가 하늘 문에 다 달았을 때 염라대왕이 때가 이르다며 문밖으로 내쫓았다는 문 말이다.

지난밤과는 달리 한결 마음이 담담했다. 내 사랑하는 사람 중에 남아 있는 사람과 떠난 사람 수를 헤아려 보니 비슷했다. 떠난 사람들이 울컥 보고 싶었다. 저 세상에 있는 그리운 이들을 만나기 위해 죽음이라는 강을 건너야 된다면 그리 두렵지만은 않을 것 같았다.

마취실 천정에 매달린 전등이 꽃모양 같다는 생각을 하며 가물가물 정적 속에 묻히고 말았다.

의식이 깨어났을 때 남편이 지켜보며 괜찮냐고 묻는다. 살았다는 안도감보다 하늘 문 언저리를 서성이다 쫓겨 왔다면 재미있었을 텐데 하는 욕심까지 생겼다. 저세상을 슬쩍 엿보는 것은 얼마나 꿀맛 같은 일인가. 그러는 사이에 이곳에선 나를 두고 어떻게 평가할 것인가. 생각만 해도 흥미진진한 일이 아닐 수 없다.

이제 또다시 전과 같이 허둥대며 살아가겠지. 내게는 죽음이 멀고 먼 아니 영 안 올 것처럼 잊고 코앞에 닥치는 것에만 급급하며 무위(無爲)한 일에 정력을 쏟으면서….

수술 전날 밤에는 이 고비를 넘어 살게 된다면 느닷없이 닥치는 죽음을 생각하며 살리라. 이기심도 욕심도 버리고 생활을 정리하고 겸허해야겠다고 다짐했는데 그 다짐이 깨어난 뒤에는 자꾸만 멀어지려고 한다.

내일까지만 살아도 두렵지 않을 삶을 위해 아름다운 생을 가꾸다가 자연귀향에 순응할 수만 있다면 좋으련만, 그러기엔 나는 너무나 설익었나 보다.

<수필문학> 1991년 7월

사과 상자

30여 년 전 나의 신혼 시절, 나무로 된 사과 상자는 부엌살림에 한 몫을 했다. 그 때만 해도 하찮은 물건도 귀하게 여겼던, 군 장교의 가난한 형편이었다. 게다가 보병학교 교관이었던 남편이 1년 후면 다른 곳으로 자리를 옮긴다는 전제 아래 차린 살림이어서 짐이 될 만한 것은 사지 않고 지냈다. 사과 상자를 옆으로 뉘어 놓고 속에는 그릇을 넣고 위에는 쟁반을 올려놓고 쓰다가 이사할 때 버릴 수 있어서 다른 군인 가족들도 더러 이용했다.

그때보다 몇 해 전 그러니까 60년대 후반에 사과 상자에 대해 산문을 쓴 적이 있다. 글을 쓰는 사람이 많지 않았고 발표 지면은 더욱 귀했던 때 한 여성 잡지가 지면 몇 장을 할애해 시와 산문 몇 편씩을 실어 주었다. 그 당시 글을 뽑고 평을 해준 분이 이화여대 교수였던 안수길 선생님과 강신재 선생님이었다.

그 무렵 내 글이 두 분에 의해 몇 번 채택되었는데 그 중에 한 편이 「사과 상자」라는 글이었다. 외가가 있는 중도시에서 보고 느낀 이야기를 쓴 것이다. 돈이 아닌 사과가 든 상자가 뇌물로 여겨지던 때이니 지금 생각하면 아득한 옛 이야기다.

외가는 그 도시에서 부자마을에 있었다. 외가를 제외한 그 동네 집들은 시멘트 높은 담장 위에 날카로운 유리병 조각을 꽂거나 철조망을 쳐서 살벌함에 이웃과의 단절을 보여 주었다. 이렇듯 이웃과는 음식도 나누지 않으면서, 이해관계가 있는 상대에게는 사과궤짝을 보낸다는 내용의 글이었다. 당시 안수길 선생님은 글이 구수하면서도 뼈가 있다는 평과 함께 맨 앞에 실어 주었다.

그 당시 농촌에서는 선물이란 사서 주는 개념보다는 자기 집에 있는 것으로 정을 나누는 것이 일반적인 시절이었다. 감을 따면 감나무 없는 집과 나누고 친척이나 이웃의 대소사에는 콩나물 한 동이를 길러서 보내거나 계란꾸러미를 보냈다. 상을 당한 집에는 찹쌀 새알심을 넣은 팥죽 한 동이 쑤어 가는 것이 통상적인 부조였다.

도시에서는 색 고운 쇠밥통 같은 케이스에 담긴 설탕 선물이 보편적이었다. 그 뒤로는 조미료 세트와 아이들 있는 집에는 과자 종합세트가 유행이었다. 설탕 선물은 내용보다 담겨진 용기를 더 반가워했다. 모든 물건이 귀하던 때에 그런 그릇은 두고 쓸 수 있으니까.

결혼한 지 몇 년 후 연말에 우리 집에도 사과 상자 선물이 들어왔다. 남편이 근무하는 부대장이 참모들 집에 한 상자씩 보내왔다. 나는 그때까지 그렇게 큰 선물을 해본 적도 받아본 적도 없었다. 상자를 열었을 때 빨갛게 빛나던 사과들이 나를 반겼다. 잘 익은 열매는 참 아름답다는 것을 마치 처음 깨닫게 된 듯 행복했다. 탐스런 열매를 바구니에 꺼내 담을 때의 소담스러움 또한 가슴 뿌듯했다.

상관으로부터 온 선물이어서 부담 없이 기쁨으로 받을 수 있었다.

그러나 터질듯 부푼 과육을 한 잎 베어 물면 싱싱한 단물이 입 안 가득 감돌 것 같은 맛은 다만 상상으로만 느껴보았을 뿐이었다. 친척 댁 방문할 때 가져 갈 것, 손님 대접용으로 좋은 것을 골라놓고 이웃에 몇 개씩 나누고 흠 있는 것만 아껴가며 먹었다. 게다가 남은 것 중에서도 상한 것을 더 상하기 전에 먹는다는 단순한 생각에, 끝까지 상한 것만 먹었던 어리석은 기억이 난다.

그 이듬해에 설을 앞두고 우리 집에도 사과 선물이 일곱 상자나 들어왔다. 결혼 전에 사과 상자에 대한 글을 발표한 지 십 년 만이었다. 이 땐 사과 상자를 뇌물로 여기진 않았지만 보낸 사람의 속마음을 뜯어보면 그런 구석이 전혀 없는 것도 아니었다. 남편 아래서 근무하는 사람 외에 고가 점수를 올릴 때 남편의 영향이 미치는 사람에게서도 왔으니까. 순진한 사람들이 약속이나 한 것처럼

선물이 모두 사과 일색이었다. 남는 사과를 가게에 주고 다른 것과 바꾸어 먹을 수도 있으련만 그만한 융통성도 없었다. 너도 나도 사과 상자를 이리저리 선물로 돌렸다.

그 때 군인아파트에는 사과 상자가 들어가고 나가고 돌고 돌아 똑같은 사과가 보낸 집에 다시 돌아오는 진풍경까지 있었다.

그 뒤로 다시 10년쯤 지났을 때 사과 상자 속에 수표가 든 봉투를 곁들여 넣은 뇌물 얘기가 세상에 떠돌았다. 어떤 이권을 가진 이에게 보냈는데 받은 사람이 그걸 모르고 사과 상자를 가게에 팔았다고 했다. 나중에 사실을 알고 가게에 쫓아갔으나 그 상자는 이미 누군가에 팔리고 말았다는 말을 듣고, 사간 사람이 얼마나 당황했을지 어떻게 처리했을지 요리조리 상상해 보았다.

몇 해 전부터는 상자에 사과는 아예 없고 현금으로 가득 채운 뇌물이 말썽이 많았다. 액수가 큰 수표일 경우 뒤탈이 날까봐 그랬나 보다. 사과 상자에 만원권 지폐로 채울 때 3억 원이 들어가고 007 가방에는 2억이 들어간다던가.

1997년 대선 때 국세청이 주동이 되어 기업체로부터 거둔 비자금을 전할 때는 007 가방을 이용했다고 한다. 사람끼리 주고받으면 증거가 남아 들통이 날까봐 어느 장소에 놓으면 거기서 가져가는 식으로 주도면밀하게 007작전으로 행하였다니 입이 벌어진다. 그 많은 돈을 007가방에 넣자면 얼마나 많은 가방이 필요했을까. 설마 이 한 가지 방법만이 아니고 여러 가지 수단을 다 동원했을 것 같다.

나는 지금도 선거철만 되면 사과 상자 그리고 007가방 생각이 나서 씁쓸해진다.

<한국수필> 2002년 1,2월

나무 살리기

자본주의 사회에서 마구 사용하고 마구 버려야 생산이 늘고 따라서 경제 성장이 되겠지만, 모든 자원은 한계가 있다는 게 문제다. 소비 과정에서 발생하는 쓰레기 문제는 또 어떻게 할 것인가. 게다가 녹지훼손은 사막화를 가속시킬 것이다. 환경오염은 이처럼 돈으로 환산할 수 없는 만큼 중요하기에 '성숙한 사회 가꾸기'모임에서도 "지구 살리기 첫걸음은 나부터"라는 캠페인을 벌리고 있다.

지구촌에서 인간과 자연이 공존, 공영할 수 있는 조건을 유지하기 위해 에너지는 절약하고 나무는 살려야 한다. 나무 살리기의 구체적인 방법 중 하나는 종이 아끼기일 것이다.

우리가 사는 단지 관리사무소에서 매달 회의록 전달이나 설문 조사 등 마을에 중요한 사안이 있으면 사흘이 멀다 하고 유인물을 가구당 몇 장씩 돌린다. 그럴 때마다 수천 장씩 소모되는 것이 아깝다는 생각과 함께 펄프용 벌목으로 울창한 나무들이 마구 베어져 드러눕는 광경이 눈에 선하게 보여 가슴 아팠다.

그래서 한 달에 한 번씩 하는 임원회의에서 이면지를 활용하자는 내 제안이 받아들여져서 현재 행하여지고 있다. 작은 일이지만 참 보람이 느껴졌다. 우리 마을 관리소장님은 이미 인쇄하여 사용했던 종이의 반대면에 '이면지 활용'이라고 새긴 길쭉한 도장을 찍어, 이전에 썼던 내용과 혼동하지 않게 구분이 되도록 배려를 했다. 처음에는 주민을 무시한 처사로 오해한 사람도 있었으나, 그 뜻이 단순히 아낀다는 수준이 아니라 환경 문제로 이어지고 궁극적으로 사람의 생존과 직결된다는 취지로 한 제안이었음을 알고 이해하여 받아들였다고 한다.

내가 어릴 때는 환경 문제 이야기는 듣지 못했었다. 하지만 당시 어른들의 근검한 생활을 가까이 보면서, 인색하지 않으면서도 적절한 그 절약정신이 나의 몸에도 자연스럽게 밴 것 같다. 그래서 지금도 아끼는 생활방식이 조금도 불편한 줄 모른다. 특히 집안 어른들의 종이 아끼기는 유별나다. 그 시대엔 종이가 귀했을 뿐더러, 안 밖으로 글과 친했던 분들이어서 그 글이 담길 종이라는 것을 소중히 여겼던 것 같다. 어머니는 손바닥 크기의 종이조각만 보아도 이웃에 사는 숙모님께 쪽지편지를 쓰셨다. 말로 할 수 있는 심부름까지도 편지 심부름을 많이 했다. 그래서 나는 지금도 말을 조리 있게 못하는가 보다.

우리는 두 아들이 어렸을 때 연습장을 따로 사준 적이 거의 없다. 학기나 학년이 바뀔 때 내놓는 노트에는 여러 장씩 남아 있기 마련이다. 그것을 뜯어서 모아 엮어주며 연습장으로 쓰게 했다. 달을 넘긴 달력 뒷면도 쓰임새가 많았다. 싱크대 서랍 바닥에 깔면 깨끗해 좋았고 내가 글을 쓸 때 거기에다 초고를 썼다.

오래 전 문예진흥원에서 주관하는 문예대학에 83년과 84년, 2년 동안 다닌 적이 있다. 강사진이 최고 수준이어서 명 강의를 듣고 평소에 동경했던 문인이나 예술가들의 체험담에 귀 기울여 질문을 하고 대담을 나누는 유익한 시간을 가졌다. 강의가 끝난 뒤에는 자료실에 들러 각종 영상물을 이용해 시청을 만끽하고 전시관에 들러 그림을 보고 곁에 있는 연극 전용극장에서 연극에 취하는 등 그동안 문화에 대한 갈증을 해소했었다. 그리고 돌아 올 때는 또 한 가지 기쁨이 남아있다. 극장 뒤 후미진 골목에 붙였다 뜯어 낸 포스터가 여러 장 말아 놓은 채로 있어서 횡재라도 한 것처럼 무거움도 잊고 가지고 왔다. 연습장으로 실컷 쓰고도 남아 필요한 애들에게 나누어 줄 정도였다.

우리나라에서 수입하는 펄프가 한 해에 약 200만 톤이라고 한다. 펄프는 쉽게 만들어 낼 수 있는 것이 아니고 나무를 심어 자라기까지 긴 시간이 걸린다. 그래서 공급이 수요에 발맞추느라 밀림이 사라지고 있다. 지금부터라도 나무를 심고 가꾸는 일에는 힘을 싣고, 베어내는 일에는 힘을 빼야 할 것이다. 그렇지 않으면 갈수록 숨쉬기가 어렵고 지구는 온난화 현상이 심화되고 홍수도 빈번해질 것이다. 후손들은 어떻게 살지 마음이 답답해진다.

<성숙한 사회> 2009년 3,4월

7.

5천원의 빛

대한민국

우리 마을의 중심에 있는 수영장에 대형 스크린을 설치해 놓았으니 많이 나와서 함께 보며 응원도 하자는 방송이 벌써 몇 번째다. 그 곳에 나갔을 때는 징, 북, 꽹과리 소리가 앞에서 선창을 하면 붉은 셔츠를 입은 마을 사람들이 응원단이 되어 합창으로 '대~한 민 국'을 따라 하는데 그 열기가 용광로다. 아무리 좋은 볼거리도 혼자 보면 그 재미가 반감되고 여럿이 더불어 볼 때 상승효과로 흥미는 배가된다. 그것을 알고 자치회에서 그런 이벤트를 구상했나 보다. 군데군데 모기향을 피워놓고 음료수를 마련하는 등 만반의 준비를 해 놓았다. 군중심리에 빨려든 나도 응원에 동참해서 열심히 따라 했다. 남편이 나 하는 것을 보고 모션도 박자도 잘 맞춘다고 추켜세운다.

137세대가 한 동산 마을에 살면서 눈인사도 없이 지나친 이도 있고 처음 보는 사람도 있었지만 함께 응원을 하는 사이 가까워져 한 덩어리로 어울렸다. 그런 현상이 어디 이 마을뿐인가. 경기장은 물론 큰 거리마다 붉은 물결이 출렁이고 '대~한 민 국'의 함성이 하늘을 진동시켰다. 언제 이처럼 온 국민이 일체감을 보인 적이 있었던가.

계층 간의 갈등, 동·서의 불화, 남·북의 대결, 정치인의 대립, 어떤 일에나 상충되는 이해관계에 따라 편 가르고 응어리를 품고 살아온 터에 모처럼 하나된 모습이 참 보기 좋았다. 짧은 시간에 하나로 뭉치게 한 스포츠의 힘, 월드컵의 위력을 실감하게 되었다. 한 사람이 순간의 행복을 얻기 위해서도 많은 대가를 지불해야 하는데, 온 국민이 월드컵 경기 내내 즐겁고 만족했던 것을 생각하면 그 가치를 계산하기조차 어려울 성싶다.

개막식에서 본 태극기, 30평 아파트 37개를 덮을 수 있다는 대형 태극기를 본 사람은 깊은 인상으로 남을 것이고, 외국인들도 서툰 발음으로 '대~한 민국'을 연호하며 짝짝 짝짝짝 박자를 맞춘다. 우리에겐 그 리듬이 생동감을 주고 호흡도 맞는데 서구인들에게는 생소하고 거부감을 준다고 들었다. 그런데도 흥미로운 듯 열심히 따라서 한다. 역사 이래 이만큼 태극기를 드높이고 대한민국에 자긍심을 갖는 것도 처음일 것이다. 2002년 6월에 비로소 태극기와 한국이 빛이 났다.

한·일 공동 개최를 앞두고 내심 뒤가 켕기기도 했다. 일본인들 원래 겉으론 친절하고 청결하고 질서 잘 지키는 그들과 우리를 비교하면서, 관심이 그 쪽으로만 쏠리면 우리는 들러리만 서는 꼴이 될까봐 걱정이 되었다. 결과는 세계의 이목이 한국으로 기울었다. 아무리 잘한다 해도 기대에 미치기 어려운데 이번에는 경기 결과나 게임내용, 응원이나 시민의식, 나라 안팎의 호응 등 상상외로 성과를 올려 세계도 우리 스스로도 놀랄 정도였다.

우리 민족이 원래 지닌 꼿꼿한 선비 정신을 제대로 펴보지 못한 채, 수없이 꺾이고 수모를 당하고 넘어지던 자존심을 오랜만에 일으켜 세운 쾌거야말로 얼마나 값진 것인가. 이처럼 자신감을 심어준 고마운 사람들을 차근차근 헤아려 보았다. 피나는 훈련으로 목표에서 몇 단계 올려놓은 선수들, 그런 선수를 발굴해 키운 감독, 모든 일 제쳐놓고 응원에 전념한 붉은 악마들과 수많은 자원봉사자들, 그리고 체육 관계자들이 지원은 해주고 간섭하지 않은 것도 한 몫을 한 셈이다. 놀이판에 멍석을 펴주고 맘껏 놀게 하여 신바람이 났던 것이다. 자발적으로 펼친 굿판에서 응원단 구경꾼이 따로 없고 소극적인 관객에서 적극적인 참여자가 되어 더 흥겨웠으리라.

또 있다. 경제 위기를 맞아 처절한 비탄에 빠졌던 때가 불과 5년 전 일이다. 그 당시는 월드컵 개최를 꿈도 못 꿀 상황이었다. 세계적인 경제학자나 금융인들이 한국은 이 위기에서 벗어나려면 빨라야 7년, 어쩌면 수십 년이 걸릴지도 모른다는 앞이 캄캄한 전망을 내놓았다. 그러나 3년 만에 IMF의 사슬에서 헤어나 월드컵 경기를 손색없이 치를 만큼 오늘에 우뚝 섰다. 이 정도의 위상을 높이는 데는 앞에서 끌어준 위정자가 있었고, 금 모으기에 동참한 국민들이 뒤에서 밀어준 결과이리라.

한국선수가 뛰는 경기마다 우리 마을 사람들은 대형 화면 앞에서 실감나게 구경하면서 응원을 했다. 4강전 때는 특별히 저녁식사를 준비했으니 가족 다 나오라고 했다. 더위에 식구들 밥 챙기는 일에서 벗어나는 홀가분함에다 이웃들과 잔디밭에 둘러앉아 남이 해준 음식을 먹는 즐거움까지 누린 것이다.

6월 한 달 동안 이런 좋을 일 속에 마음에 걸리는 점도 곁들여졌다. 월드컵경기 기간 동안 훼방을 놓지 않은 것을 다행으로 여겼던 북한이 막판에 서해교전을 일으킨 것과 종로서적이 문을 닫는다는 소식이 그 점이다.

종로서적 문제는 축구 열기에 묻히고 말았다. 수많은 사람의 관심을 단번에 집중시킬 수 있을 만큼 인기의 폭발력은 스포츠만한 것이 또 있을까. 더구나 한국의 위상을 세운 월드컵 축구는 그 절정에 달했다. 하지만 스포츠만으로 홀로 서서 버틸 수 없고, 앞으로 가도록 밀어주는 것은 정신적인 뒷심이 아닐지. 수많은 분야의 지식기반이 받쳐주어야 하고 그 지식 정보는 책으로부터 나온다고 할 때, 이 나라 지식산업에 공헌을 한 종로서적이 없어진다는 것은 큰 손실이 아닐까.

수레바퀴 하나로 갈 수 없고 두 바퀴가 굴러야 하듯, 매사에 치우침 없이 균형을 이루어야 옳다고 생각한다. 수많은 사람들에게 마음의 양식이 되고 내면세계를 풍요롭게 채워주며 삶의 질을 높이고 각종 정보를 안내하던 책들, 그 책과 독자를 연결해 주던 곳이었는데… 앞으로는 전자북이나 컴퓨터가 그 역할을 한다지만, 이제 다시 종로서적에 발을 들여놓을 수 없음에 허전한 바람 한 줄기가 내 빈 가슴을 휘감는다. 어쩌다 그곳에 갔을 때 둘러싸인 책 속에 묻혀있는 동안 정신적인 포만감에 뿌듯했던 행복감을 잊지 못할 것이다.

월드컵 경기가 끝난 뒤 가까운 문우들 모임에서, 앞으로 우리나라에 이만큼 좋은 일이 또 있겠느냐는 물음에 대부분 우리 생전에는 없을 거라고 했다. 내 생각은 달랐다. 모든 가능성을 향해 창을 열고, 꿈을 품어야 이루어진다. 우리 민족이 공동 목표를 갖고 하나로 뭉친다면 남북통일도 이루어낼 수 있다고 본다.

독일의 통일이 스포츠에서 시작되었다. 동·서독이 올림픽에 단일팀으로 연속 세 번 출전하기까지 200차례의 체육 회담을 열었다. 그 끈질긴 노력의 성과이다. 우리도 12년 전 북경 아시안 게임에서 남·북이 공동으로 응원을 펼쳤고, 세계 탁구 선수권 대회엔 남·북이 단일팀을 탄생시켜 최강의 중국을 꺾기도 했다. 시드니 올림픽 땐 남·북이 함께 입장하는 감격스런 장면을 기억하고 있다. 9월에 부산에서 열리는 아시안 게임에 북한이 참가한다니 반갑다. 우리도 스포츠로 하나된 화해의 실마리가 통일로 이어져 하나 된 조국에서 올림픽이나 월드컵 대회가 열리기를 기대하련다. 그때는 한·일 월드컵에 비기겠는가.

이 글을 쓰고 있는데 마침 TV에서 8·15 민족 통일 축제가 나오고 있다. 남·북 출연진들이 한반도기를 마주 들고 다정하게 입장하는 모습에서 양쪽 다 분단을 극복하려는 의지가 있음을 엿보게 되었다. 이렇게 손을 잡았다가 또 등을 돌리는 등 우여곡절 끝에도 나라를 세우려는 자가 많아지면 그날은 빨리 오리라 생각한다.

5천원의 빚

그 돈이 과연 왔을까. 그들이 절실하게 필요할 때 요긴하게 썼는데 보내왔겠지. 그처럼 내 신뢰를 저버리지 않았을 것 같기도 하고 똥 누러 들어 갈 때와 나올 때 마음이 다르다는데 혹시나 하는 의구심이 들기도 하였다.

은행 창구에서 통장을 받아봤을 때 그 돈은 들어오지 않았다. 큰 액수는 아니지만 실망했다. 생판 모르는 사람의 다급한 사정에 이끌려 내 통장 번호만 적어주고 돈을 건네주었다. 조금은 모험에 기대면서 내심 뿌듯했는데, 다음에 그런 일이 또 생긴다면 간청을 선뜻 들어줄 수 있을지 모르겠다.

벌써 11년 전의 일이다. 세브란스 병원 안과 병동에서 진료비를 내려고 줄 서 있는데 내 앞에 서있던 남자가 돈을 계산하는 여직원에게 사정을 했다. 돈이 조금 모자라니 내일이라도 가져오겠다고 부탁했지만 소용이 없었다. 옆에서는 그 남자의 아내가 수술한 눈에 안대를 한 채 근심어린 표정으로 서 있었다. 그 날부터 당장 약을 먹어야 하는데 어떻게 하느냐고 발을 동동거렸다. 하도 딱해 보여 얼마나 모자라느냐고 물어보았다. 5천원이라고 했다. 그 정도 돈은 설사 못 받는다 해도 큰일은 아니라고 생각하여 주었던 것이다. 결국 입금이 안 된 걸 보고, 막상 5천원을 포기하려니 씁쓸한 마음이 들었다.

차라리 처음부터 그 돈을 내게 갚지 말고, 만약 당신처럼 절박한 처지에 있는 이를 만난다면 그이에게 갚으라고 할 것을 그랬다. 그 생각을 하긴 했지만 그 정도 가지고 거창하게 생색내는 것으로 오해할까 봐 그만 두었다.

그런데 얼마 후에 은행에 갔을 때 모르는 돈 1만원이 들어와 있었다. 5천원이었다면 바로 알았겠지만 만원이어서 처음엔 이게 무슨 돈인가 의아했다. 조금 생각해본 후에야 그때 그 사람이 보낸 거라고 짐작했다. 하지만 이름도 전화번호도 알아 놓지 않아 확인할 수도, 돌려줄 수도 없었다. 그래서 나는 본의 아니게 빚쟁이가 된 셈이다.

수년 전에 항동에서 나오는 마을버스를 기다리고 있는데 옆에서 같이 기다리던 어떤 여자가 정색을 하며 놀란다. 급한 일로 나가는데 지갑을 가져오지 않았다는 것이다. 내게 마침 잔돈이 있어서 그 차비를 내주었다. 꼭 갚겠다고 우리 집주소를 묻는다. 그때 병원에서의 그 남자에게 하려다 못했던 말을 이 여자에게 해주었다. “아주머니처럼 다급한 사람을 보면 그 사람에게 갚으세요. 그리고 그 사람에게도 이 말을 전하세요.” 준 사람에게 갚으면 그것으로 끝나지만, 다른 사람에게 갚으면 남을 돕는 마음이 전파되어 살만한 세상이 되는데 조금이나마 기여를 할 수 있지 않을까 싶은 마음에서였다.

아직 신용카드가 보편화 되지 않았던 불편한 시대에 있었던, 조그맣지만 아름다운 이야기 한 토막이다.

『빛을 건지는 나무들』, 한국수필작가회 동인지

무지개 뿌리

나는 무지개 뿌리를 보았다. 나이아가라 폭포에서 바로 내 발끝으로부터 뻗어난 무지개를 본 것이다.

자연의 신비 앞에 서자 내내 확신이 없었던 하나님을 의식하게 되었다. 절대자의 존재 여부를 내 옅은 지식으로 판단하려 했던 생각은 간 데 없고 절대자를 향한 경배와 찬미가 절로 터지는 것이었다.

아름다움이 절정에 이르면 죽음의 유혹이 눈짓을 하는 것일까. 장엄한 자연의 아름다움과 그 신비 앞에서 인간은 얼마나 왜소하고 삶은 또 얼마나 무상한가를 깨닫기에 그러는가 보다.

이런 감정은 나이아가라 폭포에서 더 강하게 일어났다. 병에 시달리다 늙어 죽는 것보다 이런 곳에서 순간적으로 내 생을 마감해 버릴 수 있다면 하는 유혹이 스쳐, 물보라 위에 밝힌 무지개를 향하여 뛰어내리고 싶은 충동이 일었던 것이다.

이 황홀경에 내 생명을 얹어 동참하고 싶었으리라.

웬만한 대상으로는 움직이지 않던 깊이 잠든 감동이 이 나이에 되살아난 것이 소중하기까지 했다. 철부지 같은 감상이라 해도 상관없다.

인위적인 것과 자연적인 것을 바로 대비시킬 수 있던 것이 라스베이거스와 나이아가라 폭포다. 사람의 기술과 돈의 힘으로 만들어진 세계는 처음 볼 때는 놀랍고 감탄이 나오는데 곧 물거품처럼 허전하게 만든다. 그런가 하면 순수한 자연의 세계는 우리의 마음을 점점 빠져들게 하면서 그 여운이 오래 가슴을 적셔주어, 현저한 차이를 느끼게 된다.

그 가공적인 것들은 표피적인 재미를 잠깐 줄 수 있을지 몰라도 진지한 감동이나 참된 기쁨을 주기에는 어림도 없는 일이다. 특히 라스베이거스는 도시를 온통 숨도 못 쉬게 네온사인으로 꽉 덮어버렸다. 이 환락의 도시, 도박의 도시에서는 단 10분도 사색이나 명상, 기도를 허용하지 않을 것 같았다.

이런 곳에서 삶과 죽음을 생각하거나 사랑과 행복을 느끼거나 슬픔과 기쁨을 맛보는 사람은 없으리라. 무엇인지 모를 큰 바람의 소용돌이에 매몰되거나 휘말리는 마법이 있을 뿐이다.

이곳은 또 땅에 발을 딛지 않고 구름 위를 달리기에 마음을 붕 띄운다. 잔뜩 부풀린 풍선에는 악마의 바람이 일렁이는 낌새도 엿볼 수 있었다. 이곳에는 또 우리 삶에 필요한 것은 다 가려두고 남는 찌꺼기들이 모인 곳 같기도 했다. 없어도 되는 정열, 남아나는 힘이 모여 넘치는 전기의 힘으로 이색적인 사회를 만들어 낸 것이다.

이런 고정된 내 시각을 다른 각도로 본다면, 여기를 찾는 사람 중에는 돈은 있지만 인간의 고독과 불안과 권태와 절망감 같은 것을 어찌하지 못해 오는 이도 있을 것이고, 남아나는 것들을 다 털어버림으로써 카타르시스를 맛보기 위해 오는 사람도 있으리라.

그러나 여기서 허허로움을 매우기에는 당치도 않고, 소비도시답게 발산하는 곳으로 적합할 뿐이다. 그런 사람들에게는 다른데서 맛볼 수 없는 재미를 느끼는지도 모른다.

맑은 의식 세계를 가두어 놓고 혼돈의 물결에 자신을 맡겨 거기에 젖어보는 즐거움, 돈을 기분 내키는 대로 탕진하는 쾌감, 도박을 할 때 심리전으로 줄다리기 할 때 팽팽한 긴장감에서 오는 묘미, 배짱으로 승부를 거는 데서 느끼는 스릴, 이런 것이 필요한 사람들이 세계 곳곳에서 모여 만들어내는 풍물이 아닐지.

이런 곳이 없다면 또 다른 사회악을 만들어 낼지도 모르는 일이고 보면 남아나는 것을 털어낼 장소가 지구 안에 한 곳쯤 있을 만도 하지 않을까.

큰돈을 주고 유명하다는 쇼를 구경했다. 그만한 가치가 있나를 가름하기 전에, 다시없을 딱 한 번의 기회일 거라는 내몰리는 기분에다 호기심까지 합세하여 보게 된 셈이다. 운동장만큼이나 넓은 카지노가 딸린 극장이었다. 자리는 입추의 여지없이 꽉 들어찼다.

휘황찬란한 무대는 장면마다 바뀌고 눈부신 휘장도 자꾸 바꾸어 가며 새로운 것을 보여주려고 노력을 아끼지 않는다. 보는 이의 눈을 즐겁게 해주기 위해 기상천외한 발상과 별난 방법을 동원하여 온갖 재주를 부리느라 애쓰는데, 눈앞의 현람함이 왜 나에게는 조금도 즐겁지가 않을까. 마음속 깊은 곳은 그저 냉랭하기만 할 뿐이다. 그런 분위기에 동화되지 않는 자신이 답답할 지경이다.

사람들은 보는 눈이 점점 높아져 웬만한 것으로는 만족하지 못할 테니 갈수록 보다 기발한 것, 말초신경을 자극하는 것을 자주 개발해야 할 텐데 도대체 어떤 것을 어떻게 보여 줄 수 있을지 엉뚱한 걱정까지 되었다.

쇼가 끝나고 나올 때의 허탈감, 본전 생각이 굴뚝같았다.

하지만 이 글을 쓰고 있는 지금은, 그런 것도 보기를 잘 했다는 생각이 든다. 작위적인 것에 실망할수록 자연의 위대함은 더 돋보이는 까닭이다. 뿐만 아니라 자연 앞에서 더욱 경건하고 겸허해질 것이 아닌가.

미국은 역사가 짧아 자랑할 만한 옛 문화가 없는 대신, 자연만은 잘 보존하고 있음을 여러 군데서 감지할 수 있었다.

나이아가라폭포를 제대로 보려면, 육해 공 그리고 야경으로까지 보아야 다 보았다고 할 수 있단다. 나 역시 헬리콥터를 타고 내려다보기도 하고, 유람선을 타고 보고, 밤에 불빛이 비친 광경도 보았지만, 지하 터널을 거쳐 폭포 아래로 놓인 계단을 지나며 폭포를 맞는 코스가 으뜸이었다. 폭포에서 가장 가까운 계단에 올라가 쏟아지는 물줄기를 몸으로 받아내며 아래를 내려다보았을 때, 아! 바로 발밑에서부터 무지개가 뻗혀있지 않은가.

이제까지는 하늘에 뜬 무지개를 올려다보았는데 물에 박힌 무지개를 내려다보기는 처음이고, 또 산 너머 멀리 있는 무지개만 보아왔을 뿐 발끝에 닿을 만큼 지척에서 본 것도 처음이며 언제나 무지개가 먼저 떠났었지 내가 먼저 무지개를 두고 눈을 떼보기는 처음이다. 뿐만 아니라 여기저기 무지개가 널려 있었다.

무지개가 서면 사라진 뒤에도 아쉬움을 안고 그 자리를 오래 보던 내가, 이번엔 일행을 놓칠까봐 무지개를 거기 두고 떨어지지 않는 발걸음을 옮겨야만 했다.

그래서 무지개는 사라지지 않고 그 자리에 뿌리박힌 채 지금도 내 마음에 남아있나 보다.

<한국수필> 1990년 가을

미끼시대

배달된 신문에서 광고물이 쏟아진다. 몇 군데 백화점과 유통업체에서 뿌리는 미끼상품의 전단이 빠지지 않는다. 미끼상품은 날짜에 따라 품목을 정하고 수량도 한정되었으며 값의 단위가 작은 식품류가 대부분이다. 이를테면 군 김 한 봉에 2000원짜리를 1000원에 팔고 어떤 것은 한 개 값에 두 개를 주고 있어 반값이라는 것이 사람들의 마음을 끄나보다. 미끼상품 자체는 팔수록 손해라지만 사람들을 유인해서 제값 받는 물건을 팔 속셈일 것이다.

전에는 백화점하면 물건 값이 비싸다는 인식으로 서민들에게는 문턱이 높은 곳이었으나 지금은 그렇지 않다. 내가 사는 집에서 도보로 10분 거리에 백화점이 있고 매시간 백화점 셔틀버스가 집 앞에서 선다. 편리해서 자주 이용하게 되었다. 다만 난처한 것은 거기서 찬거리나 과일을 사올 때면 코앞에 구멍가게 장수한테 죄라도 지은 것처럼 마음이 편치 않다. 가게는 딱할 만큼 파리를 날리고 있으니까.

요전에는 좀 이른 시간에 백화점에 갔는데 식품점 몇 군데에 사람들이 줄서있다. 알고 보니 미끼상품을 사려는 사람들이다. 나도 얼떨결에 줄 끝에 섰다. 내가 선 줄은 2200원 하는 배추를 500원에 주는데 긴 줄을 남겨두고 배추가 떨어졌다. 사람들이 다른 줄로 몰려가기에 나도 섰지만 여기서도 내 차례까지 오지 않았다. 애당초 이런 것이 있는 줄 모르고 왔지만 막상 내 앞에서 끝나 좀 서운했다.

그 줄은 마리당 2000원 하는 삼치를 한 마리 값에 두 마리씩 주고 있었다. 내가 마침 삼치를 사려는 참이어서 잠깐 사이에 제값 다 주고 사려니 손해라도 본 듯한 느낌이 들기도 하였다. 줄을 섰다가 사지 못한 사람 중에 점원과 따지는 이도 있었다. 앞에서 두 뭇 세 뭇씩 가져가는 것을 막지 못해 고루 혜택이 가지 않았다는 성토였다. 이쯤 되면 미끼상품이 아니라, 경제 한파에 어려운 서민들에게는 수혜상품이라고 할만 했다.

요전에는 생질녀한테서 전화가 왔다. 가까운 백화점 광고에 찹쌀이 미끼상품으로 나왔는데 반말에 값 차이가 5000원이나 되어 사고 싶지만 혼자는 용기가 나지 않는다고 나와 동행하기를 바라는 내용이었다. 그와 나는 서둘러 백화점 문 열기 전에 갈 수 있었다. 우리보다 먼저 온 사람도 꽤 많았다. 문 열기를 기다리며 어떤 사람들일까, 그들의 얘기에 귀를 기울였다. 노인에서부터 아기를 업은 젊은이에 이르기까지 연령층은 다양했고 남자는 몇 명뿐이고 거의 여자들이다. 실직 가정에서 한 푼이 아쉬운 사람들도 보이고 어쩌다 구경삼아 또는 재미삼아 오는 이도 있고 백화점마다 순회하며 미끼상품만 노리고 다니는 이도 있음을 그들 대화 속에서 드러나고 있었다.

전에 다른 일로 갔다가 어정쩡하게 줄서있을 때와는 달리, 이번에는 미끼상품을 사려고 간 자신이 계면쩍고 아는 사람이라도 만날까 창피한 생각도 들었다. 문 열 시간이 되자 순식간에 수백 명이 모여 웅성거렸다. 문이 열리자 서로 먼저 들어가려고 떠미는 바람에 넘어질 뻔했다. 얼마나 잽싸게 몰려가 줄을 서는지 생존경쟁의 치열함이 피부로 느껴졌다. 나도 금새 그들에게 동화되어 쑥스러움도 잊은 채 밀리지 않으려고 안간힘을 써 자리를 지켰고, 미끼상품을 사게 되었다. 마치 경품에 당첨된 기분으로 찹쌀 반말을 사서 여러 해째 가장이 생활비를 들여놓지 않는다는 생질녀에게 그것을 안겨주었다. 그날 사지 못한 이들은 실망하기에 앞서 내일은 더 일찍 와야겠다며 흩어지는데 활기가 있어 보였다.

그동안 이 나라의 경제 실체를 모르고 들떠 있다가 거품이 꺼진 뒤에 드러난 실상에 우리는 얼마나 절망하고 억울해 하였던가. 그렇게 된 책임이 거의 없는 소시민들이 이렇게 만든 자들을 원망하고 탓하기보다 건강하게 이겨내는 모습이 장해 보였다. 그들이 이 시간에 미끼상품을 찾아오지 않았다면 어떻게 보내고 있을까. 어쩌면 울분으로 마음의 병을 앓거나 불확실한 내일에 불안과 오늘의 박탈감에 무너지듯 한숨이나 쉬고 있을지 모를 일이다. 몇 천원의 이익이 주는 도움보다 내일의 미끼상품에 거는 기대가 있음이 다소나마 힘이 되어주는 것 같다.

남편에게 미끼상품 산 얘기를 했다. 대뜸 "남부끄러운 줄 모르고 근천 떠느냐 우리는 실직가정도 아닌데 어려운 사람에게 기회를 주지 않고 그런데까지 끼여 극성을 부르느냐, 그런 식으로 살 것이냐." 이렇게 내 자존심에 상처를 주며 몰아세웠다. "글 쓰는 사람은 그런 체험도 필요하고 그 찹쌀은 내가 가진 것도 아니다."고 나도 지지 않고 받아 넘겼다.

식료품을 몇 천원 싸게 사려고 한겨울 이른 아침에 나와 떨고 있는 사람들을 보며 요즘 신문에 오르내리는 사건이 생각났다. 수억 원의 판돈을 놓고 도박을 하는 주부 도박단과 국세청 간부를 앞세워 기업인들한테 걷은 대선자금이 백억 원이 넘는다던가. 1, 2천원에 이처럼 적극적으로 일억 원이나 백억 원이나 같은 무게로 느껴질 만큼 추상적인 개념에 지나지 않을 것이다. 그런 큰 액수는 구체적으로 실감이 나지 않을 테니까.

수억 원의 판돈을 놓고 도박을 하는 여자들의 남편은 어떤 방법으로 돈을 벌었을까. 국세청 간부와 정치인이 공모해서 기업가에게 정치자금을 요구할 때 잘 봐 주겠다 아니면 두고 보자— 이런 암시와 협박성이 깔려 있지 않았을까. 칼자루 쥐고 벌리는 손을 거절할 만큼 배짱 좋고 떳떳한 기업인이 있을지. 미끼상품을 내놓고 매출 올리기에 애쓰는 것은 애교가 있다. 백화점 측의 희망사항과는 달리 미끼만 따먹어도 별수 없는 일이 아닌가. 요즘 백화점의 미끼에 구름처럼 모이는 사람들은 다른 상품에 눈 돌릴 여력이 없어 보이는데도 백화점마다 경쟁하듯 미끼를 내놓는다. 외제차를 경품으로 내놓는 곳도 있어 빈축을 사기도 한다. 지금은 바야흐로 미끼시대인가 보다.

전에는 신문 속에 든 광고지를 펴보지도 않고 종이만 아까워 했다. 내가 미끼상품을 사려는 대열에 끼고부터 달라졌다. 이 광고물을 보고 많은 서민들이 기를 쓰고 모인다는 사실을 알기에….

위 글은 지난겨울에 쓴 글이다. 요즘 봄 바겐세일에는 몇 천 원짜리 미끼상품에 모여드는 사람이 지난해 겨울보다 반으로 줄었다고 한다. 어둠의 터널을 벗어나 가느다란 빛이 비치기 시작했다는 징조라면 반가운 일이다. 그렇더라도 앞이 안보이던 지난해의 암담했던 일을 쉽게 잊지 말았으면 좋겠다.

<현대 수필> 1990년 가을

나를 찾는 시간

한해의 반 토막인 유월이 지나갔다. 하나님이 만들어 놓은 무한대의 시간을 인간들이 필요에 따라 일주일 한 달, 일 년, 십 년, 백 년 쪼개어 놓고 모두들 시간이 없어 죽겠단다.

나 역시 예외가 아니어서, 시간 앞에서 자주 허둥대는 자신을 본다. 그동안 내가 누구인지 무엇 때문에 어디로 가는지도 모른 채 남이 달리니까 따라서 달렸다. 나의 삶은 이런 식으로 생각의 여유 없이 휘말리듯 흘러 왔다.

차 한 잔을 앞에 놓고서야 발길을 멈추고 나를 잠시 챙겨본다. 다른 음식은 배를 채우고 에너지를 얻으려고 먹는다면, 차는 머리를 식히고 생각을 가다듬는 여유를 갖기 위해 마시는 것이리라.

차 한 잔속에서 건져 올린 사색, 갑자기 내 자신이 빈껍데기인 것 같은 느낌이 들었다. 거기에는 그저 남 따라서 뛰었다는 사실들만 있을 뿐 속이 찬 진실은 없었다 . 은은한 녹차의 향기 속에서 겨우 찾은 듯한 자아를 돌아서며 잊고 만다. 바쁜 현실로 돌아가는 순간, 다시 진실은 아랑곳없이 눈앞의 사실만을 보고 질주하겠지….

나는 어려서부터 숫자에 대한 어떤 징크스를 가지고 있었다. 좌우나 위아래 어느 쪽으로도 대칭이 되는 모양이 안정적이고 예뻐서일까, 유독 '8'자를 좋아했다. 과일을 딸 때나 나눌 때도 이 수를 헤아렸고, 88올림픽이 유난히 반가웠었다. 사람이나 차를 기다리면서도 이 수를 합하고 곱하면서 지루함을 잊곤 했다. 남편이 예전에 피우던 88담배 정도가 예외랄까.

내가 좋아하는 숫자가 들어간 2008년이 아직 반년이 남았다. 나처럼 8자를 좋아하는 사람이든, 그렇지 않은 사람이든, 모두에게 좋은 일이 있기를 바란다.

<詩 마을> 1995년 12월

2천년에 본 서울

전에는 콘크리트 건물만 가득 들어차서 숨이 막힐 지경이었으나 지금은 푸른색의 싱그러움이 건물을 제법 가려주었다. 역시 사람은 무생물보다 생물을 더 동경하는가 보다. 얼마나 바랐던가. 울창한 숲에 둘러싸인 서울을….

그러고 보니 건물 사이에도, 좁은 마당에도 길가에도 공간만 있다 하면 그 자리에는 나무가 심어졌다. 서울 정도 6백년 기념사업의 하나로 서울 시민 한 사람이 한 그루씩 기념식수를 해서 가꾼 결과라고 한다. 더 반가운 것은 전에는 한강 변에 나무 그늘이 없어 아쉬움이 많았는데 기념식수로 하여 나무 그늘이 많아졌다는 사실이다. 일조량이 부족한 유럽에서는 강변에 잔디만으로 좋을지 몰라도, 서울에서는 강변에 나무 그늘이 더 필요하다고 생각했으니까.

서울 사대문 안에서는 개인 승용차가 눈에 띄게 줄었다. 대신 차선 하나는 자전거 전용 도로로 이용하고 있어 자전거 행렬이 중국에 있는 도시 못지않다. 특별한 일이 없는 한 대부분 대중교통을 이용하거나 자전거를 타기 때문이고, 지방자치제가 잘되어 살기 좋아진

지방으로 서울 인구가 흩어져서 그렇다.

교통 순환이 원활해졌음은 물론이다. 자동차 배기가스가 준데다 숲이 많아져서 위험수위에 있던 서울의 대기오염이 한풀 꺾였다고 친구는 좋아했다. 좋아진 건 그 친구가 본 몇 가지만이 아니다. 우선 은행에 가 봐도 분위기가 달라졌다. 고객용으로 비치해 둔 책이 전에는 주간지와 여성잡지 몇 종류였다. 거기엔 구매욕을 충동하는 광고와 선정적인 화보가 거의 차지하고 나머지는 연예인들의 사생활을 공개하는 흥미본위 일색이었다. 지금은 그런 책 대신 한 쪽에 있는 아담한 책장에 마음을 맑게 하는 시집이나 삶의 진실이 담겨 있는 수필집 등 문예지와 교양지, 그리고 건강이나 취미생활을 소개한 책들이 꽂혀있다. 사람들 또한 무엇에 쫓기듯 들뜨거나 거칠지 않고 책 읽는 모습이 사뭇 진지해 보였다.

사람들이 많이 드나드는 공공장소마다 미술품이 전시되어 쉽게 그림을 감상할 수 있으며, 나무그늘 아래나 공원에서 시낭송회다, 음악회다 해서 사람들이 모여 있는 것을 자주 보았다. 구경꾼 숫자도 만만치 않다. 주최자들이 전문가보다 아마추어가 더 많다고 한다.

노인들만 우두커니 앉아 있어 처량하기 이를 데 없던 탑골공원의 풍경도 바뀌었다. 지금은 젊은이나 중년이나 연령층 구분 없이 어울려 있다. 저쪽에서는 여인들이 둘러앉아 한 노인에게서 시조창을 배우고, 이쪽에서는 대학생으로 보이는 청년들이 판소리를 배운다. 그런가 하면 젊은이들이 판을 벌려 사물놀이를 하고, 탈춤을 출 때는 노인들도 구경만 하는 게 아니라 어깨춤과 박수로 화답을 한다. 이처럼 우리의 전통의 소리와 춤사위가 있는 곳에 외국관광객이 모여

들어 흥미롭게 보고 있다. 무덤같이 정적만 감돌던 곳이 젊은이와 조화를 이루니 노인들도 생기가 돌고 활기찬 곳이 되었다.

전에는 문화예술을 접하려면 돈이 있어야 하고, 시간과 공간이 제한되어 일반인은 쉽지 않아 특수층의 전유물인 듯 했다. 그러한 문화예술이 자연스레 생활 속에 스며들어 일반화가 된 것이다. 이렇게 문화혜택이 대중에게 확산되면서 의식도 전환되었음을 부인 못하리라.

물질의 풍요와 편리함만을 구가했던 탓에 인간의 존엄성은 상실되었고, 의식주 걱정 없는 이들은 남은 시간과 돈을 관리 할 줄 몰라서 부분별한 소비향락으로만 치달았다. 취미가 쇼핑이라고 할 만큼 마구 사들이고 마구 버리고, 그런 낭비가 환경공해를 가중시킨 셈이다. 그대로 방치했다면 2천년의 서울은 어떻게 되었을까. 생각만 해도 아찔해진다. 서울이 이만큼 살기 좋아진 것은 문화인들의 역할이 컸다고 할 수 있을 것이다.

과거에는 정치인, 경제인, 권력가 연예인들이 사회구성원이 되어 문화인들은 큰 영향을 끼치지 못했다. 이들은 머리로 이해하는 지성과 가슴으로 느끼는 감성은 풍부하나, 이론으로 알고 있는 만큼의 실천하는 의지는 약했다. 오랫동안 기개를 펴지 못한 까닭이다.

그런데 서울 정도 6백년을 기점으로 '이대로는 안 된다, 서울을 살려야 한다' 서울 살리기에 뜻을 모으자 정부에서도 그 점을 높이 사서 문화를 이끌어 가는 사람들의 위상을 떠받쳐 주었다. 이에 힘을 얻은 문인들이 서울 살림을 위해서 손발 걷고 나선 것이다.

서울 살리는 일은 서울에서 사는 사람들의 의식이 깨어야 한다고 생각했다. 시민들에게 올바르고 합당한 가치관을 갖도록 유도하기 위한 방편으로 문화에 관심을 끌게 한 것이다. 문화단체나 언론단체, 각 구청마다 문화적인 프로그램을 다양하게 계발해서 정부 지원으로 수강생의 부담을 덜었다. 강좌마다 만원이다. 수강생 중엔 노인도 많아 노후를 무료하지 않고 보람되게 보내고 있다.

이처럼 변화된 2천년을 상상해 보면 흐뭇해진다. 좋아질 서울의 미래가 내 안에 숨이 있어 가슴 뛰게 한다. 어떤 서울이 되느냐는 서울 시민들 하기 나름이겠지.

맑은 가락으로 사신 분
- 김태길 선생님 추모 글 -

제가 선생님을 처음 뵌 것은 86년도였습니다. 수필공원에서 주최한 세미나에 참석하려고 지방에 가는 버스 안에서였어요. 맨 앞자리에 앉은 분이 김태길 선생님이라고 옆에 있는 문우가 말 하더군요. 대석학이신 우송(友松) 선생님의 함자는 귀에 익은 터여서 관심이 쏠렸습니다. 학자다운 지성이 엿보이며 선비의 기상이 넘쳐 범접치 못할 위엄도 느꼈습니다.

돌아올 때 선생께서 재치 있는 유머를 구사하여 차 안의 사람들에게 통쾌한 웃음을 웃게 하셨지요. 화장실도 가지 않는 사람 같다는 선생님의 첫 인상과는 달리 인간미가 느껴지고 친근감마저 들었습니다. 선생님. 그때부터 제 가슴에는 인격이 깃든 푸른 산 하나가 자리 잡게 되었답니다.

선생님께서 가신지 하루가 지나서야 부음을 접하였습니다. 도저히 믿기지 않았어요. 그렇게 쉽게 떠나실 분으로는 한 번도 생각하지 않았으니까요. 영정 앞에서도 꼭 꿈만 같았습니다.

지난 2월 '성숙한 사회 가꾸기 모임' 총회가 있던 날이 생각나네요.

차가운 날씨임에도 분당에서 행사장인 '사랑의 열매' 사무실이 있는 광화문까지 오셔서 '성숙한 사회' 모임의 역할에 대해 말씀하셨지요. 제 손을 잡으실 때 손이 몹시 차고 손의 힘이 전 같진 않았습니다. 하지만 행사가 끝났을 때 부축도 받지 않고 계단을 오르고 휴대폰으로 택시를 호출하는 등의 모습에 몇 달 내에 돌아가실 분으로는 아무도 짐작하지 못했을 것입니다.

길눈이 어둔 저는 날까지 어두워지면 불안해서, 선생님이 타실 택시가 오기도 전에 선생님을 뒤로 한 채 저 먼저 집으로 향했죠. 집에 도착하고 나니, 배웅도 못해 드린 것이 마음에 걸렸습니다. 그 때 제 손을 품안에 데워 선생님의 찬 손을 감싸 잡아드릴 생각도 못 했는지 후회가 됩니다.

선생님! 선생님께 그동안 제가 발표한 글이 쌓여 있는데 언제 낼지는 모르지만, 단행본으로 낼 책에 서문을 써주실 수 있으신지 여쭈었던 적이 있었지요. 찬사를 바라지 않는다면 틈나는 대로 써 주겠다는 답변을 하셨죠. 남의 책 서문이나 발문을 헤프게 써 주는 분이 아니라는 사실을 알면서 무모한 요청을 했던 것입니다.

그래서 지금까지 다섯 손가락 꼽을 수만큼만 써 주었다는 선생님께서 지성의 최고의 전당인 대한민국 학술원 회장직을 맡고 계시는 와중에 ,내놓을 것 없는 제 서문을 써주신다니 큰 감동을 받았습니다.

무더운 여름날 방배동 사무실에서 제 글 20여 편을 며칠 걸려 읽으시느라고 애쓰신다는 소식을 사무국장으로부터 들었습니다. 선생님의 금쪽같은 시간을 할애하시면서 고생을 하시니 너무 송구해 몸

둘 바를 몰랐습니다.

미루기를 잘하고 느긋하여 뜸을 들이는 제가 몇 달 후에 서문을 찾으러 사무실에 들렀을 때입니다. 맛좋고 분위기도 좋으며 고급스러운 음식점으로 모실 셈으로, 사무실 직원에게 그런 집으로 안내를 부탁했었죠. 하지만 선생님의 권유로 결국 따라간 곳은 선생님께서 자주 가신다는 소박한 순두부 집이었어요. 마음에 차지 않았지만, 선생님께서 좋아하신다니 별 수 없었습니다. 뿐만 아니라, 식사가 끝나고 계산대 앞에 갔을 때는, 이미 선생님께서 지불하셨더군요. 들어가시면서 카드를 미리 내놓으셨다고요. 어쩜 그렇게 눈치도 채지 않게 민첩하신지 놀랄 정도였습니다.

그런 것에 서툰 제가 모처럼 사례를 할 셈으로 댁으로 갔었죠. 그러나 선생님의 완강한 거부에 사모님까지 합세하여 거절하시는 바람에, 마음의 빚만 안고 돌아왔답니다.

전 원래 촌스러워 백화점에서 선물을 산 적이 없고 기껏해야 제 손으로 심고 가꾼 푸성귀나 잘 익은 호박 한 덩이, 짚 한 묶음 정도였죠. 이것들을 차에 싣고 가면 짚단을 보시는 눈에 반가운 빛이 보였습니다. 여기서는 짚을 구하기 쉽지 않다고 하셨지요. 선생님 댁에서는 초겨울부터 '빰장'이라고 하는 간장을 우려내지 않은 전통 된장을 만드는데 선생님께서 이 음식을 좋아하신다지요. 자당(慈堂)님으로부터 사모님이 전수 받아 지금까지 이어오는 그 빰장을 만들려면 볏짚이 필수라고 듣고, 저는 가을이면 어떻게든 짚단을 구해서 챙겼던 것입니다.

시골에선 가장 흔하고 값 싼 것이 지푸라기가 아닐까요. 오죽하면 쓸모없는 사람을 이르러 지푸라기만도 못한 인간이라고 하겠습니까. 하지만 그러한 것을 반기시는 선생님. 선생님께서는 어떤 것의 가격과는 상관없이, 실제 소용에 따라 가치를 두시는 분이었습니다.

서울시 주최로 뚝섬에서 서울 숲 가꾸기 행사가 2005년 6월에 있었던 일 잊지 않으셨을 것입니다. 일반 시민들의 신청을 받아서 가족 단위로 나들이 삼아 많이 참가해 관이 주도한 행사에 그렇게 많이 모이기는 드문 일이었습니다. 시에서 장소와 나무를 제공하고 심은 자의 이름으로 명패를 달아 자라는 것을 보살핀다는 것은 뜻 있는 일이였어요. 이 행사에는 여러 단체가 참가했고, 수십 명의 구청장과 시의원, 구의원들이 대거 참여해 성황을 이룬 가운데, 원로 시인 김후란 선생과 저는 문학 단체와 '성숙한 사회' 양쪽에 관계가 있어 함께 움직였지요. 이번에 참가한 주요 인사로는 우송 선생님과 손봉호, 김후란 선생님, 문국현, 최열 씨 등이었고. 그 때 나무 심는 일은 여러 면에서 의미가 있지만 다양한 사람들이 참여토록 했다는 점에서 더욱 뜻 깊은 행사가 되었어요.

특히 선생께선 양동이에 가득 거름과 물을 나르며 노익장임을 보여주셨지요. 점심시간에 일반인들은 각자 준비 해온 도시락을, 우리는 시에서 제공한 점심을, 의자를 둥그렇게 놓고 둘러 앉아 맛있게 먹을 때 이명박 당시 서울시장님이 우리 있는 곳으로 와서 어른들 잡수시는 것을 챙기는 모습이 보기에 좋았어요.

그리고 인상적인 것은 서울 숲에서 한강으로 이어지는 보행가교 개통식이었어요. 요란하게 테이프를 끊는 등의 보여주기 위한 겉치레는 생략하고, 다리를 만든 건설회사 직원들이 다리 양편에 도열해 있는 가운데로 성숙한 사회 회원과 문학회원 환경 단체 간부 몇 분 그렇게 30여 명이 보행가교를 건너갔다 건너오는 것으로 행사는 마쳤지요. 다리를 개통 할 때 수많은 구청장과 시의원을 거느리고 시장이 앞장서 활보를 하는 것이 예사일 텐데, 그 분은 선생님을 맨 앞에 가시게 하고 그 뒤로 대 여섯 걸음 떨어져 둘째 줄에 손봉호 선생, 김 후란 시인, 서울시장 세 사람이 나란히 걸었고, 최 열 환경재단 이사장과 저와 다른 회원이 세 번째 줄에 있었지요.

문국현 유한 킴벌리 사장과 예술원 회원이신 김후란 시인이 북한에 가서 나무를 심고 왔다는 이야기를 하며 걸었답니다. 새 길을 처음 걷는다는 것은 즐거운 일이 아닐 수 없었어요. 그리고 제가 가장 존경하고 또 여러모로 저를 생각해 주신 우송 선생님을 그처럼 극진이 모시는 시장께도 어찌 고맙지 않겠습니까. 그날 본 시장님은 자신이 대접 받기보다 어른을 알아보고 섬길 줄 아는 분이라는 것을 알았습니다. 선생님께선 연세로나 인격으로나 역량으로 보나 시장님으로부터 존중과 대접을 받아 마땅하다고 생각했습니다.

선생님, 무엇보다 친필로 긴 서문을 써 주셨음에 감사의 큰 절을 올립니다.

우송 선생님, 참으로 죄송합니다. 그리고 면목 없습니다. 봄에 뵈었을 때, 제가 올 여름에 책이 나올 것 같다고 했지요. 혹시 궁금해 하실까봐 당시의 계획을 말씀드렸어요. 하지만 문우 한 사람이 자녀 혼사 때 하객들에게 책을 주었더니, 호응이 좋았다면서 저에게도 그렇게 하길 권해서, 몇 달 또 미루게 되었습니다. 늦가을 쯤 아들의 혼사가 있을 예정이어서, 그때 상재할 계획이었는데 선생님께서는 그 새를 기다리지 않고, 가시는 길이 무엇이 그리 바쁘다고 훌훌 떠나셨나요. 선생님께서는 수 하신데다 병석에서 오래 신고(辛苦)하시지 않아서 참 복이 많으신 어른이라고 생각했습니다. 그러나 곰곰 생각해보니 그것은 할 일이 많지 않은 사람에게 해당되는 말이지요. 선생님께서는 앞으로 하실 일이 많고 사회에 영향을 끼칠 일들이 많아 백수도 부족하다고 생각되어 더욱 가슴이 아립니다.

5월 27일에 제 마음을 차지했던 인격이 깃든 그 푸른 산은 무너지고 말았습니다. 마음이 빈 듯 허전합니다. 하지만 선생님의 향기만은 오래오래 간직할 것입니다. 편히 쉬십시오.

<계간수필> 2009년 여름

우러러보던 분

한때 하늘처럼 우러러 보던 분이 계셨다. 그러나 긴 시간이 지나고 뵌 지도 오래되어 그 때의 감정이 많이 희석되긴 했다. 하지만 지금 생각해도 그분은 덕(德)이 높고 그릇이 큰 기품이 있는 인격자라는 믿음에는 변함이 없다. 그분은 남편이 젊었을 때 모셨던 군대 상관이었고 나중에 대통령까지 된 분이다.

세상물정 모르는 내가 아무 연고도 없는 낯선 곳에서 셋방살이를 하면서 개구쟁이 아들을 키우려니 설움도 많았다. 거기다 남편의 근무지가 창설 부대여서 집에 들어오지 않는 날이 많았다. 외롭고 두려워 움츠리고 사는데, 부대장님 내외분이 장교 부인들을 초대 해 주었다. 남편들이 어디서 어떤 일을 하는지 직접 보고 이해하기를 바라는 뜻이었나 보다.

그 자리에서 처음 보는 그 분은 큰 체격에 부드러운 인상이 꼭 친정 숙부님 같은 친근감이 들었다. 뿐만 아니라 우리들의 처지를 속속들이 알고 위로하며 시름을 달래어 주는데 눈물이 났다. 당신네들도 더 어려운 고생도 겪었다고 했다. 건빵 한 봉씩 받는 것을 모아 간장이나 부식과 바꾸어 먹고 몇 자짜리 단칸방에서 살면서 절약을 해 은행에 다니는 동서 집에서 돈을 꾸어간다는 말씀으로 희망을 심어주기도 하셨다.

사람이란 그런 과정을 겪었다 해도 지나면 그만이고 현재의 위치에서 생각하고 판단하기 마련인데 그처럼 우리의 심중을 헤아리고 쓰다듬어주니 어찌 감동을 하지 않겠는가. 그때부터 그분만 바라보며 살게 되었다. 그만큼 어질고 자상한 분이 남편 상관이 된 것이 자랑스럽고 다행으로 알았다.

뜻밖에 연탄 파동이 일어 넓은 그릇을 가지고 가 줄서서 몇 장씩 사오던 때였다. 불평이 나올 만도 한데 참을 수 있는 것은 이런 사정을 다 아는 분이 있다. 그런 고생을 알아주는 분 아래서 남편이 근무를 한다고 생각하면 힘이 되어 고생 같지가 않았다.

역시 그분은 부대 내에 연탄 공장을 만들어 가족들의 고충을 해소시켜 주셨다. 그래서 가족들의 신뢰는 더 두터워지고…

또한 가족들에게 건강과 즐거움을 주기위해 겨울에는 스케이트 시합을 하게하고, 새로 지어 입주한 군인 아파트 옆에 테니스장을 만들어 주어 칠 수 있게 하는 등 세심한 배려를 아끼지 않았다.

단장님은 풍모도 멋진데다 여자를 존중해 주며 매너가 세련되어 영국 신사라는 호칭에 공감이 갔다. 그것은 보이는 것만이 아니라내면 세계가 더 풍요로웠다. 부하들 지휘 방침도 특이해서 잘 못을 호통 치거나 꾸짖는 대신 잘 한 것을 칭찬하고 추켜세워 사기를 북돋아주는 식이었다.

한번은 남편의 말이 역시 단장님은 멋진 분이라고 하며 있었던 일을 이야기 해 주었다. 추운 겨울 아침 훈시가 있는 시간이란다. 부동자세로 긴장하고 있는데 연단에 오른 단장님께서 "제자리 뛰어, 두 손 비벼, 해산." 그러자 연병장의 장병들이 환호를 하더란다.

꽁꽁 얼어붙는 상황에서 아무리 금과옥조 같은 말인들 귀에 들어오겠는가. 상대의 입장을 헤아린 처사요 현명한 판단아래 열 마디로 끝낸 그 기지(機智)가 얼마나 뛰어나는가.

그분과 우리는 학연이나 지연도 없고 함께 근무한 적도, 어떤 클럽에 속하지도 않아 특별한 관련이 없는 사이다. 하지만 그분의 인간미에 홀딱 빠져 가는 곳마다 앉은 자리마다 그분의 훌륭한 점을 늘어놓느라 시간가는 줄 몰랐다. 그러면 혹자는 그분한테 혜택도 받지 못했으면서 속없는 사람처럼 저러나 이상하게 보기도 했다. 혜택이란 남편의 승진을 두고 한말이다. 그 점에 대해 그럴 수밖에 없음을 인정하고 한번도 원망을 하지 않았다. 덕을 보지 않았고 앞으로 덕 볼 가망도 없는 터에, 우러러 볼 건덕이가 없는 분이라면 어떻게 그처럼 듣기 좋은 말만 할 수 있겠느냐고, 대답하기가 오히려 떳떳했다. 그 분이 전성기라면 이 글을 자유롭게 쓸 수 있을까. 오해 받을까봐 용기를 내지 못했을 것이다.

달리 생각하면 그분의 덕을 못 입은 것은 아니다. 유형무형의 덕을 크게 입은 셈이다. 그동안(30여년) 그분을 생각하면 항상 마음이 따뜻해지고 행복했다. 그 가치를 무엇으로 환산 할 수 있을 것인가.

또한 연말 망년회 때나 신년 하례식이나 윷놀이 때 나를 지명해 시낭송을 하도록 하는 등 챙겨 주시곤 하셨다. 어디 그뿐인가. 당신 아랫사람들(하사관 포함) 집 없는 이들에게 집 장만의 토대를 마련해 주느라 얼마나 애를 쓰셨는가를 아는 이는 다 알 것이다.

그분이 장관 등 요직을 거처 대통령이 되었을 때, 그분의 그릇이면 잘 해내리라는 믿음이 갔다. 아닌 게 아니라 서릿발 내리는 군사독재 시대에서 민주화로 진입하는 과도기에 징검다리 역할을 순조롭게 해 내셨다. 엄청난 풍랑을 피 비린내 없이 넘기는 것을 지켜보며 그제야 비로소 가슴을 쓸어내리고 안도 할 수 있었다. 평소에 존경하고 흠모했던 분이어서 그런지 내 눈에는 다 잘 한 것만 보였다. 올림픽 조직 위원장을 하면서 준비를 잘해 올림픽을 성공리에 마쳤고, 정치적인 면에서도 기세 시퍼렇던 권위주의에서 보통 사람의 시대로 전환 시 키자, 유연성을 무능으로 혼동하는 사람도 있었다. 폭압통치에서 벗어나자 자유를 누리기가 버거웠을까 아니면 지난 후에 돌아보는 과거는 고난까지도 향수로 그리워하는지 모를 일이다.

어쨌거나 임기 중에 북방 외교도 잘했고 경제도 잘 돌아갔다.

무엇보다 인명을 중요시하고 인권을 보호하려는 의지가 강해 죽임과 가두는 일은 피하려고 하신 줄 안다.

그분이 통수권자로 계시는 동안 국가에 어떤 대란이나 위기가 오지 않을까 늘 노심초사 했었다. 큰 탈 없이 임기를 마쳤을 때 다리를 뻗고 자게 되었다. 그것도 오래지 않아 청천병력 같은 일, 믿을 수 없는 일로 고초를 당할 때 괴롭고 슬픈 나날이었다. 지금도 이해 할 수가 없다.

오늘에 이르러 더욱 안타까운 것은 그분의 평가에 있어 공은 가라안고 과만 부각된다는 점이다.

'그리고 현재 병석에 계신다는데 어서 자리를 떨치고 일어나시어 저와 함께 공원을 걸으며 지난날을 이야기 하지 않으시겠어요. 그날을 기다립니다.'

닮고 싶은 분

외할머니를 한 번도 뵙지 못했다, 내가 어려서는 외가에 다니지 않아서였다. 외갓집이라는 향수가 아련히 마음에 깔려있긴 했지만

어머니는 나를 데리고 다니지 않았고, 나 역시 엄격한 편인 어머니께 따라 가겠다고 조르지도 않았다.

배움의 꿈을 갖고 지방 도시에 있는 외가에서 머물기를 수년 동안 외숙모님과 정이 들었고, 외숙모님께선 외조모님의 자리를 채우고도 남았다. 외가는 넓은 집에 방도 많아 그만큼 머무는 사람 드나드는 사람도 많았다. 도시 살림에 한 달에 쌀 한 가마씩을 먹을 정도였다. 외숙모님께선 그만큼 사람 꼴을 잘 보는 분이다.

구십 줄에 계신 그분을 더듬어 본다. 영리하고 똑똑하면서 깔끔하게 살림도 잘 하시고 음식 솜씨 좋고 맑은 목소리에 말씀 또한 귀에 당기게 하신다. 맘씨 솜씨 말씨 맵시를 다 갖춘 분이다. 몸가짐이며 태도가 연안 이 씨답게 몸에 배어 있다. 무엇보다 그분을 빛나게 하는 것은 사람을 대할 때 어떻게 그러실 수 있을까 하고 생각한다. 자녀들한테도 군식구한테도 부엌일 하는 이한테도 말 한번 함부로

하지 않고 한 사람 한 사람을 다 인격으로 대하셨다. 아무리 가까운 친척이라고 해도 거저 몇 년씩 거느리자면 못 마땅할 때도 많았을 텐데 그런 기색 한번 없으셨다. 아무리 생각해도 그분께 서운했던 감정이 한 번도 없었다는 것은 쉬운 일이 아닐 것이다. 나뿐만 아니라 외숙모님 친정 질녀도 오랫동안 외가에서 학교를 다녔고, 조카도 와서 지낼 때가 많았다. 그리고 먼 친척 오빠뻘 되는 분은 하릴없이 와서 정원수를 다듬는 등 빈둥대며 군식구 노릇을 했고, '개동이' 엄마라고 하는 병색이 가득한 여자도 자주 다니며 외조부님 한복 바느질도 하고 터전이 넓어 채소를 심어 길렀는데 밭도 매주었다. 그이가 와서 밭을 맬 댄 외숙모님도 거들어 같이 매고 갈 때는 곡식이며 반찬거리를 한 짐씩 이어 보내곤 하였다.

외숙모님이 신행 와서 보니 낭군이 공부는 게을리 하고 밤마다 친척들과 어울려 화투치기에 재미를 붙이셨더란다. 친정 오빠는 동경으로 유학을 가 대학을 다니는 터에, 이렇게 지내다 내 신세가 어떻게 되나 걱정이 되었다. 자고 있는 시누이를 깨워 오빠 찾으러 가자고 하면 친척들과 심심풀이로 하는데 찾으러 가느냐고 귀찮아하더란다. 그 다음부터 혼자 가려니 무서워서 돌멩이를 주워 치마폭에 담고 가거나 댓가지를 들고 가셨다고 한다. 외숙 신발 있는 곳을 용케 찾아가 어머님께서 찾는다고 부르면 말없이 따라오신단다. 이래서는 안 되겠다 싶어 친가에 가서 유학 보내주실 것을 간청해 뜻을 이루었고 토목공학도가 되어 이 나라 국토건설에 이바지를 한 셈이다.

우리 어머니는 동생 댁을 가리켜 익산 댁은 버릴 것이 없는 사람이라고 칭찬을 요약하셨다. 그런 분이 지금은 아흔 둘의 연세로 쇠

약해진 건강이 안타까울 뿐이다. 외숙모님 같은 분은 늙음도 죽음도 피해 가야 마땅하다. 하지만 인생이란 그 과정을 피 할 수 없어 가슴이 저려온다. 병이나 삶이 그분이 지닌 귀한 보물을 저버리는 것은 참으로 아까운 일이다. 그분이 떠나시면 세상 어디서 그런 분을 만날 수 있을 것인가 생각하면 자꾸만 눈이 흐려진다.

옆에 있고 싶은 사람

옆에 있고 싶은 사람을 생각하면 옆에 있지 않아도 행복해 진다. 그런 사람 중에 '정옥' 언니가 있다. 정옥 언니는 큰 댁 사촌 언닌데, 어려서부터 닮고 싶은 대상이었다. 겉모습만 고운 것이 아니고 속사람은 더 아름다운 언니다. 따뜻한 성품에다 사람 차별 없이 겸손하고 친절해서 칭찬이 자자하고 많은 사람들의 사랑을 받아왔다.

언니 옆에 있으면 솜 포대기로 싸안는 것처럼 아늑해진다. 언니가 지닌 무엇이 같이 있는 사람에게 행복감을 줄까. 그 언니의 내면 세계에 잠재해 있는 어떤 고귀한 자질이 우러나와 커다란 자산이 된 것이리라. 언니는 전주에 사는 연안 이씨 종부가 되어 시어른들을 헌신적으로 섬기면서도 자기 의사는 분명히 밝힐 줄 알고, 조용한 목소리로 조리 있게 하는 말솜씨도 뛰어나서 설득력이 있는가 하면 현대적인 감각도 있어 세련 된 안목도 겸비 했다.

오래 전에 그 언니 댁에 들렀는데 보일러가 보급되기 전 일이다. 시 할머니를 모시고 목욕탕에 가면서 따뜻하게 덥힌 방이 식지 않게 이불을 깔아놓고 가는 거였다. 조모님 모시고 오자마자 따뜻한 차를 드리고 찬 기운 들까봐 이불 속에 눕혀드리는 손길에 정성이 묻어 있었다. 씻겨 드리다 보니 힘이 빠져 자신은 씻지 못했다고 귓속말을 하며 피곤한 웃음을 지었다. 조부님 대소변을 싫은 기색 없이 받아내면, 조부님께서 미안하다 또는 고맙다는 말씀을 자주 하신단다. 몸은 고되어도 알아주시니 보람이 있다고 했다.

그 많은 큰일을 다 치루고 쉴만해지자 자원봉사로 일하며 노후를 보낸다고 들었다. 언니는 너무 이타적이어서 귀하고 맛있는 음식은 남의 입에, 거친 일에는 자신의 몸 아끼지 않았다. 이제 연세도 칠십 고개를 넘긴지 몇 해가 지났으니 제발 자기 몸 챙기고 돌보았으면 하고 바란다. 우리 삶속에 그 언니가 살아있다는 생각만으로도 포근함과 위안을 주는, 가치 있는 사람이라는 것을 언니 자신은 모르실까. 자랑스러운 언니 부디 건강하게 오래 사세요.

옆에 있고 싶은 사람이 사촌언니 외에도 내주위에는 여러분이 계셔서 살맛이 난다. 문단에도 그런 선배님들이 몇 분이나 있고 문우중에도 그런 사람이 있어 그분들을 생각하면 삶이 풍성해진다.

지금은 교류 없이 멀리 지내지만 생각하면 기분이 좋아지는 사람이 있다. 그분은 남편 상사의 부인이었던 양 여사님이다. 가볍지도 무겁지도 않게 중심을 잡고 의젓하게 처신을 해 품위를 지키면서 교만하지 않았던 뒷맛이 좋은 분이다.

또 한 사람 모과처럼 은은한 향이 그리움마냥 흐르는 사람 바로 수지 어머니시다. 남 배려 할 줄 아는 따뜻한 사람이면서 현명하게 남편 내조도 잘하는 것으로 알려져 있다. 오래전에 내가 속해 있던 '시문회' 시화전이 예총회관에서 열렸을 때, 거기서 만났는데 벌써

십년이 훨씬 넘었다. 보고 싶다.

이웃 중에도 그런 분이 사신다. 예술을 전공해 생활 속에서 아름다움을 펼쳐낸다. 마음이 매마를 때면 그 댁에 무시로 드나들며 윤활유로 채운다. 그는 안목은 높으나 사람은 겸소하고 소탈한데다 나무의 소중함을 아는 사람이어서 옆에 있고 싶은 사람이다.

유리병 속의 시간

1판 1쇄 발행 | 2009년 11월 20일

지은이 | 유동림
발행인 | 이선우
펴낸곳 | 도서출판 선우미디어

등록 | 1997. 8. 7 제300-1997-148호
110-070 서울시 종로구 내수동 75 용비어천가 1435호
☎ 2272-3351, 3352 팩스: 2272-5540
sunwoome@hanmail.net

값 10,000원

ISBN 89-5658-228-9 03810